国家目標の法理論
―― 憲法による公共の福祉の実現 ――

石塚壯太郎

現代憲法研究 VII
日本大学法学部叢書 第51巻

尚学社

目　次

初出一覧　　ix

凡例　　x

序章 ……………………………………………………………………… 3

第1部　規範類型としての国家目標規定

第1章　国家目標規定の成立とその意義 …………………………… 17

第2章　国家目標規定の規範構造 …………………………………… 39

第2部　国家目標の位相

第3章　国家目的と国家目標 ………………………………………… 75

第4章　国家目標の「憲法理論」的役割 …………………………… 95

第3部　国家目標規定の規範的展開

第5章　憲法による公共の福祉の実現 ……………………………… 117

第6章　国家目標規定の目標促進機能 ……………………………… 125

第7章　国家目標規定の基本権制約機能 …………………………… 156

第4部　国家目標の基本権による実現

第8章　「生存権」──最低限度の生存を保障する権利 ………… 187

第9章　「健康権」──疾病保険給付請求権 ……………………… 217

補章　日本における社会権条項の法的性質 ……………………… 238

終章 …………………………………………………………………… 261

あとがき　　268

i

細 目 次

初出一覧　ix

凡例　x

序章 3

第1節　本書の問題意識 3
第1項　国家目標と憲法　4
第2項　国家目標と客観法　5
第3項　国家目標と公共の福祉　6
第4項　国家目標と憲法上の権利　8

第2節　本書の射程と限界 10
第3節　本書全体の構成 12

第1部　規範類型としての国家目標規定

第1章　国家目標規定の成立とその意義 17
第1節　国家目標規定の定義 18
第2節　ワイマール憲法期までの基本権と国家目標規定の区別 19
第3節　ドイツ基本法における規範カテゴリーとしての国家目標規定の成立 24
第1項　国家目標規定という概念の成立——社会国家原理を素材に　24
第2項　国家目標規定という規範カテゴリーの成立——基本法改正へ　29

第4節　基本権か，国家目標規定か 33
第5節　中間総括 36

第2章　国家目標規定の規範構造 39
第1節　構成要素 40
第1項　法的拘束力　40
　1　プログラム規定　40　　2　国家目的・国家目標　41
第2項　義務名宛人としての国家　41
第3項　「非」主観性　42
　1　基本権　44　　2　社会的基本権　44
第4項　目標設定（公共の福祉の方向づけ）あるいは実体的な価値決定　45
　1　制度的保障　45　　　2　権限規範　46　　　3　構成原理　46

第2節　法的構造 ……………………………………………………………………………………… 46

　　第1項　条件プログラムと目的プログラム　　47

　　第2項　原理とルール　　50

　　第3項　核心領域と周辺領域　　54

第3節　法的作用 ……………………………………………………………………………………… 57

　　第1項　目標の法的拘束力の射程　　57

　　第2項　機関ごとに対する作用　　58

　　　1　立法府　59　　　　2　執行府　61　　　　3　司法府　64

第4節　国家目標規定に基づく司法的統制 ………………………………………… 64

　　第1項　ゾンマーマンの見解

　　　　　　──憲法裁判所による統制を前提として　　65

　　　1　規範統制の基準としての国家目標規定──明白性の原則　66

　　　2　不作為の憲法違反の基準としての国家目標規定──恣意の禁止　67

　　第2項　ハーンの見解──ドイツの裁判所による統制を前提として　　69

　　　1　行政行為の国家目標適合性　69

　　　2　立法行為の国家目標適合性　69

　　第3項　小括　　71

第2部　国家目標の位相

第3章　国家目的と国家目標 ……………………………………………………………………… 75

第1節　国家目的論の衰退と復権 ………………………………………………………… 76

　　第1項　19世紀における国家目的論の衰退　　76

　　第2項　現代国家目的論　　81

第2節　国家目的・国家目標・国家任務 ……………………………………………… 85

　　第1項　メラースの整理　　86

　　第2項　リンクの整理　　87

　　第3項　レスの整理　　87

　　第4項　小括　　88

第3節　ゾンマーマンによる国家目標の分析 …………………………………… 90

第4章　国家目標の「憲法理論」的役割 ……………………………………………………… 95

第1節　国家目標規定をめぐる議論 ……………………………………………………… 97

　　第1項　国家目標規定とは何か　　97

　　第2項　例としての社会国家原理　　99

第2節　「憲法理論」の役割 ……………………………………………………………………… 100

　　第1項　憲法教義学と「憲法理論」との分離──参加者か観察者か　　100

　　第2項　憲法教義学と「憲法理論」との（条件つき）融合

　　　　　　──解釈仮説と実定法化の証明　　102

　　第3項　「憲法理論」の内容　　102

第3節 国家目標規定の憲法教義学と「憲法理論」······· 103

第1項 憲法の規律スタイルと解釈の方向性　103

第2項 国家目標規定の憲法解釈　105

1 社会国家原理　106　　　　2 「生存権」と生存権　107
3 環境保護条項　108　　　　4 動物保護条項　109

第3項 国家目標規定の「憲法理論」　109

1 ドイツにおける「生存権」誕生　110
2 ドイツにおける環境/動物保護条項の制定過程　110
3 環境保護における人間中心主義と生圏中心主義　111
4 その他　112

第4項 国家目標規定の発展的循環　112

第4節 中間総括 ······· 113

第3部　国家目標規定の規範的展開

第5章　憲法による公共の福祉の実現 ······· 117

第1節 公共の福祉の具体化 ······· 117

第2節 基本的国家目標 ······· 119

第3節 憲法上の国家目標秩序 ······· 122

第4節 中間総括 ······· 123

第6章　国家目標規定の目標促進機能 ······· 125

第1節 国家目標規定と具体化法
──プラットフォームとしての部分憲法 ······· 126

第1項 部分憲法という概念　127

第2項 国家目標規定の立法による実現と憲法の留保　128

第3項 部分憲法の統合規範としての国家目標規定　129

第2節 国家目標規定の規範的具体化の類型 ······· 130

第1項 国家目標規定の内容的具体化　132

第2項 国家目標の手段的具体化　134

第3項 部分原則の導出　136

第4項 小括　138

第3節 社会国家原理の立法による具体化およびその憲法的再構成 ······· 139

第1項 社会国家原理の内容的具体化　140

1 立法による具体化　140　　　　2 解釈による再構成　141

第2項 社会国家原理の手段的具体化　143

1 社会法の基本構造　143
2 社会保険と社会扶助　145
(1) 社会保険──保険原理と連帯原理　145
(2) 社会扶助──需要充足原則，補充性原則および個別化原則　146
(3) 小括　146

第4節　環境・動物保護国家目標の憲法上の展開と司法的統制 ·············· 147

　第1項　憲法上の気候保護要請　148

　　1　気候保護決定　148　　　　2　基本法20a条と気候保護　149

　　3　基本法20a条に基づく気候保護審査　153

　第2項　憲法上の動物保護　153

第5節　中間総括 ··· 154

第7章　国家目標規定の基本権制約機能 ································· 156

第1節　国家目標規定と基本権制約 ··· 157

　第1項　基本的機能　157

　第2項　基本権制約機能　158

第2節　基本権の制約根拠としての国家目標規定 ······························· 161

　第1項　社会国家原理　161

　　1　法律の留保を伴う基本権の制約　161

　　(1)　契約の自由の制約——価格統制法事件　161

　　(2)　所有権の制約——狂犬病事件　162

　　2　留保なき基本権の制約　162

　　(1)　団結権の制約——賃金補償条項事件　162

　　(2)　芸術の自由の制約——平屋根家屋事件　163

　第2項　環境保護　164

　　1　法律の留保を伴う基本権の制約
　　（職業の自由・所有権の制約——遺伝子工学法事件）　164

　　2　留保なき基本権の制約　165

　　(1)　芸術の自由の制約——巨大モニュメント像事件　165

　　(2)　信仰の自由の制約——自然公園内埋葬地事件　165

　第3項　小括　166

第3節　基本法20a条「動物保護」導入前後の状況
　　　——動物保護の法的位置づけ ··· 167

　第1項　動物保護が憲法化される以前の状況　167

　　1　学問の自由の制約　168

　　(1)　研究の自由の制約　169

　　(2)　教授の自由の制約　171

　　2　芸術の自由の制約　172

　　3　信仰の自由の制約　173

　　4　「動物保護」の法的位置をめぐる交錯　175

　第2項　「動物保護」が憲法化された後の状況　176

　　1　2002年導入直後の学説状況　176

　　2　裁判所の動向　177

　　(1)　学問の自由の制約——その後　178

　　(2)　信仰の自由の制約——その後　178

　　3　なぜこのような状況が生じたのか？　179

第4節　国家目標規定と国家目標秩序 ·· 179

　第1項　国家目的と国家目標　180

細目次　v

第2項　基本法における国家目標秩序　　180

第5節　中間総括　　182

第4部　国家目標の基本権による実現

第8章　「生存権」——最低限度の生存を保障する権利　　187

第1節　「生存権」の輪郭　　188

第1項　第一次ハルツⅣ判決　　188

第2項　「生存権」をめぐる議論　　190

1　基本権か，国家目標規定か　192
(1)　憲法異議の出訴可能性　192
(2)　異なる規範的拘束力と裁判所による統制の限界　193
2　基本権への立法者の関与　195

第2節　「生存権」の構造および内容　　195

第1項　主観的権利としての構造　　196

1　「枠組み基本権（Rahmengrundrecht）」という構成　196
(1)　社会的基本権への3つのアプローチ　196
(2)　枠組み基本権　198
2　「枠組み基本権」という構成の検討　199
(1)　枠組的権利（Rahmenrecht）の特徴　199
(2)　枠組的権利の淵源　200
3　「保障権（Gewährleistungsrecht）」という構成　201
4　「保障権」という構成の検討　204

第2項　2段階の内容　　204

1　生存最低限度とその「保障」　204
2　給付根拠・給付範囲・給付額　206
3　保障権か，枠組み基本権か　208
4　憲法上の枠組み　209

第3節　「生存権」に基づく審査　　209

第1項　目的審査——審査対象の同定　　210

第2項　給付額の妥当性——実体・内容論　　210

第3項　手続的・方法論的妥当性　　211

1　「最低限度」の測定・評価——手続・説明責任論　211
(1)　有用な計算手法が選択されたか　211
(2)　統計モデルの構造原理からの逸脱の正当化　211
(3)　適切な調査の有無　212
(4)　立法者の修正措置に対する評価　212
2　「最低限度」を充足する構造・枠組み——実体・方法仕組論　213
3　立法過程の統制の前提？　213

第4項　審査全体の評価　　214

第4節　中間総括　　215

第9章　「健康権」——疾病保険給付請求権　　217

第1節 「健康権」の法的性質 ……………………………………………………… 219

第1項 国家目標としての「健康」　219

第2項 権利としての「健康」　220

1　生命および身体を害されない権利の発展段階
　　——防御作用から請求作用へ　220

2　社会保険給付を求める権利?——給付請求作用　222

第3項 「健康権」とは何でありうるか?　222

1　「健康権」の諸相　222　　　　2　「健康権」の限界　224

第2節 狭義の「健康権」の発見?——ニコラウス決定 ………………………… 225

第1項 ニコラウス決定　225

1　事実の概要　225

2　判旨　226

（1）規範定立　226　　　（2）当てはめ　228

第2項 憲法上の給付請求権としての「健康権」?　230

1　防御権か給付請求権か　231

2　本源的給付請求権か派生的給付請求権か　232

第3項 その後の展開　233

第3節 「健康権」に基づく審査 …………………………………………………… 234

第1項 実体的統制か——極限事例への限定?　234

第2項 手続的・組織的統制か——連邦合同委員会の法的正統性　235

第4節 中間総括 ……………………………………………………………………… 236

補章 **日本における社会権条項の法的性質** …………………………………… 238

第1節 生存権判例に対する理解の新傾向 …………………………………………… 239

第1項 近時の判例理解　239

第2項 判例の評価　241

第2節 国家目標から主観的権利へ? ………………………………………………… 242

第1項 従来の諸学説　242

1　法的性質論　242　　　　2　権利内容　244

第2項 学説の評価　244

第3節 枠組的権利としての生存権 …………………………………………………… 244

第1項 枠組的権利とは何か　244

第2項 「枠組み」の内容　245

第3項 従来の判例・学説との関係　247

第4節 憲法25条（生存権）の解釈 ………………………………………………… 248

第1項 1項・2項非区分論　248

1　判例——実質的にはひとつの目標　248

2　学説——ひとつないし2つの権利　249

第2項 1項・2項区分論　250

1　制度の性質による振り分け——2つの目標　250

細 目 次　vii

2　法的性格による区別──ひとつの権利とひとつの目標　　251

　第3項　憲法25条2項について　　251
　　1　憲法25条2項の法的性格　　251
　　2　社会国家目標の法的機能　　252
　　3　社会国家目標の範囲とその実現　　254

　第4項　小括　　254

第5節　憲法27条（勤労権）の解釈 ──────────────── 255
　第1項　勤労権の基本事項　　255
　第2項　勤労の権利の法的性質および内容　　256
　第3項　勤労条件の法定および児童酷使の禁止　　258

第6節　中間総括 ─────────────────────── 259

終章 ───────────────────────────── 261

第1節　目的プログラムとしての憲法 ──────────── 261
第2節　人権カタログに眠る国家目標規定 ────────── 261
第3節　広くて弱い権利論か，狭くて強い権利論か，
　　　　あるいはその中間 ──────────────── 262
第4節　憲法における公共の福祉の展開 ──────────── 264
第5節　憲法による公共の福祉の実現 ───────────── 264

あとがき　　268

初 出 一 覧

「国家目標規定と国家学——その基本権制約ドグマーティクへの照射」法学政
　治学論究97号（2013年）335頁（**第7章**）

「社会国家・社会国家原理・社会法——国家目標規定の規範的具体化の一局面」
　法学政治学論究101号（2014年）197頁（**第6章**）

「『生存権』の法的性質——主観的権利としての成立とその意義」法学政治学論
　究110号（2016年）101頁（**第8章**）

「国家目標規定の憲法理論的意義——『憲法理論』との対話／具体化法との接続」
　比較憲法学研究29号（2017年）139頁（**第4章**・**第6章**）

「『健康権』の法的性質——ニコラウス決定と基本権ドグマーティクの揺らぎ」
　法学研究91巻1号（2018年）507頁（**第9章**）

「枠組的権利としての生存権」憲法理論研究会編『憲法の可能性』（敬文堂，2019
　年）213頁（**補章**）

　※本研究にあたっては，JSPS科研費 17H07042, 19K13495, 23K12368による助成を受けた。

凡　例

Abs.	Absatz
AG	Amtsgericht
ALR	Allgemeines Landrecht für die Preußischen Staaten
AöR	Archiv des öffentlichen Rechts
Art.	Artikel
Aufl.	Auflage
BayVBl.	Bayerischen Verwaltungsblätter
Bd.	Band
Beschl.	Beschluss
BMI/BMJ	Der Bundesminister des Innern/Der Bundesminister der Justiz
BSGE	Entscheidungen des Bundessozialgerichts
BVerfG	Bundesverfassungsgericht
BVerfGE	Entscheidungen des Bundesverfassungsgerichts
BVerwG	Bundesverwaltungsgericht
BVerwGE	Entscheidungen des Bundesverwaltungsgerichts
BVG	Bundesversorgungsgesetz
ders.	derselbe
DÖV	Die Öffentliche Verwaltung
DRZ	Deutsche Rechts-Zeitschrift
DVBl.	Deutsches Verwaltungsblatt
f.	folgende (Seite)
FAZ	Frankfurter Allgemeine Zeitung
FDP	Freie Demokratische Partei
ff.	folgende (Seiten)
Fn.	Fußnote
FS	Festschrift
G-BA	Gemeinsamer Bundesausschuss
GDPR	General Data Protection Regulation
GG	Grundgesetz für die Bundesrepublik Deutschland
GGK	Grundgesetz (für die Bundesrepublik Deutschland) Kommentar
GVO	Gentechnisch veränderte Organismen
HdbGR	Handbuch der Grundrechte in Deutschland und Europa
HdbStR	Handbuch des Staatsrechts der Bundesrepublik Deutschland
HdbVerfR	Handbuch des Verfassungsrechts
Hrsg.	Herausgeber

IfSG	Infektionsschutzgesetz
IPCC	Intergovernmental Panel on Climate Change
JuS	Juristische Schulung
JZ	JuristenZeitung
KPD	Kommunistische Partei Deutschlands
LG	Landgericht
NJOZ	Neue Juristische Online-Zeitschrift
NJW	Neue Juristische Wochenschrift
NStZ	Neue Zeitschrift für Strafrecht
NuR	Natur und Recht
NVwZ	Neue Zeitschrift für Verwaltungsrecht
NVwZ-RR	Neue Zeitschrift für Verwaltungsrecht, Rechtsprechungs-Report
NZS	Neue Zeitschrift für Sozialrecht
OEG	Opferentschädigungsgesetz
Rn.	Randnummer
S.	Seite
SGb	Die Sozialgerichtsbarkeit
SGB	Sozialgesetzbuch
SPD	Sozialdemokratische Partei Deutschlands
VG	Verwaltungsgericht
VGH	Verwaltungsgerichtshof
vgl.	vergleiche
VVDStRL	Veröffentlichungen der Vereinigung der Deutschen Staatsrechtslehrer
WHO	World Health Organization
WRV	Weimarer Reichsverfassung
z.B.	zum Beispiel
ZfSH/SGB	Zeitschrift für Sozialhilfe und Sozialgesetzbuch
zit.	zitiert
ZRP	Zeitschrift für Rechtspolitik
ZUR	Zeitschrift für Umweltrecht

最大判	最高裁判所大法廷判決
最大決	最高裁判所大法廷決定
最判	最高裁判所小法廷判決
高判	高等裁判所判決
地判	地方裁判所判決
民集	最高裁判所民事判例集
刑集	最高裁判所刑事判例集
集民	最高裁判所裁判集民事
行集	行政事件裁判例集
判時	判例時報

国家目標の法理論

—— 憲法による公共の福祉の実現 ——

序章

第 1 節　本書の問題意識

　本書は，国家の目標について，憲法の観点から検討を加えるものである。

　従来の憲法学において，憲法に国家の目標が書かれているという認識は希薄であった。それは，憲法が国家の政策を枠づける条件プログラムと捉えられていたからであろう。憲法は国家に目指すべき方向を示すものではない，と。もっとも，国家が目指すべき目標について語っている近代的・立憲的意味の憲法は，世界中にたくさんある。日本国憲法の中にも，それらしき条文は散見される。これらはすべて政治的・道徳的意味しかもたないプログラム規定にすぎないのか。もしそのような諸規定に法的意味があるとすれば，それらの規定はその法的意味を見過ごされてきたか，あるいは別の何かとして見誤られてきたのではないか。

　もし国家の目標を規定する憲法条項が法的意味を有するとすれば，それがどのような構造的特徴を有し，どのように法的効果を発揮するかが明らかにされる必要がある。本書が取り組むのは，日本国憲法において見過ごされてきた，あるいは見誤られてきた諸規定を，国家の目標という視点からすくい上げ，それに積極的な意味を与える，あるいは与え直すという作業になる[1]。

---

1) 中核的先行業績としては，*Karl-Peter Sommermann,* Staatsziele und Staatszielbestimmungen, 1997がある。ゾンマーマンは，社会国家原理をベースに国家目標規定のモデル構築を行う。日本におけるまとまった先行研究としては，浅川千尋『国家目標規定と社会権』（日本評論社，2008年）がある。浅川は，環境保護条項を国家目標規定の考察の中心として，動物保護に応用する。これに対して本書は，国家目標規定の母体を社会国家条項（ドイツ基本法20条 1 項）および環境保護条項（同20 a 条）だと考え，中間的なモデル構築を行っている。

第1項　国家目標と憲法

　憲法は目的プログラムではなく，条件プログラムであるから，憲法に国家目標の居場所はないとされることがある[2]。しかし，そもそも憲法は，その全体において条件プログラムであるといえるのだろうか。憲法は，目的プログラムとはいえないのだろうか。両プログラムについては，必ずしもよく知られた憲法用語とはいえないので，子供の教育を例にその意味するところを示そう。目的プログラムとは，例えば，「レオナルド・ダ・ヴィンチになりなさい。どうやったらなれるかは自分で考えなさい」という学習プログラムのことである[3]。つまり，先に理想像を示しておいて，そこにいたる道筋は示さないというプログラムである。条件プログラムとは，例えば「友だちと遊べるのは週に 1 日，テレビ・ゲームは週に 2 時間，部活動は禁止」というプログラムである。つまり，どうやって学習するかの枠組みを示すプログラムであり，その枠組みの中で最終的にどうなりたいかは各自が決めることになる。ここですぐに気づくように，目的プログラムと条件プログラムは，相互に排他的な関係にあるものではない。理想を示すことと，条件づけを行うことは，同時に成立する。一般的にいって，憲法が条件プログラムであることは，近代的・立憲的意味の憲法が，権力分立と人権保障をその本質とすることからも分かる。権力分立は国家作用および組織を構成する際の条件づけであり，人権保障は国家活動の限界に関する条件づけといえるからである。ではおよそ憲法には，目的プログラム的要素が含まれていないのかといえばそんなことはない。旧スイス連邦憲法（1874年）2 条は，「連邦は，対外的に祖国の独立を主張し，国内において平穏と秩序を実現し，国民の自由と権利を保護し，その共通の福祉を促進することを目的とする」とし

　社会国家条項は，確かに最初の国家目標規定であり，基本モデルとなりうるが，規律領域が広すぎて国家目標を具体化する指針が立ちづらい。したがって，国家目標規定の解釈による具体化は難しく，司法的統制も困難であるという印象が一般論として強調されすぎている。このことは社会国家原理の具体化条項が少ないドイツ基本法の構成にも起因しているように思われる。他方で各論としては，環境保護条項が，その解釈による具体化を通説的に認められており，そのような印象は和らげられている（本書**第6章第2節**参照）。

2) 西原博史『自律と保護』（成文堂, 2009年）4 頁以下，247頁以下。
3) 目的・条件プログラムについての以下の記述は，石塚壮太郎「国家目標と国家目標規定」山本龍彦/横大道聡編『憲法学の現在地』（日本評論社, 2020年）17頁。小山剛「国家目的と国家目標規定」同/駒村圭吾編『論点探究 憲法〔第 2 版〕』（弘文堂, 2013年）18頁参照。

ているし，現行スイス憲法 (1999年) では，それ以外にも持続的発展，文化的多様性，男女同権，環境保護，平和的国際秩序などが挙げられている。

スイスをはじめとする世界の諸憲法に書かれた目的プログラム的要素には法的な意味がないと切って捨てられるのであれば話は早い。なぜなら，「国は，すべての生活部面について，社会福祉，社会保障及び公衆衛生の向上及び増進に努めなければならない」とする，——比較憲法的観点からは——典型的な国家目標規定である日本国憲法25条2項も，プログラム規定だということができるからである。もっとも，本書で参照するドイツ憲法学では，そのような規定が法的意味をもつとされ，それが判例においても大きな影響を及ぼしている。ドイツで基本法 (連邦憲法) 改正による環境保護条項の挿入が検討された際には，同条項は意図的に法的意味をもつ国家目標規定として起草され，実際1994年に導入された[4]。新設された基本法20a条は，「国は，来たるべき世代に対する責任を果たすためにも，……自然的生存基盤及び動物を保護する」と定める (2002年改正で動物保護が追加されている)。このような法状況を見過ごすことはできない。

第2項　国家目標と客観法

国家の目標を規定する憲法上の規定 (国家目標規定) は，典型的には，客観法規範である。日本の憲法学においては，客観法の不在が叫ばれて久しく[5]，虎の子の制度的保障も誤用を糾弾されている[6]。今日では客観法規範として，基本権の客観法的側面[7]としての基本権保護義務[8]，基本権の内容形成義務[9]が議論の対象となっている。もっとも，基本権とは離れたところで成立し，主客入り混じった日本国憲法第3章の人権カタログを整理するのに有用な客観法規範はなお乏しい。この点，国家目標規定は，その有力な候補となりうるだろう。「国家，とくに立法者に対する憲法的拘束力のある目標設定＝国家の憲法上の (作為) 義務として理解することによって，憲法学は，権利論として考えた場合

---

4) 岡田俊幸「ドイツ憲法における『環境保護の国家目標規定 (基本法20a条)』の制定過程」ドイツ憲法判例研究会編『未来志向の憲法論』(信山社, 2001年) 223頁以下参照。

5) 小山剛『基本権の内容形成』(尚学社, 2004年) 41頁注49参照。

6) 石川健治『自由と特権の距離〔増補版〕』(日本評論社, 2007年) 2頁以下, 218頁以下。

7) 総論的検討として，篠原永明『秩序形成の基本権論』(成文堂, 2021年)。

8) 代表的なものとして，小山剛『基本権保護の法理』(成文堂, 1998年)。

9) 小山・前掲注5)。財産権論として，平良小百合『財産権の憲法的保障』(尚学社, 2017年)。

の不自然さや隘路を免れることができる場合もある。……国家目標規定は，権利とは構成し難いものを保障の対象とすることができる」[10]。

　国家目標規定という規範カテゴリーは，日本では2つの論点において重要な意味を持つ。第一に，社会権，とりわけ生存権の問題である。生存権については，学説が主観的権利であることを前提に議論しているのに対し，判例は憲法25条を「国家の責務」として客観法的に捉えている。学説が同条2項も含めて権利論として論じ，判例が同条1項も含めて客観法的に論じているのは，いずれも条文の文言からはズレており，検討の余地が残されている。第二に，明文上の規定を持たない環境権の問題である。環境権も，学説では主観的権利として構成されているが，比較憲法的には，国家目標規定として定められている例が多い。環境権は主観的権利としては構成できないとする見解もあり[11]，環境権を国家目標として捉えることも有力であろう（日本国憲法から環境保護的要素が導出されるかは別途検討する必要がある）。

第3項　国家目標と公共の福祉

　国家の目標を最も抽象的にいえば，それは公共の福祉である。国家目標規定は，その公共の福祉に含まれる特定の内容を具体的に示したものといえる。今日多くの憲法にみられる基本的国家目標としては，実質的意味の法治国家性（自由・平等），社会国家性（社会保障・労働），文化国家性（学芸・文化），平和国家性（対外的安全）および環境国家性（自然環境・資源）の保護・促進が挙げられている（詳しくは本書**第5章第2節**参照）。日本の公共の福祉論においても，自由国

---

10) 小山・前掲注5) 297頁。

11) 松本和彦「憲法環境規定のあり方」ジュリスト1325号（2006年）86頁は，以下のような疑問を提起する。「環境は通常，個人の利益に還元できない公共の利益であるといわざるを得ない。これに対して憲法上の権利は，あくまでも個人の権利であり，個人の利益を保護の対象にしている。環境権を憲法に受け入れるということは，公共の利益を保護法益とする個人の権利を認めることである。そのようなことは果たして可能なのか。個人には自己の利益を独占的に主張する資格はあっても，公共の利益を独占的に主張する資格はないのではないか」。小山剛「環境保護と国家の基本権保護義務」ドイツ憲法判例研究会編『未来志向の憲法論』（信山社，2001年）203頁注16，玉蟲由樹「『環境権』の権利構造」福岡大学法学論叢58巻4号（2014年）668頁も参照。環境権にこだわるものとして，戸波江二「『環境権』は不要か」ドイツ憲法判例研究会編『先端科学技術と人権』（信山社，2005年）369頁。

家的公共の福祉と社会国家的公共の福祉があるとされ[12]，公共の福祉に具体的内容があることは当初から意識されてきた[13]。

　もっとも，公共の福祉の具体的内容の探求がさほど真剣になされてこなかったのには理由がある。公共の福祉は，もっぱら人権制約を根拠づけるものと位置づけられ，常に人権論の後景に追いやられてきた。人権が裁判所の力を借り，憲法を通じて実現されてきたのに対し，公共の福祉は人権制約原理としての力を立法府や行政府に与えつつも，その実現は義務づけられたものではない[14]。公共の福祉のうち具体的にどのような内容をどの程度実現するかは，原則として民主的立法者に委ねられている。そこでは公共の福祉を実現しなくとも憲法上咎められることはない。したがって，憲法上の公共の福祉の内容を同定しても，実践的意義が薄いのである。近時議論されている基本権保護義務において，重要な基本権法益の保護が憲法上国家に義務づけられるという論理も，そのほんの一部しかカバーしていない。

　国家は人権の保障からは逃れられない一方で，公共の福祉の実現からは逃避できるというのは本当だろうか。国家はそもそも公共の福祉の実現を一定の範囲内で義務づけられているのではないか（そうでないなら，何のために国家があるのか）。今日では憲法がそれを命じているのではないか。仮にそうだとすれば，そのような憲法の命令によって，国家はどの範囲でどのように公共の福祉を実現しなければならないのかが問われることになる（本書**第5章**参照）。

　確かに，公共の福祉という概念は広範であるため，そこから何らかの内容が具体的に引き出され，その実現が国家に義務づけられるという論理を成立させることができる範囲は，非常に限定的であろう（少なくとも対内的安全はそこに含まれる）[15]。もっとも，国家目標を憲法上規定した条項があれば，そこから国家

---

12) 宮沢俊義『憲法II〔新版再版〕』（有斐閣，1974年）228頁以下。

13) 人権に還元されない公共の福祉の内容については，内野正幸「国益は人権の制約を正当化する」長谷部恭男編『リーディングズ　現代の憲法』（日本評論社，1995年）39頁参照。

14) 玉蟲由樹「人権と国家権力」法律時報86巻5号（2014年）35頁は，「制約権限の付与は必ずしも制約の義務づけを生じない。公共の福祉が示すのは『制約できる』ということだけであるとすれば，制約するかしないかは国家の政治的決断の問題であろう」とする。松本和彦「公共の福祉の概念」公法研究67号（2005年）136頁も参照。

15) 長谷部恭男『憲法の理性〔増補新装版〕』（東京大学出版会，2016年）131頁以下は，「生命，そしてそれと同等の重要性と保護の必要性を持つ個々の国民の利益について，国家がそれを実効的に保護する制度を提供すべき義務を負っている」とし，それが憲法上の義務であるとする。

に対して積極的に目標の実現を義務づけることができる。日本国憲法にも，社会国家的公共の福祉の規定が憲法25条を中心に存在しており，それがどのような法的意味を持つのかについて検討する必要は大きい。

第4項　国家目標と憲法上の権利

　典型的な国家目標規定からは主観的権利は取り出されない。そのことを明示的に示すために，憲法上の権利と国家目標規定とを明確に区別している憲法もある。そのような区別を最初に行ったのは，1937年アイルランド憲法だったとされている[16]。アイルランド憲法は，基本的権利 (fundamental rights) と社会政策の指導原理 (directive principles of social policy) とを区別し，その45条で指導原理の拘束性を次のように定めた。「この条項で定められた社会政策の諸原則は，国民議会の一般的指針に向けて書かれている。立法におけるそれらの原則の適用は，排他的に国民議会によって配慮されるべきであって，この憲法の如何なる条項の下でも裁判所によって審理されるべきではない」。このような規定の仕方は，明らかに両者が異なるものとして取り扱われるべきことを示している。ドイツでは，このような峻別モデルが採用されたのは，1992年以降にできた新連邦州の憲法においてであったとされる[17]。それほど明確ではないが，ドイツ基本法でも，第1章「基本権」ではなく，第2章「連邦と州」において，20条で社会国家原理，20a条で環境・動物保護目標が規定されている[18]。

　これに対して，日本国憲法では，第3章「国民の権利及び義務」の中に，主観的権利も国家目標規定も混在していると考えられている（非峻別モデル）。長谷部は次のように述べる[19]。

　　憲法第3章の人権宣言に掲げられている「権利」の中には，「健康で文化的な最低限度の生活を営む権利」，「能力に応じて，ひとしく教育を受ける権利」あるいは「勤労の権利」のように，権利というよりはむしろ，国政がその実現を目指すべき，社会全体と

---

16) Vgl. *Sommermann* (Fn. 1), S. 337 f.

17) Vgl. *Sommermann* (Fn. 1), S. 347 ff.

18) 基本法における区別はさほど明確ではなく，3条2項2文の男女平等の社会的貫徹は，国家目標だとされており，規範類型よりも具体的なテーマ（ここでは平等原則）の近さが優先された配置になることもある。

19) 長谷部・前掲注15) 66頁注9。

しての福利厚生の目標を示していると考えられるものが多い。これらの目標が憲法の条文に示されていることは，立法権や行政権の裁量を制約する裁判上の規範となる可能性を含意するが，これらは本来は公共の福祉の一環と考えられるべきものである。したがって，少なくとも憲法第3章の人権宣言の一部は，公共の福祉の一部を構成していると言いうる……。

本書はこのような認識を真剣に受け止め，日本国憲法の人権カタログの解像度を上げることに貢献する。憲法の条文に示される，本来公共の福祉の一環として考えられるべき目標にはどのようなものがあるのか，それが立法権や行政権の裁量を制約する裁判上の規範となる場合にはどのように作用するのかも，本書の検討課題である。

　他方で，日本国憲法においても，平和主義が人権カタログに含まれておらず，長谷部が挙げた諸目標が人権カタログに含まれていることには理由もあるように思われる。平和主義を主観的権利として構成することが困難であるのに対して[20]，長谷部が挙げた諸目標の中には，主観的権利として成立しうるものや，その契機を含んだものもある。とりわけ「健康で文化的な最低限度の生活を営む権利」，いわゆる狭義の生存権がそうである。生存権は，ドイツでは連邦憲法裁判所の判例により主観的権利として承認され，それに基づいて積極的に違憲審査が行われている。国家目標規定を検討することは，国家目標規定を主観的権利と区別し，主観的権利との取り扱いの違いを明確にするだけではなく，そこから翻って，国家目標的なものの中から主観的権利を削り出す可能性を生じさせる。また，ドイツにおける生存権審査の手法には，国家目標規定に基づく審査との類似性が認められる。国家目標規定の検討は，そのような権利の構造やそれに基づく審査の仕方をあらためて考え直すことにもつながる。

　国家目標規定という規範カテゴリーの導入は，本来的に立法的秩序形成を行うべきもの（公共の福祉の内容）であるにもかかわらず，憲法上の権利として整理されてしまったことで司法的秩序形成に向けられたものを，本来のルート（立法的秩序形成）に戻すことを意味する[21]。国家目標規定の（広範な立法裁量を前

---

20) 小山剛「憲法改正と環境条項」日本法学82巻3号（2016年）63頁以下は，日本国憲法に環境保護条項を追加するなら，国家目標である平和主義を規定する第2章が整合的とする。

21) 司法的・立法的秩序形成という語を用いるのは，宍戸常寿ほか編『憲法学のゆくえ』（日本評論社，2016年）440頁［曽我部真裕］。

提とした）固有の実現方式を認識できるようになると，司法的統制の可能性と限界を探ることが可能となる。他方で，そのような実現方式の違いを前提としながらも，国家目標の中から主観的権利として構成可能な内容を見つけ出し，立法的秩序形成を前提とした権利内容に対する司法的統制の方法を見出すこともまた可能となる。

第2節　本書の射程と限界

本書の射程および限界は，以下の4点にまとめられる。

第一に，純粋に統治にのみ関わるような国家目標規定は，考察の範囲から外している（テーマ範囲の限界①）。例えば，東西ドイツ再統一目標（基本法旧前文，旧23条，旧146条），EU統合目標（基本法23条），財政関連条項[22]などがそれに該当しうる。本書で検討するのは，他の実体的目的のために横断的に妥当する手段的な目標ではなく，それ自体が実体的価値を有するような，5つの基本国家目標（実質的意味の法治国家，社会国家，平和国家，文化国家，環境国家）を中心とする実体的な国家目標である。両者は，国家目標としての性質にかなり違いがあるように思われるため，別途検討が必要である。

第二に，近時論じられている，公共の福祉の実現方法に関わる保障国家の問題[23]には立ち入らない（テーマ範囲の限界②）。保障国家論とは，要するに，従来国家がなしてきた任務をどこまで放棄できるか，またはどこまで民間に委託できるか，そして民間に委託する場合に，どこまで国家が責任を持たなければならないのかという問題群である。具体的には，鉄道，通信，郵便などから警察や刑務所，果ては軍隊まで，そもそも民営化が可能なのか，民営化した場合に当該事業に対して国家はもはや責任を持つ必要がないのかが論じられる。これについては一般的には，まず国家任務（Staatsaufgabe）と公的任務（öffentliche

---

22) 経済全体の均整原則（基本法109条2項2文）の性質を国家目標規定とするものとして，*Hanno Kube*, Haushaltsrecht, in: Ehlers/Fehling/Pünder (Hrsg.), Besonderes Verwaltungsrecht, Bd. 3, 4. Aufl., 2020, §66, Rn. 170 ff. 財政憲法の諸原則については，上代庸平『自治体財政の憲法的保障』（慶應義塾大学出版会，2019年）99頁以下参照。

23) 行政法学の観点から，板垣勝彦『保障行政の法理論』（弘文堂，2013年）が詳しい。憲法学から批判的な視線を向けるものとして，三宅雄彦『保障国家論と憲法学』（尚学社，2013年）。行政の民営化に対する民主的正統性という観点から，高橋雅人『多元的行政の憲法理論』（法律文化社，2017年）。

Aufgabe) が区別され，国家任務[24]については，国家自体が任務遂行主体にならなければならず，公的任務については，民営化は可能だが，最終的な責任は国家が負わなければならない（例えば，誰もやらなければ国家がやらなければならない）という構図になっている。この議論は，民営化の限界を探る議論であると同時に，「誰が——国家と私人の——いったい公共の福祉の具体化に相応しいのかという問い」[25]でもあるため，公共の福祉の実現を主題のひとつとする本書とも深く関わるが，国家目標の議論は，国家目的よりも具体的で国家任務よりも抽象的であることに意味があるので，保障国家論において示されるような具体的でアクチュアルな問題を扱うという誘惑を断ち，「中間的省察」にとどめることにしたい（本書**第3章**参照）。

　第三に，本書では，国家目標規定の実現に関する立法学・行政学的分析は行わない。実際に，国家目標規定を具体化する際には，立法学・行政学的分析を通じて，より実効的な具体化の方途について検討が行われうるはずであるが，法学的考察の範囲を超えるため，ひとまず考察の対象外とせざるをえない（方法論的限界①）。したがって，立法的秩序形成についての本丸を欠くことになるわけだが，先行業績と異なる本書の特徴は，国家目標規定の具体化に際して，単に立法・行政が拘束され，そこに委ねられることを指摘するのみならず，具体化立法がなされた後に，当該法領域の部分原則の憲法化がなされて，司法的統制が可能となることまで指摘し，法的に構成しうる限界点まで到達しようと試みている点にある。

　第四に，本書の考察は，憲法改正時の議論にも有効であろうと思われるが，その際にどのような国家目標を憲法に入れるべきか，あるいは入れるべきではないかについての政策的議論をしない（方法論的限界②）。良き憲法と悪しき憲法を区別する指標となる「憲法理論」について提示するにとどめる（本書**第4章**

---

24) 本書**第1章**および**第3章**における「国家任務」の用語法とは必ずしも一致しないことに注意が必要である。

25) ヤン・ツィーコウ（高橋明男訳）「国家と私人による公共の福祉の具体化」阪大法学59巻1号（2009年）187頁以下。保障国家論は，主に公的任務の遂行に最適な責任配分のあり方や，手段選択の合理化を考察するものであり，そもそも何が（広い意味での）公的任務に当たるかという前提の議論を中心とするものではない。国家目標の議論は，その前提を主題化する点で，国家任務論とは異なる。

参照)[26]。一般論としては、「国家目標は、他の憲法的要素よりも、日々の流行に強く影響されるので、憲法はすぐに目下の改革願望の嘆願集、または『政治的な願い事カード』となりうる」ため、国家目標規定を採用する際には、それが有効かつ必要不可欠でなければならず、「補完性原則に則って、議会が自らによって実効的に処理できないことのみを、憲法レベルで規律してもよい」とされる[27]。また、国家目標規定のインフレーションが起きると、個別事例において利益衝突と衡量をコントロールできなくなり、憲法改革者は、結局「魔法使いの弟子」のような状態に陥ってしまうとされる[28]。憲法がインテグリティを保つためには、人権のインフレ[29]と同様に、国家目標のインフレも避けるべきであろう[30]。

第3節　本書全体の構成

本書は、4部構成である。

第1部では、国家目標規定という規範類型（カテゴリー）がどのような経緯をたどって成立したかを追うことでその輪郭を示し、さらに国家目標規定の規範構造を示す。**第2部**では、（典型的には）国家目標規定によって規範化される国

---

26) 比較憲法的観点から豊富な素材を提供してくれるものとして、横大道聡／吉田俊弘『憲法のリテラシー』（有斐閣、2022年）、新井誠ほか編『世界の憲法・日本の憲法』（有斐閣、2022年）がある。

27) *Detlef Merten*, Über Staatsziele, DÖV 1993, 376. 例えば、基本法6条5項（非嫡出子の保護）は、当時の立法者が嫡出子と非嫡出子を平等に取り扱うかについて疑念があったため、憲法に規定する正当性があったとされる。他方で今日では、環境や勤め口への責任、住居や廃棄物発生回避への責任が一般的に承認されているため、憲法上のアピールは必要ないとする。

28) *Merten* (Fn. 27), 377.

29) 芦部信喜（高橋和之補訂）『憲法〔第8版〕』（岩波書店、2023年）122頁参照。

30) 国家目標規定が基本権制約機能を発揮する際には、憲法解釈により導かれる国家目標秩序が、一定の歯止めとなるだろう（本書**第7章**参照）。この点、人格的利益説（佐藤幸治『日本国憲法論〔第2版〕』〔成文堂、2020年〕196頁以下）が、人権のインフレ化を防ぐ機能を有するのと同じである。人格的利益説は、解釈による補充的人権の導出場面に一応限定された説であるが、「人権のインフレ化」の論理は、憲法典において人権条項がインフレ化を起こした場合にも妥当するはずである。同じように、国家目標規定が憲法典においてインフレを起こした場合にも、何らかの実質的限定が必要となる（本書**第1章第2節**参照）。国家目標規定は、憲法に吊るしておけば、何でも願いが叶うというような代物ではない。国家目標規定は七夕の短冊ではないし、憲法はクリスマスツリーでもない。Vgl. *Merten* (Fn. 27), 376 f.

家目標の概念を明確化するために，類似の概念として用いられる国家目的および国家任務について，歴史的および意味論的用法を明らかにする。そして，国家目標の議論には，次元（記述的か規範的か）の異なる用法があることを示す。**第3部**では，国家目標規定が憲法に導入されると何が変わるのか，そこにどのような意味があるのかを明らかにする。あらかじめ公共の福祉内部における国家目標秩序の構成を示しておく。そのうえで，国家目標規定には，それらの国家目標の実現を国家に求める機能および基本権制約を正当化する機能があることを明らかにする。**第4部**では，国家目標の一部が給付請求権として基本権化すると，それがどのような構成になるのかを明らかにする。生存権と健康権を素材として，その権利の構成とそれに基づく司法審査について検討を加える。**補章**では，日本国憲法の解釈論への応用を試みる。

　本書では総じて，以下のことを示すことになる。①憲法は，国家目標規定を通じて，国家に公共の福祉を実現させるためにもあること，②人権保障は，実体的な国家目標秩序の観点からみると，公共の福祉が主観的権利として構成され，個人に判断権限が与えられた特殊な実現形態の一部であること，③国家目標規定か基本権かの違いは，関連する法秩序の実現形態（立法府によるか司法府によるか）に違いをもたらすこと，④国家目標規定は具体化法と結びついて部分的な憲法秩序を形成すること，⑤国家目標規定が導入されると基本権制約の正当化が拡張されうること，⑥国家目標が給付請求権として（部分的に）基本権化した場合には，当該国家目標の具体化法の部分原則と結びついて内容的側面から，あるいは組織的・手続的な側面から実効的な司法的統制がなされることである。

第1部

規範類型としての国家目標規定

第1章

国家目標規定の成立とその意義

　「国家目標についての命題を含む法規範は，法技術的意味において，必ずしも国家目標規定と同定されるわけではない」[1]。国家目標は，基本権やその他の実体的憲法原理からも導出されうるからである。国家目標を含むのは国家目標規定だけではない。これに対して，国家目標規定は，ゾンマーマンによれば以下のように定義づけられる。「国家目標規定とは，市民に主観的権利を保障することなく，国家権力を一定の目標の追求へと法的拘束力をもって義務づける憲法規範のカテゴリーである」[2]。

　国家目標規定は，法基層的には，第一に基本権を対抗カテゴリーとして，第二にその他の客観法規範を隣接カテゴリーとして形成される。また，法規範性の観点からは，プログラム規定を対抗カテゴリーとして，貫徹可能性の観点からは，基本権を対抗カテゴリーとして形成される。後者についていえば，法的にどの程度貫徹されうる規範かという問題と，主観的権利関係が成立するかという問題は，本来的にはそれぞれ独立して成立する問いである。しかし，国家目標規定（客観法）と基本権（主観的権利）との境界づけに関する問いは，個人・国家間における憲法上の法関係の有無を問うことであると同時に，裁判所による統制可能性を問うこと（貫徹可能性の観点からの基本権との境界づけ）でもある[3]。

1）*Karl-Peter Sommermann*, Staatsziele und Staatszielbestimmungen, 1997, S. 326. 国家目標規定と解釈上導出される国家目標のいずれをも，あえて国家目標と呼ぶ文献として，藤井康博『環境憲法学の基礎』（日本評論社，2023年）30頁注87。両者は表現上混同して用いられることも多いが，規定形式と規範内容は区別されるべきであろう。

2）*Sommermann* (Fn. 1), S. 326.

3）ドイツ基本法1条3項（「以下の基本権は，直接に適用される法として，立法，執行権及び裁判を拘束する」）と，同19条4項（「何人も，公権力によって自己の権利を侵害されたときは，裁判で争う途が開かれている」）のコンビネーションがこのことを端的に示している。

「基本権か，それとも国家目標かという二者択一は，憲法生活及び政治課題をど
こまで法化し，どれだけ強く法化すべきかについての決断を含んでいる」(圏点
石塚)[4]との言明が明らかにするように，今日のドイツでは2つの問いは，一体
的に捉えられているように思われる[5]。これは，あるテーマを国家目標規定と
して導入することの意図にも関わる問題である[6]。

　本章では基本権と国家目標規定を区別するに至る文脈と，国家目標規定の具
体的なカテゴリー形成に至る文脈，さらに国家目標規定という規範カテゴリー
に基づく憲法改正に至る文脈を確認する。それによってひとまず，国家目標規
定という規範カテゴリーの輪郭を掴むことができよう。

第1節　国家目標規定の定義

　最初に国家目標規定の端緒を示したのは，ハンス＝ペーター・イプセンであ
ったが[7]，これを具体的に論じたのはウルリヒ・ショイナーである。ショイナー
は1972年の論文で，国家目標規定を，基本権，制度的保障，立法委託から区別し
た後，以下のような説明を行った。国家目標規定とは「一般的または限定的な
形式で，国家行為への原則や指針を設定し，命令や指示を通じて国家行為に一
定の方向づけと事項的任務を与える」規定であり，それは「動態的性質を有し，
これから生ずるだろう将来の社会問題を指摘し，国家活動に限界を引くという
よりもむしろ道を示す」[8]。

---

4) ライナー・ヴァール（小山剛／中野雅紀訳）「日本とドイツの比較憲法」ドイツ憲法判例研究会編
　『人間・科学技術・環境』（信山社，1999年）17頁。

5) 客観法と主観法との区別の問題は，とりあえず法関係の存否の問題と貫徹可能性の問題とに分け
　て論じた方が有益である。というのも，両者は異なる帰結に至るからである。前者は，憲法異議
　の出訴可能性の問題につながり，後者は，両者の拘束力の違いに起因する憲法裁判所による統制
　の限界問題につながる。

6) 国家目標規定という規定形式の選択には，ある課題を憲法上のテーマとするという積極的意図と，
　それを一定程度以上は憲法化させない，すなわち一定程度以上は憲法裁判所による統制に服せし
　めないという消極的意図があると考えられる。消極的意図については，環境保護の国家目標規定
　を導入する際の，「不安条項」に関する議論が参考となる（浅川千尋『国家目標規定と社会権』［日
　本評論社，2008年］132頁以下）。

7) *Hans Peter Ipsen*, Über das Grundgesetz, 1949, S. 14.

8) *Ulrich Scheuner*, Staatszielbestimmungen, in: FS Ernst Forsthoff, 1972, S. 335 f.

この規範カテゴリーを定着させたのは，1983年の「国家目標規定／立法委託」専門家委員会報告書である[9]。同報告書は，「公権力への拘束力を伴う客観法的憲法規範」と「直接に個人の個人的権利を導く」憲法規範とを明確に区別した上で，以下のような定義を行う。「国家目標規定は，法的拘束力を伴って，国家活動に一定任務——事項的に規定された目標——の継続的考慮または履行を命じる憲法規範である。それは国家活動の一定のプログラムの輪郭を描き，それにより国家行為および法律とその他の法的規定の解釈に対する指針または指令である」。この定義は繰り返し引用されることになる[10]。

比較的最近では，カール゠ペーター・ゾンマーマンが以下のような定義を行っている。「国家目標規定とは，市民に権利を認めることなく，国家権力（立法府・執行府・司法府）を特定の目標の追求へと法的拘束力をもって義務づける憲法規範である」[11]。この定義は，その他の憲法規範との境界を過不足なく表現しており，規範カテゴリーの定義として適切なものと思われる。本書では，ゾンマーマンの定義を前提とする。

第2節　ワイマール憲法期までの基本権と国家目標規定の区別

「客観法と主観法という，法の2つの層の論理的関係についていえば，定義により客観法が主観法に先行している」[12]が，「歴史的にいえば，主観法の形成の方が先行している，といえる可能性がある」[13]。これによれば，「主観法は，あくまで客観法の創造物ではなく，客観法はそれを承認し保障しているに過ぎない」，すなわち「自然権としての『人権』の主観法（自然法）が先行し，それを（たとえば憲法のような）客観法としての国法秩序が承認する，という構図」が成立

---

9) *BMI/BMJ* (Hrsg.), Bericht der Sachverständigenkommission, »Staatszielbestimmungen／Gesetz- gebungsaufträge«, 1983, S. 21 (Rn. 7). (zit. Bericht der Sachverständigenkommission)

10) *Sommermann* (Fn. 1), S. 350. 日本においても，ゾンマーマンの定義よりも，こちらが引用されることの方が多いように思われる。

11) *Sommermann* (Fn. 1), S. 482.

12) 石川健治「『基本的人権』の主観性と客観性」西原博史編『岩波講座 憲法2 人権論の新展開』（岩波書店，2007年）8頁。

13) 石川・前掲注12）9頁。

する14)。しかし，政治理論または自然法論上正当化された各種の自己主張（主観法）を，実定的な法秩序（客観法）が承認したという構図がありうるとしても，それが具体的にどのような形で，どのような過程を経て承認が行われてきたかについては，なお検討の余地がある。なぜなら，憲法の文言上「権利」という言葉が使われていたとしても，実際には「法関係」を認めていない，すなわち一方に権利を与え，他方に義務を課すことをなさない（客観法的にしか機能しない）規範もあったからである。少なくともドイツにおける実定憲法上の権利の承認は，そのような道をたどってはいない。

ゾンマーマンは，19世紀には，客観憲法を法源として承認する段階を経たけれども，本来的には主観的権利として企図されたものであっても，客観法的に解釈されて機能していたとし，20世紀において徐々に主観法的に解釈されて機能するようになったとする。ゾンマーマンの見解は，以下のように要約できる（以下，下線石塚）15)。

今日多くの憲法でみられる基本権と国家目標規定との規範に関する（normativitäts-bezogene）区別は，長きにわたる憲法理論的・解釈論的発展の帰結である。19世紀には様々な構造の実体的憲法原理があることが認識されたが，規範性の実体に関するカテゴリー形成のためには，幾つかの必要な理論的基礎が欠けていた。まずはじめに，アメリカにおける，法源としての憲法（客観憲法）の承認がある。これに対して，ヨーロッパでは，自由主義者らが自然法あるいは理性法を援用して独裁からの自由を導こうとしたものの，自然法は様々に解釈されうるため，憲法テクストの権利カタログは自然法優位の下で宣言的な意義が与えられた。これが厳格な法適用と矛盾し，革命的・普遍的アプローチ（例えば，1789年フランス人権宣言）は，プラグマティックな実証主義的アプローチに屈する。そこでは，自然法の道徳的権威によって確実視された自由権は，社会的現実においては，第一に実定的立法への影響力の行使を通じて，獲得されなければならなかった。

憲法上の基本権が主観法的内容を含むかという疑問は，主観的公権がもっぱら実定法から生じることを国法実証主義が帰結したことによっても，解決されない。市民または臣民の法的地位が服従の地位から評価され，そのことが国法学において君主制原理の意味で受け入れられているうちは，主観的公権の理論は発展し得なかった。加えて，19世紀前半のドイツのように社会が身分的に刻印されている間は，社会を市民社

---

14) 石川・前掲注12) 9頁。

15) *Sommermann* (Fn. 1), S. 327-335.

会に変換することが第一に重要であるため，基本権の防御機能も強調されえなかった。憲法で宣言された諸自由は，ここでは現行の法秩序において適切な市民的地位を確立するべき立法者への委託または目標基準として解釈されうるのである。基本権違反の一般国法が法的に当然に無効（ipso iure）という意味での，憲法の優位からは程遠かった。基本権が法律を通じて初めて実現されるのであれば，決定的に重要なのは，すべての国家権力の基本権への直接の拘束ではなく，法律への行政の拘束，すなわち行政の合法性の原理の保障である。1871年ドイツ帝国憲法が独自の基本権を含んでいないという事実は，構成国の憲法参照に委ねるという構造によるだけではなく，憲法上の基本権の保障に対する低い位置価の表現でもある。

　国家権力に対する真の市民的権利の承認は，すでに初期立憲主義時代に支配的であった自由・所有の保障から始まる，緩やかなパラダイム転換を前提とする。これは，一般立法者および行政司法が「国家介入に対して獲得された権利の確保」を保障したことにより，すでに一部実現していた。ドイツでは，立法者に対しても妥当する基本権の主観的権利化を，初めて1849年のパウル教会憲法（フランクフルト憲法）の起草者らが目論んだが，発効されずに終わった。当時の国法学で有力であったゲルバー（*Carl Friedrich von Gerber*）は，「公権」につき，真の権利は君主と公務員にのみ存在し，臣民には法律が明確に与える限りで存在すると述べた。ここでは，基本権カタログの自由権は，国家権力の執行についての客観的・抽象的法原則として機能し，間接的に主観的権利を生じさせるにとどまる。このような純粋に客観法的な基本権構想は，18世紀中頃以来，ライヒ崩壊（1918年）まで支配的であった。

　ワイマール憲法（1919年）制定者は，古典的自由とならんで，社会的，経済的，文化的諸原理に取り組み，テーマごと（個人，共同生活，宗教および宗教団体，教育および学校，経済生活）に基本権を区別した。社会政策，経済政策，教育政策の諸原理が，古典的自由権と同じ規範的次元を示しえないことは明白であり，実質的憲法規定（特にその主観法的側面）の規範性への問いへの返答は，判例および国法学に委ねられることとなった。そこで，ワイマール国法学は，基本権の分類により，直接に効力を有する憲法と単なるプログラム命題との間で，様々に規範的区別を発展させたが，その規範性段階の貫徹方式にはほとんど従事しなかった。

　確かに，主観的権利の定式をもってしても，（法律の留保を媒介に）立法を通じてのみそれが表現されるという段階では，当該権利は単なる「宣言」にすぎず，現実には客観法として機能していたことになる。一般的には「ヴァイマール共和制では，個人の権利を主張するような基本権理論は意義を失う傾向にあったと言え，逆に客観法的（objectivrechtlich）なアプローチが重要さを増していた」

とされる[16]。そのような段階を経て，憲法上の主観的権利を承認するということは，まず何よりも「憲法的法関係」の「主体」として「個人」が承認されることを意味する[17]。このことは，同時に，神聖ローマ帝国以来の憲法争訟の伝統，すなわち国家と個人の間に憲法争訟はありえないという思考の克服をも意味するはずである。その点，ワイマール国法学は，なおこのような思考を克服することができなかったとされる[18]。確かに，ワイマール憲法には個人による主観的権利保護手続が制度化されておらず，解釈によって争訟の主体が拡大されたにもかかわらず，結局，個人がその主体たりうることはなかった[19]。しかし，憲法争訟にまつわる伝統的思考は，ワイマール憲法の憲法争訟の制度に引きずられたものと考えることも可能であり，理論的には，「基本権の主観的権利化」（パラダイム転換）の準備はワイマール国法学によってなされていたということもできる[20]。そこでは，「客観法としての基本権」は，——理論レベルではあるけれども——「主観的権利としての基本権」を目指すことになる[21]。それが達成されたのち，客観法的理解からの憲法上の権利の離別は，最終的にはその貫徹方式をもって完了することとなる[22]。

---

16) クリストフ・グズィ（原田武夫訳）『ヴァイマール憲法』（風行社，2002年）222頁。

17) もちろんそれ以前に憲法が法として承認される必要がある（*Sommermann* [Fn. 1], S. 327）。Vgl. *Wolfgang Hoffmann-Riem*, Das Ringen um die verfassungsgerichtliche Normenkontrolle in den USA und Europa, JZ 2003, 271.

18) 宍戸常寿『憲法裁判権の動態〔増補版〕』（弘文堂，2021年）109頁によれば，むしろワイマール期には行政法の「公権」論と憲法上の基本権の分離が強化されていた。

19) フリーゼンハーン（*Ernst Friesenhahn*）によれば，「憲法的法関係の主体」は，「実質的意味での憲法の法領域で権利義務を与えられている者，すなわち国家の内部的生に参加し，統一的国家意思の形成に協力する者」，具体的には「最高国家機関・機関を構成する部分・政党等の社会的構築物」に限られており，そもそも「個人」は憲法的法関係の主体として想定されていなかった（宍戸・前掲注18）100頁）。

20) 1920年代から，立法府に対する基本権による拘束が承認され始めたことについては，グズィ・前掲注16）223頁。

21) ワイマール憲法（WRV）における基本権の効力に関する機能的考察として，グズィ・前掲注16）228頁以下。「WRV上の基本権は『空文化（leerlaufend）』するようなものではなく，むしろ（WRV）第2部は国家権力に対する拘束に関する細分化された一つの体系を成すものであった」。

22) ゾンマーマンのいう規範に関する区別は，客観法と主観法との区別のみを指すのではなく，各規範に応じて生じる名宛人や拘束力の様々な違いを指す。プログラム説と直接的法効力説については，高田敏『社会的法治国の構成』（信山社，1993年）145頁以下。
　　グズィ・前掲注16）224頁以下は，ワイマール憲法における基本権の立法者に対する拘束として

要約すれば，①客観憲法の法源としての承認，②理論レベルでの基本権の主
観的権利化，③主観的権利保護制度（あるいはその代替物）の創設という３つの段
階を経て，「基本権」は司法適合的かつ執行可能なものとして完成する。国家目
標規定と基本権との法基層的区別にとって重要なのは，第二段階に当たる，理
論レベルでの基本権の主観的権利化である。憲法規範の機能あるいは実効性は，
第三段階にかかる問題である[23),24)]。

　６つの異なる形を挙げている。①法律による留保を伴わない基本権，②法律による留保の下にあ
る基本権，③共和国法の留保の下にある基本権，④ある限られた法律による留保の下にある基本
権，⑤独裁による留保の下にある基本権，⑥立法委任としての基本権。⑥は，「そもそも立法部に
よって初めて創出されるものであり，単に（立法部が）制限を加えることができるだけではなかっ
た。〔改行〕立法委任ないし国家目標規定は，（これを）具体化したり，形成したりする法に従って
のみ有効であり，（その意味で）これらは立法者の手による『基本権政策（Grundrechtspolitik）』を
前提としていた」（同225頁）。その例として，「労働に対する権利（WRV163条２項）」が挙げられる。
「このような一般的な名称はこの規定の内容をあまり的確にあらわしていない。なぜならば，
WRVは雇用に対する権利を定めていたのではなく，労働によって自らの経済的な生計をたてる
『可能性』のために，雇用機会の斡旋が行われるべしと定めていたからであり，ここでは国家が労
働斡旋のための包括的なシステムを営むべきであろうという旨の客観法的な委任が憲法上行われ
ていたことになる。さらに雇用機会の斡旋に対して個人が持つ権利は，WRV第163条からではなく，
その施行法から生ずるべきものとされていた。また，この立法委任の実現は裁判によって請求で
きなかったが，それが実現されていない場合に当局は物質的に困窮している失業者にとって必要
な生計を確保する義務を負うものとされていた（WRV第163条２項２文）。そしてこの規定も客観
的権利〔客観法〕であるとだけ考えられていた」（同303頁）。

23) ワイマール憲法で「輪郭のみが描かれていた社会政策に関する一連の憲法上の規定（Sozialver-
fassung）は，（互いに）協力関係にある（複数の）国家機関の手に委ねられていたが，そこでは立法
部が自由と平等の具体化について主として判断を下すべきであるとされていた。……これに対し，
裁判所は……自らの権限の枠内で，基本権の実現についてはむしろ部分的に参画するに留まって
いたのであり，（そこで）裁判所は指針を示すというよりも，個々の限界を示したいのであった。
したがって，司法部を強化することで，ワイマール共和制と言う枠組条件のもとで，WRVあるい
はその基本権を実現させ，これを貫徹させるため，より多くのものがもたらされたり，あるいは別
の状況がもたらされたりすることが有り得たかどうかを断定することはできない」（グズィ・前掲
注16) 228頁以下）。

24) 適切に実体を確保するためには適切な手続が必要であり，第二段階と第三段階が一致すること
が基本的には望ましい。如何なる手続が「適切」かは必ずしも明らかではないとはいえ，憲法保障
にとっての裁判所の役割が明らかとなった現在では，その手続において裁判所も何らかの役割を
果たすべきことは否定し難い。ちなみに，ヨーロッパではポルトガルのみが不作為の違憲確認の
ための特別な憲法裁判手続（inconstitucionalidade por omissão）を有している（*Sommermann*
[Fn. 1], S. 442 f.）。

第3節　ドイツ基本法における規範カテゴリーとしての
国家目標規定の成立

　国家目標規定と関連して，戦後（西）ドイツには2つの関心があった。第一に，社会国家原理（基本法20条1項および28条1項）を如何にして扱うか，第二に，（広義の）国家任務を憲法上如何にして扱うかである。この2つの関心は，相互に影響しあい，それぞれの発展線を規定してきた。

　一方では，国家目標規定という規範カテゴリーは，社会国家原理の解釈の過程で生まれてきた概念である。他方では，国家目標規定的概念が，国家任務論という大きな議論の中に位置づけられることになる。そして，その応用可能性あるいは汎用性は，憲法改正に関する議論の中で明らかにされてきた。

第1項　国家目標規定という概念の成立
──社会国家原理を素材に

　ドイツでは基本法制定過程以来，社会国家原理（社会権の理念）を如何にして憲法上扱うかが争われてきた[25]。主観的公権（狭義の社会的基本権），国家目標規定，立法委託，制度的保障といった規範カテゴリーから社会国家原理を捉え直そうとするのが，彼の地の基本的スタンスであり[26]，国家目標規定の概念はそのような営為の下で発展した。

　パウル教会憲法（1849年）に社会権を規定する試みがなされた後[27]，周知の通り，ワイマール憲法（1919年）で初めて社会権が広く規定された[28]。しかし，それらの規定に「実際的な法的効力」[29]が与えられなかったことを反省して，戦後

---

25)「社会的基本権（soziale Grundrechte）」が独自の規範カテゴリーとは捉えられていないことにつき，Bericht der Sachverständigenkommission (Fn. 9), S. 19 (Rn. 4); *Daniel Hahn*, Staatszielbestimmungen im integrierten Bundesstaat, 2010, S. 74 ff. また，この意味での社会的基本権は，「不真正な社会的基本権」，「広義の社会的基本権」とも呼ばれる。

26) *Jörg Lücke*, Soziale Grundrechte als Staatszielbestimmungen und Gesetzgebungsaufträge, AöR 1982, 18.

27) *Heinrich Scholler*, Die sozialen Grundrechte in der Paulskirche, Der Staat 13 (1974), S. 51 ff.

28) Art. 142, Art. 150, Art. 151 Abs. 1, Art. 157 Abs. 1, Art. 158, Art. 161 und Art. 163 WRV.

29) Z.B. *Gerhard Anschütz*, Die Verfassung des deutschen Reichs, 1960, S. 740 zu Art. 163 WRV.

の制憲議会である議会評議会は「司法適合性（Justitiabilität）」と「執行可能性（Vollziehbarkeit）」[30]をメルクマールに基本法規定を取捨した[31]。これにより，ワイマール憲法にあったプログラム規定や任務規範は放棄され，社会権領域では，基本法20条1項および28条1項で「社会的法治国」，とりわけ「社会国家原理」が規定されるにとどまった[32]。社会国家原理については，基本法制定の経緯からプログラム規定説は早々に放棄され[33]，イプセンが見出した「法原則的な目標規定」[34]，ショイナーのいう「指導原則」[35]という定式が用いられるようになる。連邦憲法裁判所は1951年の決定で，社会国家原理が「基本法およびその他の法律解釈の際に決定的に重要でありうる」ことを述べた[36]。その後，社会国家と法治国家の憲法レベルでの止揚が不可能であることを説いたフォルストホフの問題提起を経て[37]，社会国家原理の憲法規範性が認められるに至るが[38]，その法的性質および構造についての考察はいまだ不十分であった。

　連邦憲法裁判所は1967年の判決で，以下のように述べて社会国家原理を展開する。基本法20条1項（社会国家原理）は「目標たる公正な社会秩序を定めるだけであり，目標達成のための如何なる方途も開かれたままである」[39]。このように，社会国家原理を国家目標規定的概念に基づいて捉え直す見解が，基本法上の「社会権の理念」にとっての出発点だと理解して差し支えないだろう[40]。

---

30) *Jona Aravind Dohrmann*, Directive Principles of State Policy in der indischen Verfassung, 2002, S. 250.「社会権は，たいてい司法裁判所がそれを認識しうるという意味で司法適合的であるが，誰もその指導原理から主観的権利を取り出しえないという意味で執行可能ではない」。

31) ライナー・ヴァール（小山剛／石塚壮太郎監訳）『ドイツ憲法の道程』（慶應義塾大学出版会，2022年）8頁［上村都訳］。

32) Bericht der Sachverständigenkommission (Fn. 9), S. 22 (Rn. 9).

33) クラウス・シュテルン（赤坂正浩ほか編訳）『ドイツ憲法 I』（信山社，2009年）264頁［亘理興訳］。

34) *Ipsen* (Fn. 7), S. 14.

35) *Scheuner* (Fn. 8), S. 328 f.

36) BVerfGE 1, 97 (105)（第一次遺族年金決定）.

37) *Ernst Forsthoff*, Begriff und Wesen des sozialen Rechtsstaates, VVDStRL 12 (1954), S. 1. このドイツ国法学者大会での報告の紹介として，影山日出弥「社会的法治国家の概念と法的性格」愛知大学法経論集36号（1961年）117頁。さらに，田口精一「ボン憲法における社会的法治国家について」法学研究29巻1・2・3号（1956年）381頁参照。

38) BVerfGE 5, 85 (198)（ドイツ共産党［KPD］違憲判決）.

39) BVerfGE 22, 180 (204)（青少年援助判決）.

40) *Sommermann*, in: Huber／Voßkuhle (Hrsg.), GGK, Bd. 2, 8. Aufl., 2024, Art. 20, Rn. 98. 邦語での簡単な紹介として，高田・前掲注22) 148頁以下。

確かに，そのような見解は，社会国家原理の条文上の根拠が，基本法20条1項の »sozialer Bundesstaat« および基本法28条1項の »sozialen Rechtsstaates« しかない特殊ドイツ的文脈であるように思われるかもしれない[41]。しかし，社会国家原理のドイツ的理解は，必ずしも一般性を持ちえないものではない。このことは，「社会権の理念」を基本権的に構成しようとする試みをみることによって，よりいっそう明らかとなる。「社会的基本権」，とりわけ給付請求権にスポットを当てて戦後の議論を整理した西原博史によれば，初期（40～50年代）の社会的基本権否定論者として，社会権と立憲主義の矛盾と説くフーバー（Hans Huber），法治国家と社会国家の憲法レベルでの融合を否定したフォルストホフが挙げられる[42]。非常に簡略化して言えば，両者とも「制限規範としての憲法」に立憲主義の本質をみていたということができる。この点，1972年にフォルストホフの記念論文集に掲載されたショイナー論文[43]は，国家に動因を与える憲法を論じた点で，画期的であったといえよう。70年代の傾向として「現実的」自由とその前提を形成する必要性が語られ，その基本的論者として，問題連関を国家への新たな役割の帰属として捉えるベッケンフェルデ（Ernst-Wolfgang Böckenförde），基本権の防御権的性格を固持するクライン（Hans H. Klein）が挙げられる[44]。「社会権の理念」を国家の責任とし，憲法的具体化として「憲法委託」という法的カテゴリーを選択するベッケンフェルデも，基本権の防御権的性格にこだわるクラインも，「社会権の理念」全体を基本権的に表現できないという点では，同一線上にいる。給付請求権に対する否定的傾向の中では，給付請求権としての社会的基本権への反対論拠として，以下のものが挙げられて

---

41) 憲法25条1項の文言にもかかわらず，日本の最高裁は，この趣旨を踏襲しているように思われる。朝日訴訟判決（最大判昭42年5月24日民集21巻5号1043頁）は，食糧管理法違反事件判決（最大判昭和23年9月29日刑集2巻10号1235頁）の論旨をまとめて以下のように述べた。憲法25条1項は，「すべての国民が健康で文化的な最低限度の生活を営み得るように国政を運営すべきことを国の責務として宣言したにとどまり，直接個々の国民に対して具体的権利を賦与したものではない」。さらに，堀木訴訟判決（最大判昭和57年7月7日民集36巻7号1235頁）は，憲法25条の規定につき「国権の作用に対し，一定の目的を設定しその実現のための積極的な発動を期待するという性質のものである」とした。

42) 西原博史『自律と保護』（成文堂，2009年）83頁以下。

43) Scheuner (Fn. 8).

44) 西原・前掲注42）85頁以下。

いた[45]。

① 基本権的給付請求権が直接執行可能でなく，立法による具体化を必要と
すること（ⓐ内容的不明確性のため，ⓑ国家財政への関連のため），
② そのため直接提訴可能な請求権を基礎づけないこと，
③ にもかかわらず裁判所がそれを執行すれば司法による立法機能の簒奪が
生じること，
④ 法的なコントロールが可能でないこと，
⑤ そのような基本権を承認すると基本権の規範的性格が不明確になり，立
法・行政・司法に対する基本権の拘束性を明示する基本法1条3項との齟
齬が生じ，基本権が再びプログラム規定の地位に転落する危険があること，
⑥ 社会的基本権を詳細に憲法上実定化した場合，この基本権の現状への適
応必要性から憲法の安定化機能が犠牲になること，
⑦ 自由（ⓐ他者の自由，ⓑ給付受給者の自由）との対立可能性。

　以上のような，反対論拠に応える形で，主観的給付請求権としての社会的基
本権の道を探る議論が，70年代から80年代にかけてなされ，シュタルク（*Christian Starck*）やアレクシー（*Robert Alexy*）は，反対論拠を念頭に，給付請求権が認
められる場合を，それぞれの仕方で要件化し当てはめを行う[46]。そこでは，社
会国家原理から「最低限度の保障」が導き出すことに成功したともいえるが，
反対論拠によってそこに追い込まれたとみることもできる。その後の議論は，
少なくとも広義の「社会的基本権」というカテゴリーが解体されていることを
前提に，「社会権の理念」の実現のために，その他の法的類型（立法委託や国家目
標規定）を探っていくことになる。結局，社会的基本権と呼ばれるもののうち
「本当に『基本権』と言えるのは最低限度の保障に限られ，その他のむしろ本質
的な部分は，本来『立法委託』『プログラム規定』に属する規範内容を持つ」と
総括される[47]。ドイツよりも具体的に，しかも権利形式で書かれている日本国

---

45) 西原・前掲注42) 93頁以下。
46) 西原・前掲注42) 94頁以下。
47) 西原・前掲注42) 105頁。この議論からは，日本の社会権の中心的論点である具体的権利として
の生存権の議論が，如何に限られたフィールドで展開されているかを看取することができる。ペ

憲法25条1項にまつわる学説が，同じようなことに頭を悩ませていることを考えれば [48]，両者の悩みは，憲法制定あるいは改正段階でのものか，憲法解釈段階でのものかの違いでしかなく，権利論的構成に不都合が生じていることは同様であると思われる [49]。

　結局，「社会権の理念」とは何だったのか。ゾンマーマンによれば，社会国家原理は，実質的法治国家原理と止揚されなければならない [50]。そして，そのジンテーゼとしての社会的法治国は，「積極的かつ形成的に市民の自由活動の前提条件を改善する国家として定義され」，そのようなものとして「経済的苦境からの解放，生存事前配慮（Daseinsvorsorge），失業の克服ならびに機会の平等促進」が挙げられる [51]。しかし，社会国家原理の輪郭が，法治国家的限界との関係で，切れ味鋭く引かれることは決してありえない [52]。一方では，「個人の自由な発展のためにどの程度の国家的援助が必要であるかについて様々な構想が存在しうる」し，他方では，「〔①〕現代社会の，とりわけ労働・経済世界の複雑性，〔②〕学問的・技術的進歩の急速な発展，〔③〕それにより判明するかまたは引き起こされる人間およびその環境にとってのリスク，〔④〕最後に，トランス・ナショナルな形で進行する，部分的にはグローバルな発展機会および危険性の次元のために，自由を促進する措置にとって開かれた選択肢は非常に広範なもの

　ーター・ヘーベルレ（井上典之編訳）『基本権論』（信山社，1993年）76頁以下によれば，社会的基本権は，「あまりにも実体的請求権と関連づけて論じられすぎており，その結果，それが給付国家の経済的限界のために予定よりも早く挫折させられ，あるいは全面的な給付国家というユートピアの中に流れ込んでしまうのである。その上，そのような請求権の評価は，しばしば裁判の機能法的な限界に出くわすことになる」（強調原文）。

48) 石川健治「憲法改正論というディスクール」ジュリスト1325号（2006年）94頁以下によれば，「25条1項のような権利規定があるおかげで，2項なみの国家目的規定しかないドイツに比べて，日本は福祉先進国として数歩リードできたのかといえば，それは明瞭に否である。権利実現のための手続法を伴わずに，実体的権利だけが掲げられていたからといって，それは文字通り絵に書いた餅でしかない。……むしろ1項の存在意義はそれが主観的な権利形式で書かれていることよりも『健康な最低限度』と『文化的な最低限度』と言う概念を打ち出して2項の国家目的を具体化しているところにある」。

49) この点，2010年に連邦憲法裁判所は，社会扶助法の一種であるハルツⅣ法を違憲とし，その際，社会国家原理と結びついた人間の尊厳を根拠に「生存権」を承認した。そのような「不都合」ないしジレンマをどのように解決したかについては，本書**第8章**を参照。

50) *Sommermann* (Fn. 40), Art. 20, Rn. 107.

51) *Sommermann* (Fn. 40), Art. 20, Rn. 112.

52) *Sommermann* (Fn. 40), Art. 20, Rn. 115.

となる」からである[53]。「必然的に『第一に，計画し，統制し，指導し，分配し，個人的および社会的生活を可能にする国家』として，社会的法治国は，様々な戦略だけではなく，様々な行為形態にも開かれていなければならない」[54]。

社会的基本権を狭義の部分（最低限度の保障）に限定する試みは，社会国家原理の守備範囲を極小化させることになってしまう。社会国家原理の法的形象としては，基本的には目的プログラム化された規範である国家目標規定を当てておき，例外的な場面に限ってあるいは平等原則[55]や基本権[56]と結びつく限りで，条件化された要素を引き出していくという連邦憲法裁判所の態度は，正当なものといえるように思われる。

第2項　国家目標規定という規範カテゴリーの成立
——基本法改正へ

国家目標規定という規範カテゴリーは，「社会権の理念」を基本権として構成することへの忌避に対する反射として形成され，社会国家原理を含む広義の国家任務 (Staatsaufgabe) [57] を部分的に再把握する概念として見出されることになる。広義の国家任務に関する議論は「国家任務論」という呼称を与えられ，1973年に出版されたハンス・ペーター・ブルの教授資格請求論文[58]によって包括的に論じられる。ブルはこの論文で，国家任務を国家理解にとって根本的なものであるとし，公共体が実現してよいこと，実現すべきこと，それを如何にして実現するかについて限界づけを行い，様々な観点から国家任務の意義を見出した[59]。

そのような議論を下敷きとして，70年代後半から，特に80年代において環境

---

53) *Sommermann* (Fn. 40), Art. 20, Rn. 115.

54) *Sommermann* (Fn. 40), Art. 20, Rn. 115.

55) 平等原則との結びつきについては，*Christian Starck*, in: v. Mangoldt/Klein/Starck (Hrsg.), GGK, Bd. 1, 6. Aufl., 2010, Art. 3, Rn. 27-31.

56) 人間の尊厳（基本法1条1項）との結びつきについては，*Sommermann* (Fn. 40), Art. 20, Rn. 120 f., 130. 邦語では，高田篤「生存権の省察」村上武則ほか編『法治国家の展開と現代的構成』（法律文化社，2007年）155頁以下。

57) この国家任務という用語は，およそ国家の目標および任務を含み，後述する国家任務よりも広い意味で使われている。ゾンマーマンが用いる広義の国家目標は，これと近い用語法である。

58) *Hans Peter Bull*, Die Staatsaufgaben nach dem Grundgesetz, 1. Aufl., 1973.

59) *Hans Peter Bull*, Die Staatsaufgaben nach dem Grundgesetz, 2. Aufl., 1977, S. VI.

保護の国家目標規定の基本法への導入に関する活発な議論がなされた[60]。1983年の「国家目標規定／立法委託」専門家委員会[61]報告書は，労働，環境保護，文化国家について国家目標規定の導入が望ましいとしたが，諸々の論点について政党間の対立が解消されず，議論は平行線をたどった[62]。これを仕切り直したのがドイツ統一であり，ドイツ統一条約5条は，統一ドイツの立法機関に「基本法への国家目標規定の採用」を検討するように勧告しており，これを受けて合同憲法委員会が基本法への国家目標規定の導入について審議を行った[63]。紆余曲折を経て1994年に基本法20a条として「環境保護」が新設され，同時に基本法3条2項2文として「男女同権の事実上の貫徹」[64]が，2002年には「動物保護」が基本法20a条に補充された。

　合同憲法委員会での環境保護規定の導入の経緯については，詳細な検討がすでにあるのでそちらに譲り，初めて包括的に国家目標規定（および立法委託）を論じた専門家委員会報告書について，検討する。本報告書は，ショイナーの問題提起を受けてか，憲法の制限規範性をその唯一の本質とはせず，憲法の二元性，すなわち国家活動の限界としての憲法およびその動因としての憲法を前提としている。「憲法は，国家機関および国家権力を行使する機関に法秩序を与え，立法，執政，行政および裁判を，社会的法治国の諸原則および基本権に拘束する。……憲法が国家任務に関する内容的，特にプログラム的規律を行う限り，それは政策にとっての指針（Leitlinie）である」[65]。「リベラリズムの憲法的伝統は，公権力の法治国家的な限界と制約，および基本権と行政の法律適合性の原則を通じた法律上の自由の詳細な内容形成を，憲法の政治的核心部分とみなし

---

60) 岡田俊幸「ドイツ憲法における『環境保護の国家目標規定（基本法20a条）』の制定過程」ドイツ憲法判例研究会編『未来志向の憲法論』（信山社，2001年）223頁以下が，よくまとまっている。

61) この委員会は，SPDとFDPの連合政権下の1981年に連邦法務大臣および連邦内務大臣により設置された委員会である（岡田・前掲注60）260頁注10参照）。

62) 岡田・前掲注60）227頁。

63) 岡田・前掲注60）227頁。

64) *Starck* (Fn. 55), Art. 3, Rn. 311-318 によれば，基本法3条2項2文の補充は，「(1) 女性と男性の同権の事実上の貫徹を促進し，(2) 既存の不利益の除去が目指されることによって，男性と女性の生活状況を均一化させる諸措置を講じる」ことを促している（Rn. 311）。当該条項で問題となるのは，社会的現実における性集団であり，当該条項が目指すのは，法的問題の解決ではなく社会的問題の解決である（Rn. 311）。

65) Bericht der Sachverständigenkommission (Fn. 9), S. 17 (Rn. 1).

ている。これに対して，民主政の国家像に向けられた憲法制定は，政策の任務や目標についての実体的・プログラム的規定を目指す」[66]。

「政治的目標またはプログラムは，憲法的に許容されたまたは承認された国家任務であるために，憲法律で定められたり，挙げられたりする必要はない。民主的立憲国家においては，政党，組織化された諸利益および永久にまたは時限的に存在するその他の諸集団が，政治的目標およびプロジェクトを，定式化し，擁護し，その政治的重要性と成果に応じて，憲法的に整序された制度体の枠内で……それらを貫徹する。自由な民主政において，このような『国民の意見・意思形成の自由で開かれたプロセス』としての政治的プロセスは，『国民から国家機関へ』と進まなければならないのであって，逆に『国家から国民へ』進むのではない」[67]。つまり，「政治は『憲法執行』ではない」[68]。

「プログラム的に将来の目標へ向けられ，それゆえこれらの目標を目指す国家活動に向けられた憲法の『内容』の規律は，必然的に，『開かれて』表現され，継続的に具体化を必要とする『原理』または『指導原則』となる」[69]。このことと対応して，憲法規範の「法的拘束の性質や程度は，非常に様々でありうる」[70]。「この規律技術は，政治的な決定要因にフレキシブルな端緒を与え，政治の（外見的）司法化の危険を回避する。国家任務が立ち入って詳細に規範化されるほど，任務規範は急速に時代遅れとなり，新たな改正が望まれることになってしまう」[71]。

このような観点は，ゾンマーマンにも引き継がれている。少々長いが，国家目標規定の存在意義とその限界にとって非常に重要な部分であるので，引用することにする[72]。

　国家目標規定が憲法の実質的部分に採用されるほど，静的憲法理解からの離脱および動的憲法理解への方向づけがはっきりと現れる。憲法は，もはや自由主義的法治国家におけるように，市民の自由な相互作用のための既定の枠を形成するだけではなく，

---

66) Bericht der Sachverständigenkommission (Fn. 9), S. 24 (Rn. 13).

67) Bericht der Sachverständigenkommission (Fn. 9), S. 17 (Rn. 2).

68) Bericht der Sachverständigenkommission (Fn. 9), S. 32 (Rn. 25).

69) Bericht der Sachverständigenkommission (Fn. 9), S. 35 (Rn. 31).

70) Bericht der Sachverständigenkommission (Fn. 9), S. 17 (Rn. 1).

71) Bericht der Sachverständigenkommission (Fn. 9), S. 35 (Rn. 31).

72) *Sommermann* (Fn. 1), S. 374 ff.

——目標規定の内容に応じて——社会，文化，経済，環境または外交政策的形成委託となる。国家目標規定においては，ますます速まる技術的および社会的変化の観点から，発展へと駆り立てるのではなく，発展を制御し，一定の目標に向けて方向づける制憲者の意思が浮かび上がる。その際，目標とは，通常，一定時点で実現されるものとみなされうるようなものではなく，実際の状況の変化を顧慮し，完全に実現されるものとは決してみなされえない開かれた目標規範である。社会的安全，労働場所の確保または環境保護のような目標は，変化した経済，社会および環境状況の下で，繰り返し新たに目標実現への諸要求を課す。

　もっとも，国家目標規定が憲法の動態化をもたらすという言明は，不可避に将来的発展に対する憲法の開放性の増大を意味するものではない。反対に，国家目標を定めることは，常に国家活動を規定することをも含意している。憲法の国家目標構造が緻密に織られていればいるほど，政治プロセスは強く規律され，民主主義に不可欠の問題解決戦略および国家活動の目標に関する意見の競争は狭められる。国家目標が具体的であればあるほど，立法者の役割は所与の目標の単なる執行に還元され，立法者が予想外の展開にもはや適切に対応できなくなるというリスクが増大する。

　このシナリオは，少なくとも，国家目標規定から生じる国家権力の義務を真剣に捉え，その貫徹のための効果的な執行メカニズムが存在する限りでは，誇張した表現ではない。このような意味で，国家目標規定による憲法の如何なる充実も「議会制立法国家を憲法裁判的司法国家のひとつへとさらに」発展させるものであるという警告が，連邦共和国に対してなされた。加えて，他の文脈で形成された「憲法裁判権による国法学の退位」の診断の観点から，憲法裁判権が判断しなければならないテーマの拡大を伴って，学問的議論がさらに狭められてしまうという危惧がすぐに想起される。

　それゆえ，立憲国家の民主政的要素があまり弱められるべきではなく，憲法が将来に向かって開かれているべきであるとすれば，国家目標のネットワークはあまりにも緻密に編まれていてはならない。基本的かつ一時的ではない社会的利害関係だけが，国家目標規定の対象とされるべきとされる。加えて，制憲者が必要的な高度の抽象性を下回らせると，憲法が絶え間なく実現されるべきプログラムカタログに退廃する危険が生じる。……今やかなりの国家において，可能な限り多くの社会，経済，文化的成果または期待される発展が憲法上で表現される傾向が現れている。ここでは，特に「憲法の能力限界」が見誤られている。

　結論として，一方では，国家目標規定による憲法の動態化が，日常政治の範囲に入らない国家活動の基本制御の必要を顧慮するという点で不可欠なものとみなされること，しかし他方で，綿密かつ細分化された憲法目的論は，立憲主義国家の民主的要素を弱体化させ，その将来性を減少させてしまうことが，確認されなければならない。

第4節 基本権か，国家目標規定か

　以上みてきたことを前提とすれば，先に引用したヴァールの言明，すなわち「基本権か，それとも国家目標かという二者択一は，憲法生活及び政治課題をどこまで法化し，どれだけ強く法化すべきかについての決断を含んでいる」(圏点石塚)[73]との言明を，よりよく理解しうる。つまり，どちらを選択するかの決断は，憲法価値の実現プロセスの選択でもある。憲法価値の実現プロセスには，「政治過程ないし政治過程と密接な関係にある社会の諸場面」と「司法過程」があるとされるが[74]，原則として，政治過程は「公益実現ルート」，司法過程は「基本権保障ルート」と捉えられる[75]。

　この「二者択一」に至る論理的順序[76]としては，第一に，社会問題が存在し，これに対する認識が必要となる(社会問題の存在と認識)。第二に，その問題の解決を国家が解決すべきかどうかが判断される(国家任務か否か)。第三に，それを憲法レベルで規律するか否か，すなわち一般法律レベルの規律では不十分か否かが判断される(憲法任務か否か)。第四に，憲法上の規律方法が判断される(例えば，基本権か国家目標規定か)。ここで重要となるのは，第四段階である。「基本権」という選択は，その権利主体を個人(あるいは一定の集団)とすることによっ

---

73) ヴァール・前掲注4)17頁。

74) 戸松秀典／足立曉信「憲法価値の具体的実現」法学教室253号(2001年)35頁[戸松]。戸松によれば，憲法価値の実現プロセスとは，「各法形式に内容が盛り込まれるところ」である(同35頁)。曽我部真裕は，司法的秩序形成と立法的秩序形成という言葉を用いる(宍戸常寿ほか編『憲法学のゆくえ』[日本評論社，2016年]440頁[曽我部])。

75) 長谷部恭男『憲法〔第8版〕』(新世社，2022年)111頁以下によれば，基本権が公益実現のために保障されることもある。ただし，その前提としてそもそも基本権として成立することが必要である。その上で，司法過程を選ぶのか，政治過程を選ぶのかは，制憲者の選択にかかっている。この点，篠原永明『秩序形成の基本権論』(成文堂，2021年)249頁以下は，主観的公権が成立するのは，「国家に義務を課す客観法の存在を前提にし，『個人の利益』を保護するという目的，あるいは法的力の割当てという指標を媒介として，その客観法上の義務の履行と個人とが規範的に結び付けられる場合」であるとしている。基本権の成立については，個人的利益から離れた法的力の割当てに限界がないのかが問われるが，ヴァールが述べるように，基本権化には，法化が可能であることを前提とした高水準の法化という要素も含まれているように思われる。

76) この順序を端的に示すものとして，食糧管理法違反事件判決(最大判昭和23年9月29日刑集2巻10号1235頁)がある。本書**補章第1節第1項**参照。

て，その実現を個人に委ねることを意味し，その保障は裁判所に委ねられる。
他方で，「国家目標規定」という選択は，あるテーマを公共の福祉の具体化として同定し，その実現主体を国家に定めることを意味し，その実現プロセスとして民主政が選択されていることを前提に，第一次的には立法府が判断を行うことになる。基本権保障ルートでは，憲法によって個人に基本権が与えられ，個人によるその実現を裁判所が保障するという構図（基本権⇒個人→裁判所）が，公益実現ルートでは，公益へと義務づけられた国家が主体となって民主政プロセスに則って一定の公益を実現するという構図（公益⇒国家［立法→行政］）が成立する[77]。

　2つのルートの帰結における決定的違いは，原則として，憲法価値の実現が立法者の評価特権に服するか否かであり，その裏返しとして裁判所の（厳格な）統制に服するか否かである。基本権が個人の主張に基づき裁判所によって直接に適用される法（基本法1条3項，19条4項参照）であるのに対して，国家目標規定は立法・行政による具体化を前提としている。この意味では，基本権規定が裁判所に宛てられた裁判規範だとすれば，国家目標規定は立法府に宛てられた立法規範である[78]。国家目標規定の選択は，あるテーマに関して公益実現ルートを選択することを意味しており，裁判所の判断は二次的あるいは三次的なものとなる。どちらのルートが選択されるかによって，同じ国家機関であっても，その役割は決定的に異なる。基本的に，公益実現ルートでは，個人に法律上の主観的権利を与えるか否かは，立法者の判断に委ねられており，その意味で立法者は裁判所の役割をコントロールできる立場にある。また，公益実現ルートでは原則として裁判所の（実体）審査は緩やかとなるため，違憲審査にあたって

---

77) このような規範カテゴリーの選択とルート選択の結合を機能的に説明できるもののひとつとして，ドゥウォーキンの「原理」と「政策」の区別が考えられる。ロナルド・ドゥウォーキン（木下毅／小林公／野坂泰司訳）『権利論〔増補版〕』（木鐸社，2003年）によれば，政策の論証は，「考慮さるべき様々な利害関係を正確に表現することを目的とする何らかの政治的過程の作用を通じてなされなければならない」ところ，「様々な利害関係に対しただ中立的にのみ作用する……代表民主制の方がより良い結果を生む」（同102頁）。これに対して，「原理の論証は，論証で述べられた権利を主張する者に認められる一定の利益に着目」しており，「この利益は，政策の論証によりこの利益を否定して，より効率的な利益配分を追求すること自体を無意味にするようなものとして捉えられている。それ故，政治的多数派の利益よりも権利が優位する場合，このような多数派の要求から隔離された裁判官の方が，原理の論証をより適切に評価しうる地位にある」（同103頁）。
78) 立法規範であるという表現は，必ずしも裁判的統制を排除することを意図するものではない。

は，国家目標規定から立法者による形成を必要としない「核心領域」を取り出せるかが決定的に重要である。なお，判断過程統制のような手法で，立法者の判断特権に，どこまで裁判所が踏み込めるかは別途検討の余地がある。

　また，国家目標規定が有する民主政との緊張関係は，基本権が有するそれとは性質が異なる。基本権が，原則的に個人の領域に立法者が侵入する構図であるのに対して，国家目標規定は本来的には立法者（あるいは民主政プロセス）に委ねられるべき領域を憲法が一部規定する構図である。国家に対する過剰な消極的統制が国家そのものの否定につながるのに対し，行き過ぎた国家の積極的統制は民主政の硬直化（立法者の憲法執行者への格下げ）につながる。民主政プロセスの問題発見・解決能力を信用していない国家目標規定の構図の方が，より本質的な緊張関係を生み出すともいえる[79]。そこでは，立法者の判断が優先されるべき領域への裁判所の介入が，原理的に限定されることになる[80]。いずれにせよ，このように考える場合には，各国家機関が如何なる機能を有し，如何なる役割を果たすべきかが重要となる。

　基本権の構図は，憲法解釈により直接保護領域が確定する防御権にとりわけよく当てはまる。内容形成や具体化を必要とする諸権利は，基本権保障ルートと公益実現ルートの中間に位置することになる（詳しくは，本書**第4部**）。

　ところで，公益実現ルートのような発想は，ドイツにおいて新しいものではない。むしろ（憲法）裁判所による基本権保障ルートの方が，ずっと若い構想であるといえる[81]。本書**第3章**では，公益実現ルートの歴史についてもみていくことになる。ひとまず，次章では，国家目標規定という規範カテゴリーの法的特徴や構造について，詳しくみていくことにしたい。

---

79) 国家目標規定は，そのような危険を回避するための，憲法制定および憲法改正レベルでの立法的賢慮の表れであると考えられる。

80) このことが，国家目標規定の原則的な審査基準である「明白性の原則」を導くことにつながる（本**書第2章第4節**参照）。ゾンマーマンは，明白性の原則を，「政治的形成の際の民主的立法者の中心的役割を強調する発見原理（heuristisches Prinzip）」であると考えている（*Sommermann* [Fn. 1], S. 441 f.）。山本龍彦「生殖補助医療と憲法13条」辻村みよ子／長谷部恭男編『憲法理論の再創造』（日本評論社，2011年）332頁以下によれば，裁判所自身による審査の限界づけは，憲法実現権限の機能的配分についての決断でありうる。

81) 宍戸・前掲注18) 21-152頁参照。

第 5 節　中間総括

　国家目標規定という憲法上のカテゴリーは，如何なる必要があって，如何にして生まれ，如何に展開してきたのか。これをたどることによって，国家目標規定の輪郭と概念的位置づけを明らかにすることが本章の目的であった。

　ゾンマーマンの定義によれば，「国家目標規定とは，市民に主観的権利を保障することなく，国家権力を一定の目標の追求へと法的拘束力をもって義務づける憲法規範のカテゴリーである」。このような複雑な定義となっているのは，他の憲法規範カテゴリーからの境界づけが必要だったからにほかならない。そこにどのような事情があったのだろうか。

　国家目標規定という規範カテゴリーが定着したのは，ドイツ基本法成立以後である。しかしその規範カテゴリーの生成は，ワイマール憲法下においてすでに進んでいたと考えられる。まずはじめに確認しておくべきことは，国家目標規定は，基本権規定と区別されるということである。しかしゾンマーマンによれば，両者が分化したのは比較的最近のことである。曰く，ヨーロッパにおいては憲法の法源としての承認が遅れ，人権カタログには宣言的意義が与えられていたにすぎない。そこでの人権は，立法への影響力という形で効力を発揮するしかなかった。特に19世紀前半のドイツ社会は依然身分制によって刻印されており，市民社会への転換が憲法上の諸自由の任務だった。そこでの基本権は，立法者への委託または目標と解されていた。すなわち，基本権は客観法的に理解されており，自由と平等は単に国家の目標であったにすぎない。ゾンマーマンによれば，18世紀中頃からライヒ崩壊（1918年）までこのような見解――基本権の客観法的理解――が有力であった。ワイマール憲法下においても，このような傾向は基本的に変わらなかったとされている。

　ゾンマーマンの考察をまとめると，「基本権」は司法適合的かつ執行可能なものとして完成するためには，①客観憲法の法源としての承認，②理論レベルでの基本権の主観的権利化，③主観的権利保護制度の創設という 3 つの段階が必要となる。彼によれば，ワイマール期には①が成立し，②は達成されなかったが，その裏で《古典的自由＝真正の基本権》と《社会的基本権＝政策プログラム》との区別が法的拘束力の観点から生じ，③の段階で問題となる基本権と国

家目標規定との区別が先取りされていたと考えられる。ヴァールがいう「基本権か，それとも国家目標かという二者択一は，憲法生活及び政治課題をどこまで法化し，どれだけ強く法化すべきかについての決断を含んでいる」という言明は，ワイマール期には解釈問題として受け止められていた（国家目標規定という規範カテゴリーが定着した今日においてもそのことは一定程度妥当する）。もっとも，当時は③主観的権利保護制度が存在しなかったために，その区別もさほどリアリティをもって受け止められていたようには思われない。

　ドイツ基本法は，パウル教会憲法を受け継いで②を達成し，憲法異議制度を通じて③を達成した。基本法 1 条 3 項が「以下の基本権は，直接に適用される法として，立法，執行権及び裁判を拘束する」とし，同19条 4 項が「何人も，公権力によって自己の権利を侵害されたときは，裁判で争う途が開かれている」とするのは，そのことの表現である。また，達成されないかもしれない社会的基本権を憲法においたワイマール憲法への反省から，議会評議会は，社会的基本権を基本法に導入しなかった。もっとも，「社会権の理念」が放棄されたというわけではなく，制定当初から基本法20条 1 項の »sozialer Bundesstaat« および基本法28条 1 項の »sozialen Rechtsstaates« という文言から社会国家原理が導かれると考えられていた。人権カタログの中ではなく，統治の章に置かれたこの原理をめぐって議論が進み，国家目標規定というカテゴリー形成がなされていった。社会的基本権の存在をめぐる議論も存在したが，給付請求権としての社会的基本権は，肯定説であってもその範囲は最低限度の生活保障に限定されたものであり，広範な規律領域を有する社会国家原理の代替物としては最初から諦められていたといえよう。むしろ，社会国家原理をひな型とする国家目標規定という規範カテゴリーの有用性——権利主体を観念できない，あるいはあえてしないが，憲法上規律したいテーマがある時など，要するに国家の重要政策を憲法事項とする際の有用性——が認められ，基本法改正の準備作業を通じて，さらに概念とカテゴリーの明確化が図られた。これを受けて，文言上国家目標であることが明らかな規定として，基本法20a条に環境保護条項が挿入された。この一連の作業により，国家目標規定は，基本法下の規範カテゴリーとして完全に定着したといってよいだろう。

　以上のことから，国家目標規定は，権利主体をもつ基本権でも，法的拘束力をもたないプログラム規定でもない，中間的なカテゴリーとして形成されたが

ゆえに，入り組んだ定義になっていることが明らかになった。

　そして最後に，ドイツでは半ば自明視されているが，基本権と国家目標規定には，法的拘束力に差がある。先にも引いたヴァールの言明からも明らかであろう。どちらを選ぶかは，憲法価値の実現プロセスの選択を意味している。両者の違いは，主たる名宛人を裁判所としているか，立法者としているかにあると思われる。基本権といった場合には，基本法1条3項と19条4項のコンビネーションから司法過程による実現が，国家目標規定といった場合には，立法と行政（政治過程）による実現が，原則として意図されている。そもそも国家目標は，必ずしも権利主体に還元されない公益の一部であり，通常の公益実現ルートである政治過程に委ねられるのが本筋であろう。もっとも，公益実現ルートの制御は簡単ではない。

　先取りして展望を述べておくと，国家目標規定の規範構造は，公益実現ルートに適合的に形成されている（**第2章**）。国家目的の古い議論からも，公益実現ルートの制御の困難性は明らかとなるが，国家目標の議論はもう少し融通が利くし，何が重要な公益かを明らかにする補助となる（**第3章**）。国家目標の議論は，国家目標規定の理解に憲法の外からの視点を提供し，場合によっては憲法内の解釈論にも影響を及ぼす（**第4章**）。そして国家目標規定が導入された場合に何が起きるのか，何がその効用なのか，つまり公益実現ルートにどのような変化がもたらされるのか（**第5章・第6章・第7章**），国家目標の一部が給付請求権として基本権化した場合に，その権利構成がどうなっているのか，基本権保障ルートをどのように通るのかを明らかにしたい（**第8章・第9章**）。

第2章

国家目標規定の規範構造

　前章では，国家目標規定の輪郭およびその概念の位置づけを明らかにできたように思われる。国家目標規定の法的意義は，その規範カテゴリーの形成の理由づけと密接な相互関係にある。既述のように，国家目標規定の憲法への導入は，個人に権利を配分して裁判所がそれを担保する「基本権保障ルート」ではなく，国家（とりわけ立法府）に公益の実現を委ねて民主政プロセスがその正当性を担保する「公益実現ルート」の選択を意味する。ルート選択によって生じるのは，規範の実現に際しての国家機関の位置づけの違いであり，このことが，規範の作用の仕方にも影響することになる。

　また，国家目標規定を独自の規範カテゴリーと考えることは，実体的憲法規定を細分化して理解することを前提としている[1]。立法委託，憲法委託，プログラム規定，基本権，制度的保障，社会的基本権，権限規範，国家構成原理等々，その他多くの規範カテゴリーが乱立するドイツにあって，それらのカテゴリーの境界はそれほど明確ではない。しかし，それぞれが異なった名称を与えられているのには，それなりの理由がある。そこでは，概念形成の文脈が重要であり，その概念が何に着目して（何との対比で）形成されたかに注意を払う必要がある。

　本章では，まず規範カテゴリーとしての国家目標規定の構成要素を確認し（第1節），次に，国家目標規定の作用と統制の前提となる法的構造を検討する（第2節）。そして，各国家機関に対する国家目標規定の法的作用を確認する（第3節）。最後に，限定された司法的統制のあり方についてみていく（第4節）。

---

1) *Karl-Peter Sommermann*, Staatsziele und Staatszielbestimmungen, 1997, S. 326.

第1節　構成要素

　「国家目標規定とは，市民に権利を認めることなく，国家権力（立法・行政・司法）を特定の目標の追求へと法的拘束力をもって義務づける憲法規範である」[2]。ゾンマーマンの定義は，以下のような要素によって構成されている。すなわち，①法的拘束力，②義務名宛人としての国家，③「非」主観性，④目標設定あるいは価値決定，である。以下では，これらについて，それぞれ検討する。

第1項　法的拘束力

　法的拘束力をもって国家を義務づける点は，プログラム規定との区別を形成する[3]。国家目標規定は，単なる政治的・道徳的な努力目標ではなく，国家を法的に義務づける力を有する[4]。というのも，ドイツ基本法は，基本権についてはもとより，その他の憲法原則についても，その法的拘束力を自覚的に認めているからである[5]。

1　プログラム規定

　プログラム規定は，国家活動にとっての非拘束的な指針であり，主観法的・客観法的内容を有しない[6]。それは例えば，規範内容のない立法プログラムのような単なる行為推奨にすぎず，拘束的な憲法規範ではない。確かに，プログラム規定も法的意味を有するがゆえに解釈補助とはなりうるが，憲法規範が可能な限り広く規範的効力を与えられなければならない点で，やはり国家目標規

2）*Sommermann* (Fn. 1), S. 482.

3）戦後の学説では，法的拘束力を有するプログラム規定説も存在したが，用語的混乱を避けるために国家目標規定が選択されたことにつき，岡田裕光「ドイツの国家目標規定について」関西大学法学論集50巻4号（2000年）44頁。

4）*Jörg Lücke*, Soziale Grundrechte als Staatszielbestimmungen und Gesetzgebungsaufträge, AöR 1982, 27 f.; *Peter Christian Fischer*, Staatszielbestimmungen in den Verfassungen und Verfassungsentwürfen der neuen Bundesländer, 1994, S. 25 f.; *Thomas Rincke*, Staatszielbestimmungen der Verfassung des Freistaates Sachsen, 1997, S. 37 ff.; *Daniel Hahn*, Staatszielbestimmungen im integrierten Bundesstaat, 2010, S. 67 f.

5）*Lücke* (Fn. 4), 27. 基本法20条3項および1条3項参照。

6）*Hahn* (Fn. 4), S. 67.

定とは区別されなければならない[7]。

2 国家目的・国家目標

国家目標規定の概念とは異なり，国家目的は憲法上の規範類型ではない[8]。また，国家目標規定が規範理論的カテゴリーに属するのに対し，（憲法に根拠を持たない）国家目的は国家理論的カテゴリーに属するものである[9]。

第2項　義務名宛人としての国家

国家目標規定は，すべての国家権力（立法府・行政府・司法府）を，その義務名宛人としており，この点で，立法者のみをその名宛人とする立法委託と区別される[10]。なお，この区別を強調する見解にあっても，立法委託が実体的価値決定を含む場合（例えば，基本法6条5項）には，その価値決定にすべての国家機関が拘束されるため[11]，国家目標規定との区別は流動的となる[12]。また，立法委託は，国家目標規定と比べて内容がより具体的であり，強い拘束力を有するという区別する見解[13]があるが，この観点に対しては，基本法中心主義であるとの批判もある[14]。そもそも両者に有意な区別を見出さない見解もある[15]。

ちなみに，法律の留保を伴う国家目標規定（例えば，基本法20a条）は，立法委託へのダウングレードを意味するものではない。法律の留保は，単なる宣言的意義を有するのみであり，「国家目標規定の具体化の必要性ならびに法律の留保の一般的原則から生じる当然のことを定めている」にすぎない[16]。これは，

---

7) この原則については，BVerfGE 6, 55 (72)。「憲法裁判の任務は，憲法規範，とりわけ基本権の様々な機能を解明することにある。その際，『当該規範の法的効力を最も強く展開する解釈が優先されなければならない』（トーマ [*Thoma*]）」。とりわけ基本権についてこの原則を述べたものとして，BVerfGE 39, 1 (38).

8) *Hahn* (Fn. 4), S. 81. **本書第3章**参照。

9) *Sommermann* (Fn. 1), S. 482. この点，憲法に根拠を持つ目標を，憲法目標と呼べば分かりやすいが，実際には多くの場合，これらも国家目標と呼ばれている。

10) *Lücke* (Fn. 4), 22 ff. なお，憲法委託はふつう立法委託と同じ意味で使われる (S. 22)。

11) BVerfGE 8, 210.

12) *Sommermann* (Fn. 1), S. 363.

13) *Ulrich Scheuner*, Staatszielbestimmungen, in: FS Ernst Forsthoff, 1972, S. 323, 333 f.

14) *Sommermann* (Fn. 1), S. 364.

15) *Lücke* (Fn. 4), 15.

16) *Sommermann* (Fn. 1), S. 434.

国家目標規定に立法委託が付加されている場合とは，区別されなければならない[17]。

　国家目標（規定）の実現という観点からは，社会・市民・企業・国際社会などによる関与も想定されているが[18]，これは国家の責任を軽減するものではなく，名宛人の変更を意図するものでもない。

第3項　「非」主観性

　先述の定義のうち「市民に権利を認めることなく」という部分が，国家目標規定の「非」主観性の要素に対応している。これは，国家目標規定が「各人の実体的請求権」と結びついていないことを示しており[19]，国家目標規定が問題になる場合には，個人は単なる受益者として登場する[20]。

　そしてこの要素は，3つの問題に対する異なった帰結を導く。すなわち，①憲法異議への出訴可能性の問題，②国家目標規定の主観的権利化の問題，③裁判による貫徹可能性の問題である。①は客観法に基づく憲法異議の入口の訴訟技術的問題に，②は保護規範説（法律上保護された利益説）の憲法的応用に，③は裁判的統制の限界問題に関わる。加えて，国家目標規定が条件づけられている（qualifiziert）ことを前提として，④として憲法上の間接的な地位の承認について，⑤として手続的権利の承認について検討する。

　①「国家目標規定が出訴可能性を備えていない点で，基本権は国家目標規定から本質的に全く区別される」[21]。とはいえ，エルフェス判決以来，一般的行為自由との結びつきによって，憲法原則違反が，「憲法適合的秩序」を架け橋として主観的権利（基本法2条1項）侵害に変換されることが認められている[22]。ただし，これは出訴可能性の拡大の問題でしかない。つまり，国家目標規定に

---

17) *Sommermann* (Fn. 1), S. 435. 日本国憲法との関係では，仮に27条1項が労働国家目標を定めているとして，同条2項はそれを具体化して，適切な労働条件の法定を定めた立法委託と解することができる（本書**補章第5節**参照）。

18) *Sommermann* (Fn. 1), S. 462 ff.

19) *Rincke* (Fn. 4), S. 29.

20) 「法の反射と権利とは厳密に区別されなければならない。…… その成員は国家の賜与の受け手ではあっても，必ずしも権利あるものとして受け取るのではない」。ゲオルグ・イェリネク（芦部信喜ほか訳）『一般国家学〔第2版〕』（学陽書房，1976年）336頁。

21) *Rincke* (Fn. 4), S. 29 f. Vgl. *Fischer* (Fn. 4), S. 20 f.

22) BVerfGE 6, 32 (32 ff.)

基づいて出訴できるようになるのは，国家目標規定が基本権として承認されたからではない。アレクシーの言葉を借りれば，「義務を主観化しても，審査権限を内容において強化することには決してならない。主観化は，審査の手続に憲法異議という一つの手続を追加するだけである」[23]。

②次に，国家目標規定から，解釈によって主観法的な規律内容を導出できるかが問われる[24]。この問いは，再びアレクシーの言葉を借りれば，「一般に，主観的権利を承認することは，同一の内容のたんなる客観的義務を定立する場合に比較して，より高い程度の実現を意味するということができる。たとえば，たんなる客観的な保護義務は，同一内容の保護請求権に及ばない」[25]。仮に国家目標規定から主観法的な規律内容を導出しえる場合には，これは公益実現ルートではなく，基本権保障ルートにのることになる。保護規範論 (Schutznorm-lehre) によって主観法的内容が認められるのは，当該規範が，ⓐ強行法規性，ⓑ個人利益の保護，ⓒ法的力ないし意思力の付与を含む場合である[26]。その導出の際には，行政法領域で発展した保護規範論の憲法領域への応用可能性が問題となるが[27]，ハーンは，この応用可能性について否定的にみている[28]。

③そして，裁判による貫徹可能性が問題となる。国家目標規定は基本権ではないので，原則的に，基本権保障ルートではなく，公益実現ルートにのることになる。国家目標の具体化は，立法者の評価特権に服することになり，裁判所による審査では明白性の原則が妥当する[29]。

④国家目標規定が一定の集団（生活困窮者，労働者，非嫡出子，女性，民族的・性的マイノリティー）に関する事柄を権利という文言を用いて主題化している場合には，彼らの積極的地位を憲法上で間接的に基礎づけている場合もありうる[30]。

---

23) ロベルト・アレクシー（小山剛訳）「主観的権利及び客観規範としての基本権（2・完）」名城法学 44巻1号（1994年）324頁。

24) *Hahn* (Fn. 4), S. 71. Vgl. *Fischer* (Fn. 4), S. 197 ff.

25) アレクシー・前掲注23）322頁。そうだとすると，社会的基本権が承認された際には，「より高い程度」の要請にどう応えるかが問題となる（本書**第4部**参照）。

26) 中川義朗『ドイツ公権理論の展開と課題』（法律文化社，1993年）277頁以下。

27) ドイツ基本法下での通説的見解については，中川・前掲注26）269頁以下参照。また，近時の「新傾向」については，同304頁以下参照。

28) *Hahn* (Fn. 4), S. 71.

29) *Sommermann* (Fn. 1), S. 439 ff. 本章**第4節**参照。

30) ここでは，権利形式で書かれた国家目標規定が想起されよう。これを「実質的意味の国家目標規

ゾンマーマンは，これを「主観的権利化委託」と呼んでおり[31]，法律レベルでの主観的権利化が要請される場合がある。

⑤環境保護や消費者保護など，実体的権利主体が想定しえないような場合には，憲法で政策的に出訴権を承認することがありえる。

1　基本権

基本権の第一次的機能[32]は，「公権力を法的に拘束・抑制すること，すなわち，国家の介入に対して個人の自由領域を保護することである。基本権は，第一には，国家行為に対する個人の主観的防御権である。それゆえ，ある規範が客観法的保障に尽きる場合には，基本権は存在しない」[33]。国家目標規定は，「第一に，国家行為を限界づけるのではなく，制御しようとする。基本権との区別では，国家目標規定は，純粋に客観法的性格を有する。つまり，それは個人または社会的集団の主権的請求権を基礎づけるのではなく，客観憲法規範として国家にのみ向けられている」。

2　社会的基本権

社会的基本権は，「様々な規範カテゴリーの複合体として使われ，それゆえ解釈上の独自の規範類型ではない。国家目標規定・プログラム規定と同様に，基本権・立法委託・制度的保障も，社会的基本権として理解されうる」[34]。

狭義の社会的基本権と広義の社会的基本権という区別もある。前者が「主観的公権として国家に対する給付請求権を付与する」のに対し，後者は「主観的権利の定式化（労働・住居を求める権利）であっても純粋に客観法的内容しか示さ

定」と呼ぶのは，小山剛／駒村圭吾編『論点探究 憲法〔第2版〕』（弘文堂，2013年）17頁［小山剛］。

31) *Sommermann* (Fn. 1), S. 448.

32) 第二次的機能としての客観的価値秩序の保障，とりわけ国家の保護義務と国家目標規定の規範的類似性が指摘される。基本権保護義務の次元が国家目標規定と同様の規範性を有するとの指摘（Vgl. *Sommermann* [Fn. 1], S. 420）もあるが，ハーンによれば，基本権保護義務が「既存の権利」の保障にすぎない点で，両者は区別される（*Hahn* [Fn. 4], S. 69）。少なくとも，内容的範囲は異なろう。環境保護の基礎づけの文脈であるが，基本権保護義務と国家目標規定の距離を測ることができるものとして，小山剛「環境保護と国家の基本権保護義務」ドイツ憲法判例研究会編『未来志向の憲法論』（信山社，2001年）187頁が非常に有用である。

33) *Hahn* (Fn. 4), S. 68 ff.

34) *Hahn* (Fn. 4), S. 73 ff.

ない」[35]。後者の意味での社会的基本権は，「国家目標規定・制度的保障・プログラム規定の形式で，または立法委託として制定されうる。狭義の社会的基本権がイェリネクの意味での『真正の』基本権であるのに対し，玉虫色をした (schillernd) 広義の社会的基本権は，社会的内容を伴った立法委託や国家目標規定の上位概念である」。

第4項　目標設定（公共の福祉の方向づけ）あるいは　　　　実体的な価値決定

国家目標規定は，憲法上，一定の目標を設定することで，公共の福祉に対して目指すべき具体的・実体的テーマを与え，積極的に国家行為を制御する。ここからショイナー (Ulrich Scheuner) のいう「動態的性質」が浮かび上がるが，これは核心内容を「静態的」に保障する制度的保障との区別をなすと考えられる[36]。ちなみに，制度後退禁止は，目標実現の後退に対しても統制をかける国家目標規定の副次的機能として認められうるが，絶対的な後退禁止はありえない[37]。このように国家目標規定が静態的性質を有することは，制度的保障が，中核内容の保障を第一次的任務としつつも，当該制度の修正を適宜命じることとパラレルな関係にある。

1　制度的保障

制度的保障は，「3つの国家権力に向けられ，とりわけ立法者への委託を含む点で，国家目標規定と共通する。憲法的に保護された制度は規範的内容形成と調整を必要とし，国家目標の実現は民主的立憲国家では本質的に立法者の行為に依存している。制度的保障が既存の制度を前提とし，その伝統的な核心が憲法により立法者の介入に対しても保護されるのに対し，国家目標の場合，否認

---

35) *Hahn* (Fn. 4), S. 74 ff. コンラート・ヘッセ（初宿正典／赤坂幸一訳）『ドイツ憲法の基本的特質』（成文堂，2006年）132頁によれば，「結局のところ，社会的基本権は，国家目標規定から……これを区別することが殆どできない」（強調原文）。

36) リュッケは，「基本権・制度的保障」と「国家目標規定・立法委託」とを対置する (*Lücke* [Fn. 4], 34 f.)。また，制度的保障と抽象的権利（≒国家目標規定）の区別の相対性につき，小山剛「演習 憲法 2」法学教室272号（2003年）121頁。

37) この点につき，岡田・前掲注3）70頁以下，内野正幸『憲法解釈の論理と体系』（日本評論社，1991年）155頁，375頁以下，小山剛「生存権の『制度後退禁止』?」慶應法学19号（2011年）106頁以下参照。

的構成要素は，動的に積極的形成に向けられた立法者の目標義務の背後に完全に退く[38]。とはいえ，「制度的保障を純粋な現状保障」としてではなく，「立法者に対し変化する状況への適応をも可能にする」ものと理解すべきである。「制度的保障が既存の規範複合体と関連し，その動的構成要素が変化する実際的状況への適応に尽きるのに対し，国家目標は現状を脱却する変換的な傾向を示すものである」。

2　権限規範

「国家目標の実現のためであっても，権限なくして国家機関は行為できない。国家目標規定が国家機関の行為に方向を示すのに対し，権限規範は行為の権限を与える。つまり，権限規範が行為可能性を開くのに対し，国家目標規定は権限ある国家機関に対する行為義務を構成する」[39]。

3　構成原理

「構成原理の概念は，憲法の国家組織的・形式的基本原理にとどまる。実質的原理としての国家目標が国家行為を内容的に規定するのに対し，構成原理は国家行為のモデルや行為様式を規定する。したがって，国家構成原理は，国家行為の目標実現方式を確定する」[40]。形式的法治国家原理と民主政原理が，これに該当する。

第2節　法的構造

国家目標規定には，方向性を異にする2つの役割が期待されている。ひとつ

---

38) *Sommermann* (Fn. 1), S. 366 ff. ゾンマーマンは，例外的には，国家目標規定が一定時点において制度的保障に転換することを認めている (*Sommermann* [Fn. 1], S. 381)。例えば，ドイツの東西統一の国家目標は，それが達成された時点から制度的保障として機能するとされる (S. 380)。そうだとすれば，両カテゴリーの親和性は，目標の達成可能性に依存することになる。これに対して，両者の違いは，むしろ「構成された自由」(契約の自由，婚姻の自由など) を保障する法的インフラであるか否かであるとするものとして，小山・前掲注36) 121頁。

39) *Sommermann* (Fn. 1), S. 366 ff.

40) *Sommermann* (Fn. 1), S. 366; *ders.*, in: Huber/Voßkuhle (Hrsg.), GGK, Bd. 2, 8. Aufl., 2024, Art. 20, Rn. 88-92.

は，一定の事項領域を憲法化することであり，いまひとつは，その憲法化の程度を抑制することである。前者は，国家行為の積極的な制御を志向し，後者は，今日国家が相対する高度に複雑化した問題状況への配慮を示している。国家目標規定は，「関連する諸利益や利害関係の複雑性のためにほとんど規範化できないような決定状況においても，——規範的には『希釈されている（verdünnt）』のだが——国家行為の制御を可能にする」[41]。

ゾンマーマンによれば，国家目標規定は，目的プログラムであると同時に，（最適化）原理であり，司法審査に服する核心領域と服しない周辺領域に区別することができる[42]。このことが，その法的作用，司法的統制に違いをもたらすことになる。

第1項　条件プログラムと目的プログラム

ニクラス・ルーマンによって行政決定の基本モデルに関連づけられた「条件プログラムと目的プログラム」[43] の対概念[44] が，「要件・効果図式」に基づく伝統的な法命題に対して，目標規範を特徴づける基礎となる。条件プログラムとは，「要件Aが与えられている場合には常に決定Bがなされるというモデル」であり，目的プログラムとは，「作用Aが生じる。すなわち，B₁，B₂，B₃……のいずれかが，適合的要因（手段）として投入されなければならない」モデルである[45]。目的プログラムは，Ob（するか否か），Wann（いつするか），Wie（どの程度するか），Welch（どうやってするか）に関し，広範な判断余地を導く。他方，理念的モデルでは，条件プログラムに判断余地は生じない。

このモデル区別は，まず計画行政の分野に影響を与えた[46]。ドイツでは，計

---

41) *Sommermann* (Fn. 1), S. 355 f.

42) *Sommermann* (Fn. 1), S. 356 ff.

43) 文脈は若干ずれるが，この区別を，「枠としての憲法」と「憲法実現」という理論枠組みの区別と対応させるものとして，栗城壽夫「西ドイツ公法理論の変遷」公法研究38号（1976年）76頁。この問題意識を下敷きにするものとして，西原博史『自律と保護』（成文堂，2009年）4頁以下。

44) この概念に関するルーマンの基本的構想について，碓井崧「ルーマンにおける目的プログラムと条件プログラム」金沢大学文学部論集（行動科学・哲学篇）19号（1999年）21頁。

45) *Niklas Luhmann*, Recht und Automation in der öffentlichen Verwaltung, 1966, S. 36.

46) 計画裁量に関する基本的考察として，芝池義一「計画裁量概念の一考察」杉村敏正還暦記念『現代行政と法の支配』（有斐閣，1978年）187頁。最近では，海老沢俊郎「計画裁量の概念について」名城法学57巻3号（2008年）1頁，湊二郎「建設管理計画の衡量統制に関する一考察」近畿大学法学57

画裁量（計画上の形成の自由とも呼ばれる）論は一般的な行政裁量論（法的効果裁量論と判断の余地の理論）とは質的に異なるという見解がある。このような見解に対しては，概して2つの批判がある。第一に，目的プログラムとして把握されるものが，論者によって異なる点である（目的プログラムの存在範囲）[47]。第二に，行政裁量と計画裁量の差異は質的なものではなく，量的なものにすぎないという批判である。ただし，この批判は，計画裁量の独自性（形成的性質）を否定するものではなく，それを（執行的性質を前提とする）行政裁量との連続性の中で捉えるものとされる[48]。

　この2つの批判について，国家目標規定との関連では，以下のことがいえるであろう。第一の批判については，国家目標規定それ自体が目的プログラムと考えられるので，目的プログラムの存在範囲については問題にならない。第二の批判は，計画裁量の独自性（形成的性質）を否定するものではないし，計画裁量論が執行作用を割当てられた行政府にあって形成作用を主題化する点にその特殊性があったのに対し，そもそも形成作用が主題化される立法にあってはむしろそれが通常であるため，国家目標規定の場合には問題にならない。国家目標規定にこそ，目的プログラムという概念が最もよく当てはまるといえるだろう。

　目的プログラムと条件プログラムとを区別することの意義は，第一に行政計画法領域において，執行機能から形成機能を彫琢することにあった[49]。計画は，「所与の抽象的決定を包摂的に跡づけることによって」ではなく，「法的に委任されたものであっても独創的で形成的な主導と決断によってのみ実現されうる」[50]。ここでいわれる計画裁量の独自性は，むしろ立法者にあっては一般的な事柄に属するがゆえに，それを意識化するうえで興味深い素材である。結局，国家目標規定が目的プログラムであるという意味は，それが執行を前提とした

　巻1号（2009年）93頁。

47）芝池・前掲注46）200頁。

48）芝池・前掲注46）204頁。

49）*Winfried Brohm*, VVDStRL 30 (1972), S. 245, 304 f. ブロームは，「行政の法的決定性の程度」の観点から，その執行機能と形成機能を区別した。

50）*Fritz Ossenbühl*, Welche normativen Anforderungen stellt der Verfassungsgrundsatz des demokratischen Rechtsstaates an die planende staatliche Tätigkeit?, 1974, S. B 163.

ものではなく，何者かによる形成を前提としている点を示すことにある[51]。

　また，その司法的統制の強度は，「形成の自由」の強調によって必ずしも緩められたわけではない。行政裁量と計画裁量との質的区分では一致しつつも，統制方法が異なるだけで無制約な司法的統制に服するというバドゥラ（*Peter Badura*）と限定的な司法的統制を志向するオッセンビュール（*Fritz Ossenbühl*）の対立が当初から存在し[52]，その後の新展開では「行政の本質の理解」を通じて司法的統制の強化が語られることは，目的プログラムの条件プログラムの区別が司法的統制の密度とは異なる次元の問題であることを示唆している。

　そこからドイツ連邦行政裁判所が発展させた衡量過程統制の手法が想起される。この点，1969年12月12日の連邦行政裁判所判決の以下の判示が重要である[53]。①「形成の自由なき計画化は自己矛盾であろうがゆえに，計画化についての権限は，多少なりとも拡張された形成の自由の余地を含んでおり，また含まねばならない」，②「計画上の形成の自由は，1つの特定された精神的過程に還元されうるものではなく，様々な要素——特に，評価，認識，判断の要素を含

---

51) 日本国憲法25条1項の生存権との関係では，それが条件プログラムであるか目的プログラムであるかが重要である。25条1項の裁判規範性についての消極説の論拠（不確定概念性，審査不適合性，作為方法不特定性，予算随伴性）はいずれも「技術的に克服可能」であり，「『健康で文化的な最低限度』を下回る特定の水準については，金銭給付を裁判上求めることが可能である」とする「ことばどおりの意味における具体的権利説」は，25条1項が条件プログラムであることを前提としている（棟居快行「生存権の具体的権利性」長谷部恭男編『リーディングズ　現代の憲法』［日本評論社，1995年］156頁以下）。しかし，明示的に25条1項を目的プログラムとして捉えている判例法理を形成する堀木訴訟判決（最大判昭和57年7月7日民集36巻7号1235頁）を前提とすれば，「健康な最低限度」と「文化的な最低限度」を「裁量指令（Ermessensdirektiven）」として捉えることになろう。「裁量指令」につき，芝池・前掲注46）198頁参照。

　ちなみに，ドイツにおいて「生存権」をみとめた第一次ハルツⅣ判決では，幾つかの裁量指令を主観的権利の内容として捉えていたように思われる。詳しくは，本書**第8章**参照。駒村圭吾『憲法訴訟の現代的転回』（日本評論社，2013年）177頁，180頁以下は，客観法（裁量指令）の主観的権利化の必要性についてすでに指摘していたように思われる（本書**補章**脚注24参照）。本書筆者の主張する枠組的権利論（本書**第8章**および**補章**）はこのような考え方に近い。

　日本の通説たる抽象的権利説は，「目的プログラム＋権利」と考えられる。この「＋権利」は何を意味しているのであろうか。「緩やかな抽象的権利説」の場合には，目的プログラムの論理に権利性が解消されてしまい，「厳格な抽象的権利説」の場合には，権利の論理に目的プログラム性が解消されてしまうというジレンマがあるように思われる。

52) 芝池・前掲注46）190頁。

53) BVerwGE 34, 301 (304). 芝池・前掲注46）191頁以下参照。

第2章　国家目標規定の規範構造　49

んでいる」，③「計画化は形成の自由と結びついているため，計画化の行政裁判所による審査は，具体的事例において，形成の自由の法律上の限界が蹂越されているか否かおよび形成の自由が授権に相応しない方法で行使されたか否かに限定される」，④上級官庁の関与は，権限および義務において，適法性のコントロールに制限されている。この判例は計画行政領域で衡量要請と衡量の瑕疵に関する理論を連邦行政裁判所が展開する端緒となり，近時それに加え，行政裁量の本質の理解および比例原則の展開が相俟って，裁量・衡量瑕疵論（Ermessens- und Abwägungsfehlerlehre）の新展開が語られている[54]。

この点は，国家目標規定が，行政にとっての裁量権行使あるいは衡量決定の基準として機能する場面において重要であるし，この手法は，国家目標規定の立法による具体化に対する統制にも応用できる可能性がある[55]。

第2項　原理とルール

原理/ルール論は，基本的に法規範同士の衝突事例における解決を導く議論である。ドゥウォーキンにおいては，ハードケースが念頭に置かれていた。確かに，広義の国家任務論における目標衝突の解決のためのマニュアルの不存在が指摘されており，目標規範の内的構造（ヒエラルキーシステム）の考察が欠けている傾向にあるとされる[56]。ゾンマーマンは，国家目標規定を最適化原理とした上で，アレクシーの原理/ルール論[57]に依拠して基本法内部における目標衝

---

54) 山下義昭「裁量瑕疵の体系について（1）」福岡大学法学論叢39巻3・4号（1995年）452頁。

55) Vgl. *Hahn* (Fn. 4), S. 100. 国家目標規定の文脈ではないが，平成16年参議院議員定数不均衡訴訟判決（最大判平成16年1月14日民集58巻1号56頁）が，立法府が行った判断の内容が政策上最適か否かは司法的判断の対象ではないが，「結論に至るまでの裁量権行使の態様が，果たして適正なものであったかどうか，……当然考慮に入れるべき事項を考慮に入れず，又は考慮すべきでない事項を考慮し，又はさほど重要視すべきではない事項に過大の比重を置いた判断がなされてはいないか，といった問題は，……法的問題の領域に属し，司法的判断になじむ事項として，違憲審査の対象となり得る」とする。立法過程の統制については，ドイツの議論も含めて，岡田俊幸「判断過程統制の可能性」法律時報83巻5号（2011年）55頁。日本における議論としては，山本真敬『立法裁量と過程の統制』（尚学社，2022年）308頁以下。

56) *Walter Michael Hebeisen*, Staatszweck Staatsziele Staatsaufgaben, 1996, S. 34.

57) 法体系の構造に着目した議論と法的推論に着目した議論とを分けつつも，両者の密接不可分な関係を指摘するものとして，亀本洋「法におけるルールと原理（1）・（2・完）」法学論叢122巻2号（1987年）18頁，123巻3号（1988年）95頁。その他に，赤間聡「公法上の不確定な法概念とその適用の合理化（2・完）」青山法学論集38巻3・4号（1997年）31頁，長尾一紘「憲法上の利益衡量について」

突の解決を示している[58]。

「ルールの構造的特徴は，一定の事実が認定されたとすれば，その要求が充たされているかいなかのいずれかである点にある。従って，違反しているかいないかが明言できる」[59]。すなわち，「①構成要件が確定されていること，②事件の事実がそれに該当すると判定されるか否かに応じて，法律効果が権利義務の存否——その中間はない——というかたちで生じること」(強調原著者)にある[60]。他方，原理に構成要件はなく，無限定であるため，構造上その他の原理との衝突を予定している。そこで，「原理とは，その要求が当該状況で考慮すべき他の諸原理との競合関係において，できるだけ充足・実現されることを要請する規範である」[61]。ルール間の衝突が妥当性(法秩序への帰属)の次元で問題となるのに対し，原理間の衝突はウェイト(規範的拘束力)の次元で問題となる[62]。アレクシーは，この定式化に事実上の限界を付加して，原理を以下のように定式化する。「あることが法的・事実上の可能性において，相対的に可能な限り高度に実現されることを要請する」規範である(「最適化命令(Optimierungsgebot)」)[63]。さらに，原理の法的構造に関わる問題は，法的推論の問題へと移行する。原理衝突の解決は，具体的事例に則した衡量によってなされる。この衡量を統制する基準は，以下のものである。「ある原理の非実現(Nichterfüllung)または侵害の程度が高いほど，その他の原理の実現の重要性も大きくなければならない」(「衡量法則(Abwägungsgesetz)」)[64]。

ゾンマーマンによって示される目標衝突の解決マニュアルは，ほぼアレクシーの原理間衝突の転用である。「ある国家目標を実現する際にも，行為する国家機関が，目標実現措置によって引き起こされた他の目標の侵害を，全くまたは十分に考慮しなかった場合，衡量の不存在(Abwägungsausfall)や衡量不備

法学新報104巻12号(1998年) 1頁。

58) *Sommermann* (Fn. 1), S. 411 ff. *Hahn* (Fn. 4), S. 47 ff. は，国際法上の国家目標，基本法上の国家目標，州憲法上の国家目標間の衝突についても論じている。

59) 亀本・前掲注57)『法におけるルールと原理 (1)』33頁。

60) 亀本・前掲注57)『法におけるルールと原理 (1)』34頁。

61) 亀本・前掲注57)『法におけるルールと原理 (1)』34頁。

62) 亀本・前掲注57)『法におけるルールと原理 (1)』35頁。

63) *Robert Alexy*, Theorie der Grundrechte, 1985, S. 75 f.

64) *Alexy* (Fn. 63), S. 146.

（Abwägungsdefizit）がある」[65]。その衡量の際には，目標の憲法上の位置と具体的事例における目標の関連性の程度が重要となるとされる[66]。ただし，ゾンマーマンは，ルールと原理の区別を理念モデルであると考え，国家目標規定が原理であるという認識が，——条件づけ（Qualifizierung）を通じて，強制ルール（行為規範）が含まれている場合を別として——それにルール的要素を与えることを否定するわけではないとする[67]。すなわち，原理としての国家目標規定も，「様々な規範要素の結合または核心領域の適切な解釈を通じて，ルールの性格をも示しうる」のであり，その点では「衡量の余地はない」とされる[68]。ゾンマーマンは，その例として，連邦憲法裁判所が社会国家原理から国家が困窮者に配慮すべき自明の義務を導き出したことを引き合いに出し，この義務が極限状態において例外的にルール的性格を得るとする[69]。その例外的状況とは，「憲法の核心的内容が特定の措置によってのみ実現され，その他の憲法規範と矛盾しない場合」である[70]。ここでのゾンマーマンの主張は，司法的統制（裁判所による執行）を念頭にした幾つかの言明を含んでいる。①まず，社会国家原理から取り出された国家の最低限の義務は，不確定法概念に関してなされた概念の核心（Begriffskern）と概念の周辺（Begriffshof）との区別（ゾンマーマンはこの区別と司法適合性を一致させる）に基づいて導出されたものであって，原理とルールの区別とはひとまず関係ない（ここで司法適合性が確保される）。②次に，その他の憲法規範と矛盾しない場合には，その原理は，法的に・事実上可能な限り実現されなければならない（ここでは原理間衡量が不要かあるいはすでになされており，各原理の評価に関わる立法者の判断特権への配慮の必要性が低下する）。③そして，その実現は特定の処置によってのみ実現されるため，立法者および行政府の手段選択の余地は存在しない（ここでは手段選択に関わる立法者の判断特権がなくなると同時に，裁判所による執行が可能となる）。前述のゾンマーマンの主張は，——ほとんど想定しえない——原理がルール的に機能する具体的状況を想定したにすぎない。すなわち，社会国家原理がルールであるわけではなく，あくまで一定の条

---

65) *Sommermann* (Fn. 1), S. 412.

66) *Sommermann* (Fn. 1), S. 412.

67) *Sommermann* (Fn. 1), S. 361.

68) *Sommermann* (Fn. 1), S. 412.

69) *Sommermann* (Fn. 1), S. 362.

70) *Sommermann* (Fn. 1), S. 362.

件の下ではそこからルール的要素が取り出されうるということである。

ゾンマーマンがルール的要素にこだわるのには理由がある。ゾンマーマンは衡量モデルを可能な限り枠づけることを試みており，衡量モデルを前提とした枠づけにおいて，原理から取り出されるルール的要素が重要となる。司法的統制において重要となるのは，後述する核心領域，原理から取り出されるルール的要素と，国家目標規定に付されることのある条件づけである。

他方で，衡量モデルに則った統制についても考えなければならない[71]。ゾンマーマンが計画法の衡量原則を生産的なものとして引き合いに出す場合には[72]，以下のような批判が可能であろう。立法者による原理間衡量は，必ずしも憲法上の原理間での衡量に限られるわけではない。立法者が援用できる論拠（原理）は，それが違憲的論拠ではない限り無限定であり，立法者による衡量は，即ち政治過程そのものであることが想起されなければならない。これを先鋭化させてシュルツェ＝フィーリッツは以下のように述べる[73]。

> 目的プログラム化された憲法的国家任務の特徴的な独自の性質は，それがまず具体的で適用可能なルールおよび行為のレベルで転換されなければならないことにある。その決定結果は，政治的妥協によって制御される衡量・重みづけプロセスにおいて，全くまたは少なくとも弱くしか憲法的に決定されない。このプロセスが政治的な最適化プロセスであるために，個別憲法の具体的で目的的なテクスト定式化は，実際に課された国家任務の発展にとって弱い決定力しか有しえず，国家任務の議論は特殊的・法的に論じられる議論ではない。

仮にこれが決定的な批判ではなかったとしても，立法者の衡量過程の統制が容易ではないことは確かである。原理としての特徴づけと，衡量法則の転用によって，行政府に対するのと同様に統制が可能であると考えるのはナイーブかもしれない。

さらに，（最適化）原理としての特徴づけおよびその帰結にも疑問が投げかけ

---

71) ゾンマーマンによれば，基本権との関係で衡量モデルが登場するのは，その客観法的次元との衡量の場面だけである（*Sommermann* [Fn. 1], S. 426）。

72) *Sommermann* (Fn. 1), S. 413.

73) *Helmuth Schulze-Fielitz*, Staatsaufgabenentwicklung und Verfassung, in: Dieter Grimm (Hrsg.), Wachsende Staatsaufgaben, 1990, S. 14.

第2章　国家目標規定の規範構造　53

られている[74]。確かに，実定化された国家目標の具体性によって統制密度が変化することは，原理としての特徴づけおよび衡量法則との関係で齟齬があるように思われる。原理間衡量にとって重要なのは，その「重要性や阻害の程度，対立する憲法法益の重要性やその実現の必要性の程度」だからである[75]。もっとも，国家目標規定の場合には，何が具体化された下位目標かについて争いがありうるが，目標が具体化されている場合には，衡量開始（Ob,「入口の問題」）についての裁量はなくなるということがいえよう。また，ルール的要素が取り出される場合は，もはや原理として国家目標を捉える必要はなく，——その違反を目標違反とも結果的に捉えうる——当該国家目標に内在するルールに対する違反として考えればよい。ここでは，国家目標規定が原則としてルールではなく，——最適化原理かはさておき——原理であることを確認するにとどめる。

第3項　核心領域と周辺領域

ゾンマーマンによれば，国家目標は，核心領域と周辺領域に区分される[76]。この区別は，他の様々なテーマでも用いられる区別ではあるが，その使用法はそれぞれ異なる[77]。国家目標の具体化に関して，目的プログラム的な観点から，立法者の形成の自由が語られる場合には，解釈による具体化の余地が「法を適用する国家機関」にどの程度残されているかが問われなければならない[78]。目標の核心領域は，「立法者にとっての拘束的な最小限」であり，周辺領域は，「立法者の自由にできる領域」である[79]。例えば，「人間に値する市民生活のための最低限の条件整備が核心領域に，『社会的安全』という社会国家的要請が法律上

---

74) 小山剛『基本権の内容形成』（尚学社，2004年）243頁参照。小山・同288頁以下は，国家目標規定が最適化原理であれば，目標阻害立法を忌避する側面については，目標阻害立法を一応違憲とする防御権的構成が取られるべきことを指摘し，国家目標規定が最適化原理であることと明白性の原則を採用することとの齟齬を批判している。その際，防御権と国家目標規定との唯一の，しかし重要ではない相違として，基本権主体の存否を挙げている。

75) 小山・前掲注74) 289頁。

76) *Sommermann* (Fn. 1), S. 399.

77) 基本権保護義務との関係では，小山・前掲注74) 254頁以下。人格権との関係では，根森健「人格権の保護と『領域理論』の現在」時岡弘古稀記念『人権と憲法裁判』（成文堂，1992年）82頁以下。権力分立との関係では，村西良太『執政機関としての議会』（有斐閣，2011年）138頁以下。

78) *Sommermann* (Fn. 1), S. 402.

79) *Sommermann* (Fn. 1), S. 402 f.

の介護保険の導入をも含んでいるかという問題が周辺領域に属する」[80]。国家目標の核心領域に関して，立法者は，積極的には目標実現に努め，消極的には目標内容と矛盾することがないようにしなければならない[81]。そして，司法的統制に服するのは核心領域のみとされる[82]。

国家目標規定が国家に目標の実現を義務づけることは，国家に目標領域の規律を命じていることと言い換えることができる。そのように考えれば，国家目標の核心領域を必要的規律領域，その周辺領域を任意的規律領域と呼ぶことが可能である[83]。ゾンマーマンは，目標領域の具体化（下位目標の展開）と目標実現の具体化（手続形成・手段選択等）とを一応区別しており，必要的規律領域（核心領域）の認識は，ひとまず目標領域の具体化と関わる問題であるといえる[84]。

ゾンマーマンは，一定の領域で具体化される「母たる国家目標（Mutterstaatsziel）」の存在を承認しているが，おそらくこれは彼の述べる 5 つの基本的国家目標と同定してよいものと思われる[85]。社会国家原理はまさにそのうちのひとつであり，例示されている国家による生活最低限への配慮が社会国家原理の必要的規律領域であるとの言明は，解釈による目標領域の具体化であるといえる。そこでは，目標実現の具体化（立法者による整形）が不要となるわけではない[86]。なお，このような核心領域と周辺領域の区別は，基本的国家目標（母たる

---

80) *Sommermann* (Fn. 1), S. 403.

81) *Sommermann* (Fn. 1), S. 402.

82) *Sommermann* (Fn. 1), S. 399.

83) 基本権との関係では，「保護領域」につき核心領域と周辺領域が問題となるが，基本権保護義務との関係では，保護せよという作為命令が潜在的に及ぶという意味での「規律領域」が問題となる（小山・前掲注74）256頁）。

84) 詳しくは，本書**第6章第2節**参照。

85) もっとも，基本的国家目標は，現代立憲国家の進展に伴って更新される可能性がある。本書**第5章**。

86) 西原・前掲注43）94頁以下によれば，シュタルク（*Christian Starck*）が，実体的給付請求権の承認に対する反対論拠を克服した場合に限り「整形の不要な最低限度」を承認するのに対し，アレクシーは，生存・住居・教育・労働・医療の最低限の請求可能性を承認しつつも，裁判所による直接的執行を認めず，不作為の違憲確認，立法期間の設定，憲法上の命令の公表等を示唆するにとどまる（同97頁）。アレクシーが形式的原理としての民主政原理との関係で直接執行を認めないとするとき，最低限の請求可能性には，それでもなお形成の余地が存在していることが示唆されているように思われる。

第2章　国家目標規定の規範構造　55

国家目標）についてのみ成立するものなのか，内容的に具体化された国家目標[87]
にも妥当する区別なのかは議論の余地があろう[88]。ゾンマーマンは，目標を具
体化する解釈にとって，①古典的解釈方法（文理解釈，体系的解釈，歴史的解釈，目
的論的解釈），②事項ごとの処理（コンラート・ヘッセ），③国際法適合的（特に，人
権適合的）解釈，④EU適合的解釈，⑤解釈補助としての比較法と国家論が，重
要であるとする[89]。

　他方で，内容的に具体化された国家目標規定にとって重要なのは以下の点で
あるように思われる。目標領域と目標実現の境界は流動的であるため[90]，核心
領域は必ずしも必要的規律領域の展開にとどまらないこともありうる。そこで，
目標実現の具体化との関係でも，必要的規律手段と任意的規律手段，必要的規
律手続と任意的規律手続とを区別できる可能性が残る。ある目標にとって一定
の手段あるいは手続の採用が本質的である場合には，それも核心領域に属する
ことになる可能性がある。この問題は，国家目標が具体的になればなるほど生
じてくる問いであるように思われる。

　最後に，司法的統制に服するのは核心領域のみであるとのゾンマーマンの言
明も検討する必要がある。核心領域は，目標が実効化されるための最低限でし

---

87) 国家目標には，手続的・形式的・内容的に条件づけられた（qualifiziert）ものがある（*Sommer-mann* [Fn. 1], S. 381 ff.）。
　　日本国憲法に目を向けると，様々な社会領域における規律（子たる国家目標 [Kinderstaatsziel]）
　　から社会国家原理を採用しているものと推論される（本書**補章第4節第3項**）。例えば，小売市場
　　事件判決（最大判昭和47年11月22日刑集26巻9号586頁）を参照。この点，憲法25条1項は社会国
　　家原理の必要的規律領域のいわば確認的具体化であると考えることができる。そこで，そのよう
　　な確認的具体化を上回る「健康な最低限度」，「文化的な最低限度」および「権利」という文言に着
　　目する見解も生じえよう。「権利」にこだわるものとして，本書**第8章**および**補章**を参照。

88) なぜなら，この核心領域論は，「最も抽象的な目標も，立法者にとって拘束的な核心領域を定義
　　できる」という文脈で登場するからである（*Hahn* [Fn. 4], S. 85, Fn. 143）。例えば日本国憲法25条
　　1項を国家目標規定的に解釈した場合には，そこに周辺領域は存在せず，それ自体が社会国家原
　　理の核心領域だということになる。そうだとすれば，核心領域論が当てはまらない国家目標規定
　　もあることになる。

89) *Sommermann* (Fn. 1), S. 403 ff. 例えば，「ドイツが批准した世界的・地域的人権条約において，一
　　致している一定の社会保障（例えば，有給休暇の保障，有職者である母性の特別の保護，公的健康配
　　慮）が存在する場合，このことは社会国家原理の核心領域への分類の重要な論拠となる」（S. 403）。

90) 例えば，下位目標の展開は，上位目標達成のための手段ともいいうる。Vgl. *Sommermann* (Fn.
　　1), S. 399.

かなく，国家目標規定による規律の射程はこれより広い[91]。必ずしも裁判的統制が核心領域に限定される必要はない。むしろ国家目標規定の機能的活用の観点からすれば，展開される目標領域やその都度選択される手段に関して，裁判所は国家目標規定に基づいてこれらを認識しうると考えるべきである[92]。このことはとりわけ，国家目標規定がその他の基本権や平等原則と結びついたときに意義を有する。

第3節　法的作用

第1項　目標の法的拘束力の射程

国家目標規定の拘束的効力は，理念的には，目標を追求する国家の義務に尽きる[93]。目的プログラム化された規範としての国家目標規定は，目標実現の方法や手段を確定せず，国家機関（とりわけ立法者）にその実現を委ねる[94]。連邦憲法裁判所決定によれば，基本法20条1項の社会国家原理は「Was」を定めるのみで，「Wie」は開かれている。曰く，「社会国家原理は，国家に任務を課すが，どのようにこの任務が実現されるべきかについて詳しくは何も述べていない」[95]。さらに，東西ドイツ再統一化要請について以下のように述べられている。「再統一は憲法の要請である。しかし，どのような方法が再統一の実現にとって政治的に正当で目的に適うものかを決定することは，政治的行為に任じられた連邦共和国の機関に委ねられていなければならない」[96]。ただし，「最も抽象的な目標も，立法者に対して拘束的な核心領域を定義できる。目標を具体

91）小山・前掲注74）258頁参照。

92）社会国家原理の文脈では，「プロセスとしての社会国家」が語られる（*Sommermann* [Fn. 1], S. 366; *Sommermann* [Fn. 40], Art. 20, Rn. 103）。ただし，ゾンマーマンは「社会国家原理の法的内容は，それだけで考察すると，最低限に限定されている」とする（*Sommermann* [Fn. 40], Art. 20, Rn. 123）。これに対して，本書**第7章第2節**は，抽象的な国家目標規定については，中間領域を設定することが生産的であると考える。

93）*Sommermann* (Fn. 1), S. 377.

94）*Sommermann* (Fn. 1), S. 377.

95）BVerfGE 59, 231 (263).

96）BVerfGE 36, 1 (17).

化する際の立法的余地は，核心領域にその限界を見出す」ことになる[97]。

　他方で，「一般的な国家目標は憲法現実においてはむしろ例外的であり，たいていの目標基準は，……目標実現方式についての詳しい規定をも含んでいる」[98]。目標への義務づけを超える拘束は，その核心領域が一定の措置によってのみ実現される場合を除けば，国家目標規定が目標実現の手続・形式・手段に関する条件づけと結びつくことによって生じる[99]。ここでは，純粋に目的プログラム化された規範ではなく，目的・条件プログラム化された規範複合体が問題となる[100]。

　また，「Was」が確定され，「Wie」が開放されているのに対し，「Ob」と「Wann」はどうであろうか。「Ob」の問題とは，すなわち，「立法者が具体的状況において，既存の法状態や採りうる手段の観点から，その他の国家任務の実現をも考慮し，活動が必要ではないか，または可能ではないといいうるかどうかである」[101]。目標の実現のために，国家の活動が必要で，可能であるとの結論に至った場合には，国家は可及的速やかに目標の実現に向けて活動しなければならないが，立法の優先順位を決定できるという点では「Wann」も立法者の評価特権に服する[102]。

第2項　機関ごとに対する作用

　国家目標規定は，「憲法の権限秩序において与えられる地位に応じて，国家機関ごとに様々に作用する」[103]。すなわち，「目標基準はすべての国家機関にとって同様な，直接に拘束的な法であるわけではない」[104]。

---

97) *Hahn* (Fn. 4), S. 85, Fn. 143.

98) *Hahn* (Fn. 4), S. 85.

99) *Sommermann* (Fn. 1), S. 379.

100) *Sommermann* (Fn. 1), S. 379.

101) *Sommermann* (Fn. 1), S. 379 f.

102)「Wann」に関する立法者の評価特権の限界については，BVerfGE 25, 167 が参考になる。ドイツ憲法判例研究会編『ドイツの憲法判例〔第2版〕』（信山社，2003年）230頁以下［渡辺中］参照。

103) *Sommermann* (Fn. 1), S. 383.

104) *Hahn* (Fn. 4), S. 83.

1 立法府

国家目標規定は，第一に形成委託（場合によっては行為委託を含む）を立法者に宛てる[105]。この意味での国家目標規定は，（裁判規範との対比でいえば）立法規範である。これは，すでに述べたように，公益実現モデルを制憲者（場合によっては憲法解釈者）が選択したことを意味する。

立法者の「形成優位」は，相互に結びついた 2 つの側面から生じるとされる。一方は，立法者が目標実現のために適切な手段を投入する規範定立権限を有することである。例えば，「給付法律を通じて社会国家目標の基準が転換される」[106]。他方は，「法律の留保原則が妥当する限りで，執行府と司法府は独自に活動できないこと」である[107]。そのため，「第二，第三の権力による憲法の直接的執行は，国家目標規定の転換の観点からも，例外である」[108]。

形成委託は，目標実現のための形式・手段の選択（目標実現の具体化）だけではなく，目標自体の具体化（下位目標の展開）をも含んでいる（目標領域の具体化）。制憲者との関係では，「目標が抽象的であればあるほど，制憲者は精密な内容確定に対する控えめな態度を示し，そのぶん包摂可能な内容が目標から取り出されることはなく，立法者の具体化権限は大きくなる」[109]。ここでは，（手続・形式・内容に応じて）条件づけられた国家目標規定が問題となる。

行政との関係では，「立法者は，具体化の際に，基本権に基づく限界を現実化し，行政による衡量基準を確定するか，または少なくとも……執行可能な法規範による目標衝突の解決を展開しなければならない」[110]。

司法との関係では，目標の核心領域の尊重が最も重要となる。これにより，司法適合的な範囲が決定されることになるとされるが，核心領域は，司法府によって実効化される最低限の領域にすぎず，少なくともここで憲法的な規律が

---

105) 日本では，橋本公亘『憲法〔改訂版〕』（青林書院新社，1988年）393頁以下が，憲法25条全体を国民の生活保障に関する法分野の原則規範とみて，「立法府に対しては，立法の指導原理としての意味をもつ。……立法府には，かなりの裁量の余地はあるが，その裁量の範囲内においても，立法府としては，できるだけ，第二五条の精神に従って行動すべき」とする。

106) *Hahn* (Fn. 4), S. 83.

107) *Hahn* (Fn. 4), S. 83.

108) *Hahn* (Fn. 4), S. 83 f.

109) *Sommermann* (Fn. 1), S. 383 f.

110) *Sommermann* (Fn. 1), S. 384.

終わるわけではないことには注意が必要である。さらに，核心領域の目標実現も，例外的事例を除けば，立法府が行うことになる。

　なお，以下のことに注意が必要である[111]。「国家目標規定を具体化する，一般法律上の法原則は『より良い』法価値を体現するものではなく，それゆえその他の一般法律よりも高い位置を要求しえない。後から行動する立法者は，立法者が自発的に自らを拘束することを望んだとしても，それらの法原則に義務的に拘束されるわけではない。一般法律の中では，序列秩序はない。したがって，国家目標規定を具体化する法律は，いつでも『前法は後法を破る』の一般的ルールにより改変されうる。それゆえ，立法者は，すでに達成された目標実現のレベルから後退することができる。換言すれば，国家目標規定の転換の際には，原則的に，存続保護は存在しない。一度達成した目標実現の状態から後退することの禁止は，結局，事物に反する（sachwiedrig）ことになってしまう[112]。立法者は，国家目標規定の転換のための一般法律上の諸規制を公布する際に，処理の自由（Dispositionsfreiheit）の喪失を危惧しなければならなくなってしまい，このことは立法者の適切な法律プロジェクトを妨げうるのである」。

---

111) *Hahn* (Fn. 4), S. 86 f.

112) *Hahn* (Fn. 4), S. 87, Fn. 154.「そのような禁止の採用は，将来が各事項・生活領域において専ら改善のみをもたらし，悪化をもたらさないという不適切な観念に由来するものである。しかし，目標実現の枠組条件の発展は，この意味でまさに予見できるものではなく，それゆえ例えば，財政状況が悪化した場合には，社会国家的給付の撤回も許容されなければならない」。

　給付ゼロよりも下に規制的形態での目標実現（不作為以上給付ゼロ未満）がありうるとすれば，食糧管理法違反事件判決（最大判昭和23年9月29日刑集2巻10号1235頁）の趣旨も理解できる。同判決によれば，「食糧管理法は，国民食糧の確保及び国民経済の安定を図るため，食糧を管理しその需給及び価格の調整並びに配給の統制を行うことを目的とし，この目的を達成するに必要な手段，方法，機構及び組織を定めた法律である。国家経済が，いかなる原因によるを問わず著しく主要食糧の不足を告げる事情にある場合において，若し何等の統制を行わずその獲得を自由取引と自由競争に放任するとすれば，買漁り，置占め，売惜み等によって漸次主食の偏在，雲隠れを来たし，従ってその価格の著しい高騰を招き，遂に大多数の国民は甚しい主要食糧の窮乏に陥るべきことは，識者を待たずして明らかであろう。食糧管理法は，昭和十七年戦時中，戦争の故に主要食糧の不足を来たしために制定せられたものではあるが，戦後の今日と雖も主食の不足は戦後事情の故になお依然として継続しているから，同法存続の必要は未だ消滅したものと言うことはできない。この点から言うと，<u>同法は，国民全般の福祉のため，能う限りその生活条件を安定せしめるための法律であって，まさに憲法第二五条の趣旨に適合する立法である</u>と言わなければならない」（下線石塚）。

2 執行府

第二次的には，司法府とならんで，執行府も拘束される[113]。執行府は，国家目標規定が法律の留保を含むか否かにかかわらず，その名宛人である[114]。「法律の留保は，執行府の法律拘束の一般原則（基本法20条3項）を繰り返し，立法者の形成優位を強調するにすぎ」ず，それが「執行府への国家目標規定の直接的効力を排除するという見解に従うことはできない」[115]。国家目標規定に付随する法律の留保は，「独自の規律内容なき強い警告義務」[116]であり，メイヤー＝テーシェンドルフによれば「厳密には法的に不要なもの」[117]，ウーレによれば「純粋に宣言的な性質」[118]，ゾンマーマンによれば「規範的トートロジー」[119]である。それは「確認的機能」を有するにすぎず，それゆえ，法律の留保なき国家目標規定の下では，執行府が法律拘束から解放されているという反対解釈は，導かれえない[120]。

国家目標規定の拘束力は間接的に国家行政に及ぶ[121]。国家目標規定は，「公権力の全ての担い手，すなわち地方公共団体およびその他の公共団体，施設，公法上の財団ならびに公権受託者をも義務づける」[122]。

また，執行府の行為が私法形式でなされる場合であっても，目標への拘束は維持される[123]。確かに，「経済活動ならびに国家財政上の補助業務の際には基本権への直接の拘束が回避されるのに対して，私法的手段によって公的任務を負

---

113) 日本では，橋本・前掲注105）393頁が，憲法25条全体を国民の生活保障に関する法分野の原則規範とみて，同条を「具体化する法令の条項の意味は，第二五条の精神に即して解釈されなければならない。すなわち，第二五条は，解釈原則（Auslegungsregeln）として，行政府および司法府を拘束する」とする。

114) *Hahn* (Fn. 4), S. 87.

115) *Hahn* (Fn. 4), S. 87. そのような見解として，Bericht der Sachverständigenkommission, »Staatszielbestimmungen/Gesetzgebungsaufträge«, 1983, S. 21 (Rn. 7).

116) *Hahn* (Fn. 4), S. 88.

117) *Klaus Meyer-Teschendorf*, ZRP 1994, 78.

118) *Arnd Uhle*, DÖV 1993, 952.

119) *Karl-Peter Sommermann*, DVBl. 1991, 35.

120) *Hahn* (Fn. 4), S. 88.

121) *Hahn* (Fn. 4), S. 88.

122) *Hahn* (Fn. 4), S. 88 f.

123) *Hahn* (Fn. 4), S. 90.

担する場合には，基本権が直接に妥当すべきである（「私法への逃避はない」）」[124]。
しかし，国家目標規定は，国家が如何なる法形式で活動するかにかかわらず，常に実現へと努力するという類のものであるため，そのような区別は無意味である[125]。

　執行府は，合意協定（Konsensvereinbarung）の観点からも国家目標規定に拘束される[126]。「このような協同的な国家の規律メカニズムは，立法者の制御手段が弱まる領域で特に重要となる」が，非公式な取り決めも法的に自由な領域にあるわけではなく，少なくとも20条3項に服し，それゆえ国家目標規定にも服する[127]。すなわち，「合意協定の非拘束性から無制限の許容性は生じないのである」[128]。

　目標を実現する際に，行政が形成の余地を有するか，それはどの程度かという観点から，執政（Gubernative），すなわち政治的国家指導の領域と，狭義の行政とが区別されなければならない[129]。前者には，立法府に関する議論が当てはまり，政府も法律イニシアティブ権（Gesetzesinitiativerecht）が使える場合には，広範な評価特権を有するとされる[130]。他方で，これは狭義の行政には当てはまらず，法律の留保が，狭義の行政の独自の活動を阻む[131]。基本的決定は民主的に正当化された立法者がなさなければならず，規則の授権もその内容，目的，範囲につき，詳しく規定しなければならない[132]。狭義の行政が国家目標規定に拘束されることは，その独自の活動を帰結するわけではなく，むしろ立法者によって詳細化された基準が重要となる[133]。確かに，行政にも規範定立によ

---

124) *Hahn* (Fn. 4), S. 89.

125) *Hahn* (Fn. 4), S. 89.

126) *Hahn* (Fn. 4), S. 90.

127) *Hahn* (Fn. 4), S. 90.

128) *Hahn* (Fn. 4), S. 90.

129) *Hahn* (Fn. 4), S. 91.

130) *Hahn* (Fn. 4), S. 91. 法律イニシアティブ権についてはスイスの議論ではあるが，渡辺久丸「法律イニシアチブ権の現代的展開」島大法学40巻3号（1996年）1頁が詳しい。ペーター・M・フーバー（石塚壮太郎訳）「国民発案と憲法裁判権との間の議会制」日本法学83巻2号（2017年）239頁以下も参照。

131) *Hahn* (Fn. 4), S. 91.

132) *Hahn* (Fn. 4), S. 91.

133) *Hahn* (Fn. 4), S. 91.

って目標を具体化する可能性は残されるが，それは立法者による目標基準の転換に比べれば著しく限定的なものである[134]。ここでの国家目標規定は，立法者の媒介によって間接的に狭義の行政を拘束することになる。

　以下の領域では，国家目標規定の規範的効力は，直接的に狭義の行政に及ぶ。すなわち，ここでの「直接」とは，立法者によって具体化された目標基準がなくとも，という意味である。直接的効力は，憲法ならびに一般法律を解釈する際，裁量権を行使する際，衡量決定をする際に，問題となる[135]。

　第一に，「国家目標規定は，その他の憲法および一般法律の解釈基準として機能する。それは，とりわけ一般法律の一般条項や不確定概念を解釈する際に，重要である（「憲法志向的解釈」）。これらの概念は，国家目標規定志向的に解釈されなければならない。法規範の適用の際に様々な解釈が顧慮される場合には，そのときどきで，該当する国家目標規定と（最も）調和するものが選択されなければならない」[136]。

　第二に，「国家目標規定は，裁量指導的機能を有する。行政が法律上の構成要件の実現に従って，幾つかの法的効果の中からひとつを選択する場合には，行政はその（法的に拘束された）裁量の行使の際に，国家目標規定を，拘束的で基本的な憲法の価値決定として考慮しなければならない。このことは，都市計画（Raumplanung），区画計画（Fachplanung），発展計画（Entwicklungsplanung）の枠内でのいわゆる計画裁量にも当てはまる。国家目標規定は，計画上の形成余地の執行にとっての指示である。もっとも，立法者の目標を具体化する基準は，行為裁量や計画裁量の観点からも，たいてい非常に細分化されているため，狭義の行政による独自の目標領域の具体化あるいは目標実現の具体化にとっての余地は，通常控えめとなる」[137]。

　第三に，国家目標規定は「衡量基準あるいは衡量補助として重要である」[138]。

---

134) *Hahn* (Fn. 4), S. 91.

135) *Hahn* (Fn. 4), S. 92.

136) *Hahn* (Fn. 4), S. 92 f.

137) *Hahn* (Fn. 4), S. 93.

138) *Hahn* (Fn. 4), S. 93.

3　司法府

　国家目標規定は，司法府も拘束する。裁判所は，国家目標規定を憲法的秩序の構成要素として考慮しなければならない[139]。執行府についての法律の留保に関する議論はここでも妥当し，国家目標規定が法律の留保を含む場合であっても，司法府はその名宛人である[140]。

　「憲法裁判所は，原則的には専門裁判所と同程度にしか，国家目標の独自の実現の資格を与えられていない。法律の留保から以下のことが生じる。司法府は容易には目標実現のために行動してはならない。裁判所に割当てられた権限に応じて，裁判所は，通常，（例えば立法者のように）自ら形成的に活動することはできない。単に裁判官の裁定活動を通じて法欠缺を満たす限りで，それゆえ裁判官法の創設が重要となる限りで，判決は直接に国家目標規定を引き合いに出すことができる」[141]。

　「国家目標規定の本質的意義は，（狭義の行政ですでに述べたように）裁判所にとって，ひとつに，その他の憲法および一般法律の解釈基準の資格にある。もうひとつは，裁量権行使および衡量決定が裁判上で事後審査可能である限りで，目標基準が司法府にとって裁量瑕疵論および衡量瑕疵論の枠内で重要となることである。国家目標規定は，裁量指導的基準として用いられ，衡量基準あるいは衡量補助として機能する」[142]。

第4節　国家目標規定に基づく司法的統制

　国家目標規定は，①立法者にとっての法律制定の指針（立法規範としての国家目標規定），②行政にとっての裁量権行使・衡量決定の基準，③行政および裁判所にとっての憲法・法律の解釈の基準，④裁判所にとっての違憲審査の基準（そこには，結果審査と過程審査が含まれる）として機能する。ここでは，裁判規範としての国家目標規定（④）を論じる。ハーンは，法適用機関として，司法府も，基本的には執行府と同じように描いているが，当然，両者は異なる機能，異な

---

139) *Hahn* (Fn. 4), S. 94.

140) *Hahn* (Fn. 4), S. 94.

141) *Hahn* (Fn. 4), S. 94 f.

142) *Hahn* (Fn. 4), S. 95.

る役割を背負っている。執行府（特に狭義の行政）の基本的な役割が立法府によって媒介された国家目標の現実化であるのに対し，司法府の基本的役割は，目標の最低限の実効性の確保（結果の統制）と目標具体化・実現プロセスの適正化である（プロセスの統制）。

第1項　ゾンマーマンの見解
──憲法裁判所による統制を前提として

　ゾンマーマンは，憲法規範の実効性にとって司法による統制が肝要であると述べる。「立法者に対して憲法規範を貫徹するための最も効果的な形態は，憲法裁判所による統制である。法規範の存立にとって制裁可能性の存在が構成的（konstitutiv）ではないにもかかわらず，その実効的妥当性は，法規範の遵守のための統制メカニズムの存在に著しく依存している。立法者に対してこれらの規範を妥当させる独立した機関が欠けている場合には，少なくとも事実上憲法の実体的規範は弱まることになる」[143]。その実効性確保の射程を決定するのが，核心領域と周辺領域の区別である。国家目標の核心領域は，その周辺領域とは異なり，立法者の評価特権には属しておらず，立法者にとって拘束的な所与である。司法的統制に服するのは核心領域に属する部分のみであるとされる。

　このことを前提として，国家目標規定に基づく2つの直接的な統制アプローチ[144]が想定されている。第一に，「具体的規範の基準および限界としての国家目標規定の援用」があり，ここでは規範統制（「法律が国家目標規定に違反するか？」）が問題となる[145]。第二に，「立法者にとっての行為命令としての国家目標規定の援用」があり，ここでは不作為による憲法違反（「国家目標規定が立法者に活動を命じているか？」）が問題となる[146]。前者では，規範統制の基準としての国家目標規定，後者では，不作為による憲法違反の基準としての国家目標規定が語られる。いずれにしろ，統制基準として重要なのは核心領域のみである。なお，事例によっては，2つのアプローチがどちらも妥当することが想定され

---

143) *Sommermann* (Fn. 1), S. 435 f.

144) 間接的な統制アプローチとして，基本権あるいは平等原則と結びついて解釈されることが考えられている（*Sommermann* [Fn. 1], S. 394 ff.）。

145) *Sommermann* (Fn. 1), S. 436.

146) *Sommermann* (Fn. 1), S. 436.

うる（例えば，明白に目標違反の法律が放置されている場合）。

1　規範統制の基準としての国家目標規定──明白性の原則

　ゾンマーマンによれば，「法律規範が国家目標に明白に矛盾し，その目標に匹敵する他の重要な憲法目標が説得的に援用されえない場合にのみ，憲法裁判所は問題となる規範を違憲とすることができる」[147]。裁判所による統制にとって，目標の核心領域の侵害および違反の明白性が重要である。前者が毀損部分の重要性あるいは毀損の重大性を意味するのに対し[148]，後者は機能的配分の表現である[149]。

　国家目標規定の具体性と審査密度が連動するというゾンマーマンの主張はこのような観点から理解することができる。すなわち，手続的・形式的・内容的に具体化された国家目標規定（条件づけられた国家目標規定）からは，「ルール的要素」をより容易に取り出しうるため，「法律規範が国家目標に明白に矛盾」する場面を設定しやすく，そのような場合には国家の側に正当化の負担を負わせることができるようになる。ここでは，具体性と審査密度が（グラデーション的に）連動しているというより，原則－例外関係を観念しうるような「ルール的要素」を取り出しうるかが重要となる。①明らかに目標違反の法律がある場合，②明らかに目標違反の制度後退・廃止が行われる場合に，そのような国家目標規定に対する違反が存在しうる[150]。ゾンマーマンは，両者を区別して論じてはおらず[151]，国家目標規定から生ずる制度後退禁止原則は，制度後退・廃止の場面における明白な目標違反の際に生じる否認的効力の一部であると考えられている。

---

147) *Sommermann* (Fn. 1), S. 438.

148) ハーンは「特に明白かつ重大（besonders evident und schwerwiegend）」の基準を用いる（*Hahn* [Fn. 4], S. 101）。

149) 基本権保護義務の文脈だが，なぜ「明白性」かにつき，小山・前掲注74) 239頁。

150) 橋本・前掲注105) 393頁は，憲法25条全体を国民の生活保障に関する法分野の原則規範とみて，「この原則規範に積極的に反する法規範，たとえば積極的にかような制度の実現を否認する等の内容を持つ規定は効力を有しない」としている。

151) 目標阻害立法と制度後退禁止とは全く別立ての議論が必要とするものとして，小山・前掲注74) 288頁注104。

2 不作為の憲法違反の基準としての国家目標規定——恣意の禁止

国家目標規定の形成委託としての効力は，その否認的効力と同じく重要である[152]。「一般的には，いつ目標を実現するかの選択も立法者の評価特権に属する」が，立法者の不作為は，「立法者が目標実現の問題に取り組み，その他の目標や経済的可能性との衡量を経て暫定的に活動しないと決定することを前提としている」[153]。「明らかに目標に反する一定の法律が存在するのと同様に，立法者の不作為が明らかに違憲であるような状況もありうる」[154]。「例えば，既存の法状態がまた一度も国家目標規定の核心内容を顧慮していない場合には，立法者は行為を義務づけられており，これをしないままでいると，不作為による憲法違反となる」[155]。ただし，「現状において当該目標の実現の唯一可能な形態が，その他の目標の実現を著しく侵害するか，または国家の財政的給付能力に過剰な要求をしていること」を立法者が主張できる場合には，違憲とはならな

---

152) *Sommermann* (Fn. 1), S. 439.

153) *Sommermann* (Fn. 1), S. 439.

　樋口陽一『憲法 近代知の復権へ』（東京大学出版会，2002年）130頁によれば，「国会の怠慢ともいうべき単なる不作為」と「その事項についてあえて立法しないという立法裁量の結果としての不作為」とは異なる。また，この点について，昭和58年参議院議員定数不均衡訴訟判決（最大判昭和58年4月27日民集37巻3号345頁）の団藤重光裁判官反対意見によれば，以下の通りである。「立法府が積極的に参議院議員選挙制度の改正をするにあたっては，きわめて広汎な裁量権をみとめられるべきであるが，しかし，本件では，前記のような異常な較差を生じている事態を立法府は単に看過放置して来たのである。このようなことを立法府の裁量権の行使として理解することがはたして許されるであろうか。もちろん，立法府として，このような事態に対処するためになんらかの検討をおこなって，その結果として，較差の存在にもかかわらず議員定数配分規定の改正は不要であるとの結論に到達したという事実でもあれば，それは立法府の裁量権の行使とみとめられてしかるべきであろう。しかし，本件では，そのような事実は原審によって確定されておらず，また，たしかに国会の内外で議員定数配分規定の改正にかかる種々の活動がおこなわれてはいたが，それらの活動の結果，国会の立法裁量権の行使として，本件参議院議員定数配分規定をそのまま維持するという結論に達したものとは，とうていみとめることができないのである」。

　衡量の瑕疵には，「（一）衡量が行われないこと（Abwägungsausfall〔衡量不存在〕），（二）衡量において，考慮されなければならないことが考慮されないこと（Abwägungsdefizit〔衡量の不備〕），（三）考慮されるべき諸原理，諸目的の重視が正当化できないこと（Abwägungsdis-proportionalität〔衡量不均衡〕）」があるとされるが，ここでは衡量不存在が問題となっていると思われる（山下義昭「裁量瑕疵の体系について（2・完）」福岡大学法学論叢40巻2号［1995年］227頁参照）。

154) *Sommermann* (Fn. 1), S. 439.

155) *Sommermann* (Fn. 1), S. 439.

い[156]。ここでも，「衡量基準に従い，憲法構造における目標の位置と目標の関連性の程度が重要となる」[157]。

　次に，その審査密度が問われる。第二次堕胎判決で連邦憲法裁判所が過少保護禁止原則に基づいて行った強度の統制は，滅多にない事例状況に基づくものであり，一般化されるべきではないとされる[158]。明白性の原則と平仄が合う立法者の作為義務の統制密度は，平等原則に基づく統制基準としての恣意の禁止である[159]。なぜなら，「統制の端緒は一定の規定であり，事の性質上ほとんど，一定の不利にまたは有利に扱われた集団に関する規定の欠缺が問題となるからである」[160]。とはいえ，「この基準も柔軟に適用されうることを認めざるを得ない」[161]。「立法義務違反の明白性が，特に立法者の作為義務を規定する規範の具体性に依存し，高度の抽象性が少なくとも部分的には，具体化を行う憲法裁判所裁判官によって補われうるからである」[162]。「作為義務が立法者によって明らかに達成されない場合にのみ，不作為の憲法違反が確認されるという命題は，第一に，政治的形成の際の民主的立法者の中心的役割を強調する発見原理（heuristisches Prinzip）として用いられる」[163]。

　したがって，「憲法裁判上の統制が『明白性の統制』に尽きることは，国家目標規定の規範的射程が最低限の基準のみを表しているわけではないことを意味している」[164]。国家目標規定は最適化要請であり，「何がその時々の状況で『最適な』目標実現であるかは，裁判所ではなく，民主的立法者が決定すべきである」[165]。「『規範統制は立法者に対する拘束的な（実体的）作為命令には遥かに』及ばない」[166]。

---

156) *Sommermann* (Fn. 1), S. 439.

157) *Sommermann* (Fn. 1), S. 439.

158) *Sommermann* (Fn. 1), S. 441.

159) *Sommermann* (Fn. 1), S. 441.

160) *Sommermann* (Fn. 1), S. 441.

161) *Sommermann* (Fn. 1), S. 441.

162) *Sommermann* (Fn. 1), S. 441.

163) *Sommermann* (Fn. 1), S. 441 f.

164) *Sommermann* (Fn. 1), S. 442.

165) *Sommermann* (Fn. 1), S. 442.

166) *Sommermann* (Fn. 1), S. 442.

第2項　ハーンの見解
──ドイツの裁判所による統制を前提として

ハーンは，ドイツの憲法裁判所と行政裁判所による統制における手続的主張を明確化する。まず，行政行為の審査と立法行為の審査に分け，さらに後者を積極的行為の場合と消極的行為の場合に区別して論じる。ハーンの見解は，手続的主張可能性の観点からのものであり，内容的には必ずしもゾンマーマンの見解と両立しないものではない。ただし，立法過程の統制を明確に述べる点で，ゾンマーマンとは論調が異なる[167]。

1　行政行為の国家目標適合性

ハーンによれば，「国家目標規定は，一般法律およびその他の憲法にとっての解釈基準としてだけではなく，裁量瑕疵論および衡量瑕疵論の枠内での裁量指導的基準および衡量補助・基準としても重要である。ただし，国家目標規定への直接の訴えかけは，ここでは例外であり続けるだろう。というのも，執行府の行為の審査の際に，目標基準を具体化する一般法律上の法命題も，審査基準として使われるからである」[168]。

2　立法行為の国家目標適合性

ハーンによれば，「個人は国家目標規定を直接に（例えば，憲法異議では）貫徹できない。これらの憲法上の目標基準は，主観的権利を基礎づけることはない。それらは，純粋に客観的な憲法命題であり，基本権および基本権と同等の権利ではない。しかし，『憲法的秩序』を架け橋として（同時に）基本法2条1項から導かれる主観的自由権の侵害が，国家目標規定に対する違反になる。それゆえ国家目標規定は，個人の観点からは，時々間接的に貫徹されうる。目標基準の規範内容と矛盾する（それゆえ実体的は憲法違反である）基本権制約的法律に対して，個人は憲法異議の方途で先に進むことができる」[169]。

167）ゾンマーマンも計画裁量統制との関連で目標間衡量の存在を肯定しているが，統制の場面では積極的に主張していない（*Sommermann* [Fn. 1], S. 413）。

168）*Hahn* (Fn. 4), S. 104.

169）*Hahn* (Fn. 4), S. 104.

第2章　国家目標規定の規範構造　69

「直接的な審査基準として，国家目標規定が，抽象的・具体的規範統制におい
て顧慮される。どちらの手続も，憲法を基準とした一般法律上の法原則の審査
に使われる。規範統制の方法で，立法府が法律の公布の際に，国家目標規定か
ら生じる義務づけを審査することもできる。その点，憲法裁判権は，立法者が
法律イニシアティブの作成および法律案の審議の際に国家目標規定の突出した
意義を十分に考慮したかどうかを統制することができる。立法者は十分に憲法
上の目標基準を取り組まなければならない。憲法裁判権が，一般法律上の規範
が国家目標規定と矛盾するか，あるいは立法者が国家目標規定を十分に考慮し
ていないとの見解に至る場合には，当該規範を無効と宣言できる」[170]。ただし，
「憲法裁判権は，特に明白かつ重大な事例でのみ，一般法律上の規範が十分に国
家目標規定を顧慮していないという見解に至ることできる」[171]。

　「立法者が，絶対的で継続的な不作為によって，国家目標規定を実現する義務
を侵害している場合には，該当する目標基準は憲法裁判上の手続によって貫徹
されえない。ただし，このことはほとんど重要ではない。その間すべての専
門・生活領域が法律上の規律に服しているという背景の前では，通常，一定領
域の規律が専門領域または生活領域の国家目標規定の転換に関して不十分であ
ることは，論証されうる。そのような『部分的不作為』の場合には，抽象的な規
範統制も，具体的規範統制と同様に可能である。〔改行〕確かに，国家目標規定
に対する違反は，そのような部分的不作為の主張の際にも，特に明白かつ重大
な事例でのみ，確認されなければならない。それに対応する抽象的・具体的規
範統制での裁判官の審査の際には，立法者が目標実現への権限を有しているか，
どの程度有しているかが，特に審査されなければならず，時間的要素が評価に
含まれなければならない。立法者が，適切な権限を有しており，法律の公布あ
るいは改正による行為が不可避的に必要であったにもかかわらず，一定期間を
超えて目標を詳細化するために何もしなかった場合に，問題となる一般法律上
の法命題の国家目標規定に対する違反が存在するだろう。これとの関連で，立
法委託について発展した諸基準に手掛かりを求めることができる。例えば，(国
家目標規定の場合，通常，より高くなるだろう) 該当する問題の複雑性の程度，開放
性が含まれる程度，ならびにその他の立法プロジェクトへの立法者の負担が，

---

170) *Hahn* (Fn. 4), S. 100.

171) *Hahn* (Fn. 4), S. 101.

考慮されなければならない〔172〕。立法者がその権限にもかかわらず国家目標規定の実現のために何もしない場合には，このことは極めて稀にしかない憲法違反の事例に分類される」[173]。

第3項　小括

ハーンの整理は，ドイツの制度内で国家目標規定に基づき如何なる主張が可能か，という観点から有益な整理といえよう。これに対して，ゾンマーマンの見解は，①核心領域にのみ司法適合性を認め，②「明白性の原則」を立法者の評価特権から導き，③ルール的要素の取り出しによって衡量を枠づけ，④規定の具体性を審査密度と対応させ，⑤規範統制と不作為の統制を区別する点で特徴的である。ゾンマーマンとハーンの考え方には大きく重なる部分がある。ただし，ゾンマーマンは，全体として，司法的統制の範囲を限定しすぎていたり，低く見積もりすぎているようにも思われる。それはおそらくゾンマーマンが，国家目標規定のみに直接基づいて違憲であると判断できる場合を念頭に置いているからであり，また彼がモデルとして想定している国家目標が社会国家原理というかなり抽象的な目標であるからであると考えられる。

例えば，社会国家原理を具体化する制度の合理性を司法的に審査するような場合には，ドイツでは，平等原則と結びつける形がとられることが多い[174]。ゾンマーマンも，そのことを国家目標規定の間接的拘束力として若干論じている。その意味では，社会国家原理が平等原則との関係で間接的拘束力を発揮するのは，核心領域に限られない。したがって，司法的統制に関するゾンマーマンの見解はかなり狭められた射程しか有していないということができる。他方で，ゾンマーマンが射程を狭めたのは，国家目標規定のみに直接基づく統制において，それなりに厳格な場面を探す営為であるともいえ，その点では参照すべき点も見出される。

本章で確認しておくべきことは，国家目標規定が，基本権その他の規範カテ

---

172) *Hahn* (Fn. 4), S. 104, Fn. 252.「例えば，連邦憲法裁判所は，基本法6条5項に含まれる立法委託の転換のために，5期分の立法期間を設定した（BVerfGE 25, 167 [184 ff.]）」。

173) *Hahn* (Fn. 4), S. 103 f.

174) 石塚壮太郎「ドイツにおける社会国家の変容と憲法の応答」比較憲法学研究33号（2021年）53頁以下，鈴木秀美／三宅雄彦編『〈ガイドブック〉ドイツの憲法判例』（信山社，2021年）230頁［石塚壮太郎］参照。

第2章　国家目標規定の規範構造　71

ゴリーとは異なる規範構造を有し，異なった形で効力を及ぼすということであり，それに直接基づく司法的統制は原則として限定されたものにならざるをえないということである。一方で，このことは，既存の憲法条項を解釈したり，新たに憲法条項を追加する場合に，国家目標規定という解釈ないし規定選択肢を増やすという点で重要である。他方で，そのことは国家目標規定が，憲法の解釈や裁判において弱い効力しか持ちえないことを意味しない。ドイツの憲法裁判において，国家目標規定は重要な法的役割を果たしてきたし，今でもそうである[175]。

---

175) 本書**第3部**および**第4部**参照。

第2部

国家目標の位相

第3章

国家目的と国家目標

　本章において確認すべきことは，2つある。第一に，国家目標とその基本的特質を共有し，その限界も一部共有している国家目的に関する議論の歴史的展開である。国家目的に基づく国家の積極的制御は，思われているほど容易なものではなく，一旦は放棄されている。その後，復活した国家目的論は，使い勝手の良さという観点からみれば，甚だ心許無いものである。しかし，大上段の議論に終始してしまうのは，国家目的論の責任ではない。完全な積極的制御を志向すること自体が誤りであることが，歴史的経験から明らかとなる。国家目標は，国家目的と重なる部分もあれば異なる部分もあるため，国家目的論を知ることにより，より正確に国家目標という概念に課された役割を認識することができる。

　第二に，国家目標規定が，国家目標を憲法上実定化したものであるところ，国家目標の概念上の境界を確認することである。ここでは，国家目標と隣接概念との境界線を明らかにすることで，それを規定する国家目標規定をより明確化することを試みる。国家目的 (Staatszweck)，国家目標 (Staatsziel) および国家任務 (Staatsaufgabe) は，必ずしも明確な基準をもって使い分けられているわけではない。むしろ，その不統一が指摘されて久しいにもかかわらず[1]，この用語法が統一されたようには思われない。

　そこで，第一に，国家目的論の歴史的文脈，その19世紀における衰退と現代における復権を中心に概観する（**第1節**）。第二に，それを踏まえた上で，幾つかの論者を取り上げて3つの概念の用語法を整理する（**第2節**）。最後に，ゾンマーマンによる国家目標の分析を概観し，国家目標の議論が，国家目標規定に

---

1) *Christoph Möllers*, Staat als Argument, 1999, S. 193.

対して与える影響について考察することとしたい（**第3節**）。

第1節　国家目的論の衰退と復権

第1項　19世紀における国家目的論の衰退

　国家目的論とは，簡単にいえば，国家の目的とは何かを問う議論である。論者によって何が目的かは異なりうるが，問題は何のためにそれを問うのかということである。国家目的論は，第一に，国家は何のためにあるのか，すなわち国家の存在意義を問う議論であり，その議論は国家を正当化するためになされているといえるだろう。絶対主義国家をその対象としていた古典的国家目的論は，立憲主義国家へと歩を進める過程で，国家の正当化機能の他に，国家を制限する機能を負わされるようになった[2]。古典的国家目的論は，規範的議論として成立するように仕立てられた実践的理論であり，現代においては，制限規範としての憲法が担っている規範的負担を，19世紀当時は国家目的論が引き受けていたのである。

　まず，18世紀以前の状況について確認しておきたい[3]。16〜17世紀のドイツは，領邦君主による絶対主義の時代であり，この時期の国家類型を表す言葉として「警察国（Polizeistaat）」が用いられる。元々は「善き秩序」を意味したポリツァイ[4]は，徐々に官庁，さらには国家活動そのもの（内務行政一般）を表すようになり，君主には臣民の幸福を実現するような如何なる命令をも発布する権限が与えられる。また，「警察国」の頂点ともいわれる18世紀は，同時に「法治国」への決定的な転換期としても位置づけられている。

　18世紀における国家目的論の基本的論者として，ドイツ自然法論の到達点と

2）これに対して，現代国家目的論は，近代立憲主義憲法によって刻印された近代立憲主義国家をその対象としており，国家目的が憲法によって実定化されている限りで，それらを確認するにとどまる。また，現代国家目的論の問題意識が「国家の撤退」に向けられている点で，議論の方向性が古典的国家目的論の制限的機能とは逆である点にも注意を要する（本書**第5章**参照）。

3）国家目的論の歴史的展開に関する議論については，玉井克哉の先行研究に依拠する。玉井克哉「ドイツ法治国思想の歴史的構造（2）」国家学会雑誌103巻11・12号（1990年）714頁以下。

4）この概念については，松本尚子『ホイマン「ドイツ・ポリツァイ法事始」と近世末期ドイツの諸国家学』（有斐閣，2016年）39頁以下も参照。

評価されるC・ヴォルフが取り上げられる[5]。彼は，国家を考える上で，共同体を構成する個人から出発し，人間の「完全性」を個人の生活の最高目的（Haupt-absicht）に据える。個人の内面的または外面的状態を完全にするもの（技術発展，衛生，富など）が善であり，逆に不完全にするもの（無知，疾病，貧困など）が悪である。彼のいう「完全性」は，現世的「幸福」と密接に関連する。ただし，ヴォルフによれば，幸福は各人が意欲するから目的となるのではなく，幸福が善であるから個人はそれを意欲せねばならないのであって，幸福は義務的性格を帯びる。そこで，自己の幸福の実現につき不完全な人間は，不可避的に国家的共同体を組織することになる。ヴォルフは，個人を出発点とするにもかかわらず，社会・支配契約という構成における「意思」を「義務」に読み替えることで，契約を嚮導する目的による政治権力への拘束を帰結する。ここで重要なのは，共同体による福祉の増進が自然状態で個人が享受していた自由と調和的に捉えられていたことである。衛生，教育，救貧などの国家活動は，「完全性」への手段として包括的に正当化された[6]。

　典型的理解によれば，遅くとも19世紀までには，ヴォルフのような幸福主義的「福祉」を内実とする国家目的は，自由主義的法治国の思想に取って代わられ，それに伴って，ポリツァイ活動も縮減していくとされる[7]。しかし，18世紀末（1794年）に成立したプロイセン一般ラント法（ALR）は，ポリツァイ活動を当然のものとして前提としていたとされ[8]，さらに19世紀における「自由」の観念は，必ずしも消極的意味に限られてはおらず，かえって福祉目的の活動は活発化したことが指摘されている[9]。

　確かに，18世紀の終わりに向けて，過剰な国家活動の危険性を除去しようとする努力がなされる。しかし，当時の理論家らは，国家目的を狭義の安全に限

5）玉井・前掲注3）725頁以下。

6）プーフェンドルフは，「安全」という概念をもって，「快適で，不安がなく，静穏な暮らしの条件すべて」を包摂した（玉井・前掲注3）728頁参照）。

7）玉井・前掲注3）714頁。さらに，松本尚子「ベルクのポリツァイ概念」一橋論叢115巻1号（1996年）171頁以下参照。そのことを典型的に示す例として紹介されるプロイセン上級裁判所のクロイツベルク判決（1882年）につき，芝池義一「ドイツ警察法理論をめぐる若干の理論的諸問題（1）」法学論叢96巻2号（1974年）2頁以下。

8）*Karl-Peter Sommermann*, Staatsziele und Staatszielbestimmungen, 1997, S. 326.

9）玉井・前掲注3）718頁。

定できないジレンマに陥る[10]。というのも，国家活動を限界づけるには国家目的を縮小すれば足りるが，元来国家目的は幸福の追求という個人の目的から演繹されたものであるから，国家目的から福祉を単に除くと国家論全体の理論的整合性を欠くこととなるからである[11]。さらに，教育制度や救貧の必要性を考えれば，福祉目的の活動を排除することは実際上困難である[12]。そこで，19世紀前半の代表的論者であるモールは，法治国家の本質的任務を「市民の能力の全面的発展を阻害する障害を除去すること」とし，これに広範な福祉活動を包摂せしめ，包括的国家目的を設定するに至る[13]。包括的国家目的は，「保守主義・自由主義という立場の違いを超えて，社会秩序維持のための国家活動を弁証するという共通の役割を果たしていた」[14]。

　19世紀の論者が「自由主義的（制限的）」国家目的論を選択できなかったことは，諸々の時代背景があったわけであるが，理論的困難もあったように思われる。それは，国家目的という概念に，国家を究極的に正当化・制限するという役割を与えつつ，内容的に操作可能なものと考えた（国家目的で何でも説明しようとした）ことに起因する[15]。19世紀の経過において，国家目的は次第に規範的性格を失っていくが[16]，そのことはそれ以前の国家目的への過剰な期待やその後の失望と無関係ではないと思われる。また先述のように，国家目的論は，特定の

---

10) 国家目的を狭義の安全に限定するフンボルトの説明は，ポリツァイ実務との関係で「ユートピア的」とも揶揄される（木村周市朗『ドイツ福祉国家思想史』［未来社，2000年］103頁以下）。また，ゲオルグ・イェリネク（芦部信喜ほか訳）『一般国家学〔第2版〕』（学陽書房，1976年）199頁によれば，「法的保護という機能だけに制限された国家は，一度たりとも存在しなかったし，一度たりとも存在し得ないということから，制限的理論はその純粋に思弁的な性格が証明される」。

11) 玉井克哉「ドイツ法治国思想の歴史的構造（3）」国家学会雑誌104巻1・2号（1991年）6頁。

12) 玉井・前掲注11）7頁。玉井は，ロテック，モール，シュタールらが志向した福祉目的の活動が，堕落したツンフトに代わって「営業の自由」を規制し，良心的な「中間身分」を創出しようとするためのものであったと指摘する（同12頁以下）。また，栗城壽夫『一九世紀ドイツ憲法理論の研究』（信山社，1997年）371頁は，国家目的限定問題が重要性を失った理由として，①社会問題解決のための福祉行政の展開を直視せざるをえなかったこと，②自然法理論が必ずしも国家の助力に対して閉鎖的なものではなかったことを挙げる。

13) *Sommermann* (Fn. 8), S. 49 f. 木村・前掲注10）313頁以下。玉井・前掲注11）11頁。

14) 玉井・前掲注11）24頁。玉井は，19世紀の「社会問題」の原因として，主に身分制秩序の崩壊による人口増加，工業の収容能力の低さを挙げ，当時のドイツ知識人らが「英国の道」を反面教師としていたことを指摘する（同23頁以下）。

15) 石村修『憲法国家の実現』（尚学社，2006年）69頁参照。

16) 栗城・前掲注12）378頁。

国家を想定している[17]。国家目的論によって想定されてきた国家像は、当初は近代国家（絶対主義国家）であり、それが形成された後には（権利保障と権力分立を主な要素とする）立憲主義国家である。国家目的は、国家像の内実を形成する実体的な指導原理でもあり、現状に対する変革を促すが[18]、それが実現された後にはむしろ現状保障的（正当化）機能を果たし、その実現が実定法（とりわけ実定憲法）によって担保される場合には、一般的に法的通用力を失う傾向にある[19]。

19世紀における古典的国家目的論の消滅の要因として、「①およそ抽象的に国家を観念し、これに等しく妥当する目的を観念すること自体の無理または無意味。②国家の自己目的論、国家の自己拘束論、法実証主義など、国家目的論を窒息させる観念の支配。③国民主権および民主主義。④成文憲法典の制定」が挙げられる[20]。以下では、各要因について検討する。

要因①（普遍性という困難）は、18〜19世紀の中で顕在化した国家目的論そのものに内在する要因である。18〜19世紀では、目的の内容は何かが問われていた。しかし、国家目的が普遍的性格を持つのは、その内容を厳格に（＝最大公約数的に）抽出したからであり[21]、まさにそれゆえに、その限定化を試みた当時の理論家らは、理論と実際上の必要との間で隘路に陥ったのである。これに対して、今日的には、国家目的をひとまず形式的な「公共の福祉」に置き換えて、その内容については問わないというようにして対処しているように思われる。

要因②（国家目的と矛盾する国法理論）は、国家目的論的思考を排斥する基礎的

---

17) 仮に現代国家目的論のように実体的・内容的な特徴づけを前提としないとしても、「国家」という呼称は、特定された何かを指しているはずである。つまり、「普遍的」という形容詞は、想定される国家「すべてに」妥当するという以上の意味を持つものではなく、それが批判的意味で用いられる場合には、考察対象としての国家が広すぎることを指摘するものである。

18) 石村修「ドイツにおける国家目的論の再考」憲法理論研究会編『戦後政治の展開と憲法』（敬文堂、1996年）166頁以下は、「危機の時代」にこそ国家目的が見直されることを指摘する。

19) このことは、ラーバントが一般国法学の実践的意義の消滅を説いたことと対をなす。ラーバントは、「実定憲法の欠如を補うために、立憲主義的理論を展開し、そこから帰結を引き出し、この基準に従って現行制度を批判し、立憲主義的理論に適合したモデル国家の構想を立てることを任務とする学問が実践的意義を発揮する時代は、絶対主義的官僚国家から立憲主義的国家への移行の完了とともに終わった」とする（栗城・前掲注12）388頁参照）。国家目的論の法的通用力は、一般国法学と運命を共にしている。小山剛「陰画としての国家」法学研究80巻12号（2007年）154頁参照。

20) *Möllers* (Fn. 1), S. 194 ff. 小山・前掲注19）150頁参照。

21) 石村・前掲注15）69頁。

な法理論である。そのひとつに国家の自己目的論がある。国家の自己目的論は，19世紀初めにシェリング（*Friedrich Wilhelm Joseph Schelling*）によって始められた[22]。自己目的化した国家は，その存在根拠をそれ自体の中に持つことになり，それ以上正当化する必要はない。これは，「一般国家学は国家をいわば自己目的と考え……国家学は国家の目的を問わない」としたケルゼンの言明とも符合する[23]。どちらも国家目的を問うことの忌避と結びつく。法実証主義においても，ゲルバーやラーバントを端緒として，実定化された法および法律が重視され，国家目的論が法領域外の要素として排斥された[24]。

　要因③（民主主義の台頭）は，アプリオリに国家の目的を設定する国家目的論とは相性が悪い。ゲルバーは，「国家権力の限界を具体的に規定するために，国家目的に関する一般的・理論的観点に立ち戻ることは極めて稀にしか必要ではない。というのは，国家目的に関する国民の考えはすでに立法自身のなかに実際的に表現されるし，引き続き表現されていくからである」と述べて，「国民による立法の制度的確立という視点」を表明する[25]。今日的にも，「公共の福祉」の内容は，民主政の過程において不断に問われることになる。

　要因④（成文憲法典の成立）は，国家目的論の現状変革的作用と衝突する。ラーバントは，一般国法学の意義の否定の根拠として，すでに立憲主義国家への移行が済んだことを挙げる。変革的要素をもつ国家目的論は，実定化された体制にとって有害ですらある[26]。ただし，ゲルバーやラーバントの段階では，「憲法の優位」は確立しておらず，自由は立法参与に限定された議会による意思表示で守っていくしかなかった[27]。国家目的を内在化した硬性の実定憲法によって「二段階的合法性」[28]システムが確立した後では，国家目的なる超憲法的概

---

22) Vgl. *Sommermann* (Fn. 8), S. 56 ff.

23) ハンス・ケルゼン（清宮四郎訳）『一般国家学〔改版〕』（岩波書店，1971年）67頁。

24) 国家目的論の議論の場は，19世紀以後，主に「一般国家学」に移ったとされる（栗城・前掲注12）386頁，石村・前掲注18）165頁）。

25) ゲルバーの言明は，民主政原理につながる重要な指摘であり，今なお色褪せていないが，彼らが一般国法学および国家目的から規範性を奪うことで，「議会の国民参与を一定の段階で終結させる意図」を持っていたことに留意しなければならない（栗城・前掲注12）387頁以下）。

26) 石村・前掲注15）68頁は，国家の安定と国家目的の後退との相関関係を指摘する。

27) 当時の学説状況を含め，宍戸常寿『憲法裁判権の動態〔増補版〕』（弘文堂，2021年）21頁以下参照。

28) 高田敏「『形式的法治国・実質的法治国』概念の系譜と現状」近畿大学法科大学院論2号（2006年）22頁にて紹介されたマウスの説を参照。

念を用いる実践的意義はさらに乏しい。この段階に至っては，国家目的が規範的意義を有する場面は，もはや存在しないか，極めて稀だということになろう。

第2項　現代国家目的論

近時，日本の憲法学においても様々な文脈から「国家」に対する再評価が進んでいる[29]。その背景としては，「法秩序のグローバル化，経済的効率を指向した民営化への対抗など」枚挙にいとまがない[30]。「国家の撤退」を前にして，国家の役割を積極的に評価するのか，それとも機能的に解消して代替物を求めるのか。「国家の撤退＝自由の拡大」というナイーブな図式が通用しないことがすでに明らかとなった現代において，国家の撤退に対する危機感が国家への問いの真剣さを支えている[31]。

現代国家目的論は，古典的なそれと異なる，「国家目的論の憲法学化といえる変態を経た再登場」である[32]。ドイツにおける「『国家目的』への関心は，一過性の現象ではな」く，そこでは国家に規制を加えることではなく，「国家の放棄し得ない職域を画すること，国家に不作為ではなく，動因を与えること」が期待されている[33]。国家目的を総会テーマとした1989年のドイツ国法学者大会は，このような傾向を刻印するものとして重要である。

国法学者大会で報告に立ったクリストフ・リンクとゲオルク・レスの基本的

---

29) ジュリスト1356号の特集「国家は撤退したか？」では規制緩和と民営化を念頭に「国家の過少」が，1378号の特集「グローバル化の中の国家と憲法」では「変容する国家」が，1422号の特集「国家の役割，個人の権利」では「個人の権利を下支えする国家」が主題化されていた。また，保障国家の観点から郵政民営化を違憲であると断ずる論稿として，三宅雄彦「保障国家と公法理論」社会科学論集126巻（2009年）31頁。

30) 小山・前掲注19) 149頁。

31) ドイツでは，EUという国家の機能的代替物を前に，国家の揺らぎがみられる。国家目的論が危機の時代に活発化するという石村の言明はここでも当てはまる。ドイツ連邦憲法裁判所がEUと構成諸国の関係について論じたリスボン条約判決（BVerfGE 123, 267）については，中西優美子「権限付与の原則」聖学院大学総合研究所紀要48号（2010年）223頁参照。

32) 小山・前掲注19) 151頁。

33) 小山・前掲注19) 149頁。とはいえ，戦後は国家目的論への否定的評価が支配的であった。例えば，ニクラス・ルーマンは，「真剣に取り上げるべき国家目的理論はもはや存在しない」と述べている（*Niklas Luhmann*, Zweckbegriff und Systemrationalität, 1968, S. 61）。邦語訳として，ルーマン（馬場靖雄／上村隆広訳）『目的概念とシステム合理性』（勁草書房，1990年）。

理解には，「大きな隔たりはない」とされる[34]。「両者とも，ドイツ連邦共和国という具体的国家について，国家目的を探求し……基本法という枠を超えて，近代国家ないしは近代立憲主義の共通要素の抽出」により，国家目的を獲得する。そこでは，「抽象的国家の普遍的目的ではなく，『自由な立憲国家』または『近代国家』の自己理解に，実定憲法を超える国家目的の所在」が求められている[35]。リンクは，「公共の福祉」が，国家権力を正当化し，同時にこれに限界を画する最も一般的な国家目的とした上で，そのような公共の福祉の具体化（基本的国家目的）として，①市民の安全，②福利，③自由を挙げる[36]。そして，国家目的論の意義について，「国家目的がなし得るのは，国家目標という中間的な省察の次元において，不変なるものを変わり得る物から区別すること以上でも以下でもない」とする[37]。「基本的国家目的は，その憲法上の実定化の程度に応じて立法者を拘束し，衡量および解釈の助けとして行政，司法の領域でも作用〔し〕……国家目標とともに，国家の活動に指示を与える規準という機能を持つ」[38]。「国家目的は，憲法に先行するものであり，憲法を通じて具体化され，整形される」が，「国家目的が規範的拘束性を獲得するのは，憲法を通じてのみである」[39]。「憲法的に実定化された国家目的は，国家の主権的な任務権限－権限（Aufgaben-kompetenz-Kompetenz），すなわち民主的な形成の自由を，憲法的に描かれた国家性の核心的作用が損なわれる場合にのみ制約し，……その内容形成においては，民主政プロセスに服する」[40]。

　つまり，現代国家目的論は，全称命題としての国家目的（時空を超越する普遍的国家目的）ではなく，「一定の性質を備えた国家のみに妥当する，特称命題としての国家目的に照準を合わせ」ている[41]。そして，基本法という現行憲法に接続した国家目的論を前提とすれば，国家は自己目的ではなく，人間（の尊厳）に

---

34) 小山・前掲注19) 146頁。

35) 小山・前掲注19) 147頁。

36) *Christoph Link*, VVDStRL 48 (1990), S. 27. 小山・前掲注19) 146頁参照。

37) *Link* (Fn. 36), S. 47 f. 小山・前掲注19) 148頁以下参照。

38) 小山・前掲注19) 149頁。

39) *Link* (Fn. 36), S. 175. 小山・前掲注19) 153頁参照。

40) *Link* (Fn. 36), S. 48.

41) 小山・前掲注19) 150頁。

奉仕すべき存在となる[42]。また、「立憲国家の憲法は国民主権全能・全面的な目的設定権能に制限を加える。国家によるいかなる目的の追求も許容する形式的な公共の福祉に対して、国家目的論は実質的に操舵ないし限定を加えるのであり、実質的な公共の福祉の理解は、民主制に反するものではない」[43]。このようにして、19世紀において衰退した国家目的論は、そのうちほとんどの衰退要因（要因①、②、③）を克服して現代的装いの下に復活する。しかし、復活した国家目的論は、自らを、古典的国家目的論の衰退の一要因である「④成文憲法典の制定」と止揚した結果、その他の諸要因を克服したけれども、結局それにより現行憲法に丸呑みされてしまっているのか[44]。換言すれば、現代国家目的論が現行憲法と接続することによってのみ規範的拘束性を獲得するのであれば、憲法を語ることの他に国家を語ることの意義が問われることになる[45]。

　小山剛は、「基本権を国家目的・国家任務の視点から再構成することは、従来の基本権論の複雑性を縮減するものではなく、かえって、増大させる」[46]として、結論では国家目的論の可能性に余地を残しつつも、基本権論からは批判的に考察している。工藤達朗は、人権論と国家目的論の表裏一体的関係を確認し、後者の可能性を残しつつも、前者を選びとる[47]。そこでの問題はやはり、国家目的論が抽象的な議論にとどまり、「具体的な基本権解釈問題の指針となるよ

---

42) 小山・前掲注19) 151頁。

43) *Link* (Fn. 36), S. 16. 小山・前掲注19) 151頁参照。

44) 小山・前掲注19) 154頁は、「二項対立的問題設定を回避する第三の道」の成立について懐疑的である。ちなみに、二項対立的な問題設定を回避する「第三の道」とは、「国家目的を憲法中に再発見することによって前憲法的国家目的と憲法の架橋を行う」ものである（同153頁）。

45) ハンス・ペーター・ブルの回答は、以下の通りである。「〔法学者〕大会のテーマは、『国家目的』を『立憲国家』と結びつけた……。それにより、テーマは再びその法的諸要素に還元されているのだろうか？　おそらくそうではない。国家目的論と憲法は、相互に矛盾しない。まさにその区別から、緊張が生まれる。たった今200歳である立憲国家は、様々に構成された諸国家の長い列と比較して、非常に若い現象である。国家の意味と目的についての熟考は、周知のように、非常に古い。基本法を通じて再度明白に強化された憲法への拘束は、国家目的に関する余計な議論をせず、その議論を終わらせず、そして、それを代替しない。なぜなら、民主的法治国家の憲法も——様々な端緒の下で——哲学的批判に晒されているからである」（*Hans Peter Bull*, Staatszwecke im Verfassungsstaat, NVwZ 1989, 803）。

46) 小山・前掲注19) 163頁以下。

47) 工藤達朗「国家の目的と活動範囲」ジュリスト1422号（2011年）8頁。

うな共通理解は期待できない」ことにある[48]。結局,「国家目的がなし得るのは,国家目標という中間的な省察の次元において,不変なるものを代わり得る物から区別すること以上でも以下でもない」というリンクの言明[49]は,ここでの議論傾向を端的に表している。19世紀において制限的国家目的を選択できなかった原因,すなわち国家目的という概念に,国家を究極的に正当化・制限するという役割を与えつつ,内容的に操作可能なものと考える(国家目的で何でも説明しようとする)ことが,当時と方向性は逆であるにもかかわらず,ここでも同様に,国家目的論の発展に水を差している[50]。

　石村修によれば,国家目的論は,国家を根源的に正当化すると同時に制約するための議論である。他方で,国家の動態的な機能をより具体的に議論する局面としては,主に国家目標ないし国家任務がテーマとなる[51]。両者は,質的に区別される[52]。国家目的が「国家の存在とその意味付与をなす次元」で議論されるのに対し,国家目標ないし国家任務は「ある望まれた状態への接近」として語られる[53]。両者の質的区別の例として,個人が引き合いに出される。「個人の客観的な存在は,その生と死にあり,存在は,まず他者(両親)の意思に関っている以上,人間存在の目的を語ることはあまり意味が無い。しかし,個人の目標や課題は,個人の人格に密接に関係するので,日常的なテーマである」[54]。つまり,国家目的を問うことは,国家のアイデンティティを問うことと同義である[55]。そうだとすれば,現代国家目的論は,近代立憲主義国家にと

---

48) 小山・前掲注19) 162頁。

49) *Link* (Fn. 36), S. 47. 小山・前掲注19) 148頁,149頁参照。

50) 工藤・前掲注47) 13頁は,「国家目的論に憲法解釈論としての実用性を求めるのは,就活学生に即戦力を求めるような性急さを感じないではいられない」とする。さらに,「学生に既成品を求めるのではなく,じっくり育てるべきではないか。現在の国家目的論には,憲法解釈論が拠って立つ前提を明らかにし,学問の限界を認識し反省させる意義がある。今はそれで十分であろう。国家目的論にはその限りで存在価値がある」というさしあたりの結論が述べられる。工藤の見解は,ブルの見解(*Bull* [Fn. 45])に近い。

51) 石村・前掲注15) 64頁参照。

52) 石村・前掲注15) 207頁によれば,国家が実現すべき事項(憲法によって委託された国家目標ないし国家任務)は,国家権力行使の根拠を正当化することとは別次元に位置する。

53) 石村・前掲注15) 64頁,66頁。

54) 石村・前掲注15) 67頁。同旨,工藤・前掲注47) 12頁。

55) *Bull* (Fn. 45), 803 によれば,「国家目的論は,『国家の存在および意味規定への根本的問いに』帰する」。

って「自由」,「福利」,「安全」が本質的なものであることを示す以上のものではない[56]。元々,国家目的をもって様々なことを説明しようとすることには,無理がある。したがって,憲法における「日常的なテーマ」としては,「国家目標」を問うことの方が有益であるように思われる。

第2節　国家目的・国家目標・国家任務

「国家目的・国家目標・国家任務」という術語はドイツでは比較的よく用いられる語ではあるが,その出自・性質・機能・位置づけはそれぞれ異なる。国家目的がプラトン(B.C. 427-347)以来,繰り返し投げかけられてきた古典的問いであるのに対し[57],国家目標および国家任務は,1949年ボン基本法以後の用語である[58]。国家活動についての目的論的観点からの議論としては,現代国家目的論(レス,リンク),国家任務論(ブル),国家目標理論(ゾンマーマン)があるが,基本的に論じられている内容に大きな隔たりはない。ただし,国家目的の捉え方およびそれに付随する視点の設定によって,幾らか異なる点がある。例えば,国家目的を中心的視点とする現代国家目的論が,不変的なものを志向するがゆえに,単に排他的国家目的からの国家の撤退禁止を要請するものであるのに対し,国家目標を中心的視点とする国家目標理論は,より広い視野で国家目標を設定することができるため,一般憲法学的機能(国家憲法の補充機能)を果たす可能性を留保している。

---

56) イェリネクの国家目的論を分析した工藤によれば,「国家活動は,①国家がしようと思ってもできないこと(不能),②してはならないこと(禁止),③してもよいこと(許容),④しなければならないこと(要請)」に分類できる。「③が競合的国家目的,④が排他的国家目的である」。「④は国家だけがなしうる活動である。そうであれば,国家が必ず達成しなければならない任務であって,そこから撤退してはならない(例えば,民営化にゆだねてはならない)領域」となる(工藤・前掲注47)9頁以下)。小山・前掲注19)149頁,163頁参照。
　　これが憲法問題となるかどうかは,国家目的の定義に関わる問題である。メラースのように割り切って考えれば,排他的国家目的からの国家の撤退は,メタ法的正当化の問題であり,法秩序の不安定化を招くことになるけれども,実定憲法の問題ではない。他方,現代国家目的論の論者によれば,憲法と国家の視線の往復によって,国家目的の問題が同時に憲法問題にもなる。

57) イェリネク・前掲注10)187頁。

58) 栗城・前掲注12)371頁は,絶対主義の再来との印象を避けるために国家任務が,抽象的・一般的なものではなく,具体的・個別的なものを意味することを示すために国家目標が,国家目的にかえて用いられたと指摘する。

ここではまず,『論拠としての国家』という学位論文[59]において国家目的を詳
細に検討したメラース,第48回ドイツ国法学者大会の報告者であるレスとリン
クを取り上げて3つの用語を整理する。

第1項 メラースの整理

メラースによれば,国家目的は,国家理論上の概念であるのに対し,国家目
標および国家任務は実定憲法上の概念である[60]。このように,国家目的と国家
目標は,理論的位相を異にしている。国家目的は,主に一般国家学においてメ
タ法的正当化連関の構成をする。国家行為は国家目的の履行という大義名分に
よって正当化されるが,反対にその不履行は国家からその正当性を奪うことに
なる。「国家目的という概念がある国家秩序の正当化を国家理論的に表現する
唯一の方法ではないとしても,それがなお一般に国家理論的に把握される限り,
正当化の議論はとりわけ国家目的の使用を通じてなされる」[61]。これに対して,
国家目標は「全体社会の秩序にとっての,国家を義務づける実定法的な理想像」
であり,この目標は,個々の国家任務の定式化によって具体化される[62]。国家
目標と国家任務は,国家理論的カテゴリーではなく,実定憲法的カテゴリーに
属する。そのため,「国家目的が法秩序を正当化するのに対して,国家目標と国
家任務が法秩序から取り出されるのであれば,国家目標と国家任務を国家目的
の具体化であるとするのは正確ではない」ということになる[63]。

このような見解はブルによっても共有されているように思われるが[64],国家
目的と国家目標・国家任務の境界を理論的位相に定めている点が特徴的である。
メラースは,「国家目的はその理論的意義を,それが憲法の実体的基準に縮減さ
れるのではなく,憲法テクストの彼岸で生じる独自の説明的価値を発揮するこ
とから獲得する」と述べている[65]。メラースは,憲法から独立した国家目的の
意義を強調している。

---

59) *Möllers* (Fn. 1).

60) *Möllers* (Fn. 1), S. 193.

61) *Möllers* (Fn. 1), S. 192.

62) *Möllers* (Fn. 1), S. 193.

63) *Möllers* (Fn. 1), S. 193, Fn. 8.

64) *Bull* (Fn. 45), 802.

65) *Möllers* (Fn. 1). S. 193.

第2項　リンクの整理

「……任務指示は，国家理論的に様々なレベルに置かれる……。そこから第一に，用語法的な明確性が要求される。……国家目的が語られる場合には，国家活動を正当化・限定する不変のものへの問いが立てられる。このことは確かに普遍的なすべての国家に当てはまる思弁的な目的論の意味ではない。……これに対して，その基本的関心事が，近代の国家思想の不変的なものを示しているように，私には思われる。確かに，それは一般的妥当性を要求できないが，少なくとも，その根から成長する自由な立憲国家の自己理解を刻印する。この意味での国家目的は，公共の福祉，内的および外的平和の確保，広義の福祉，個人ならびに集団の自由の保障への義務づけである。この国家目的の『古典的なカドリガ〔Quadriga：古代ギリシャ・ローマの四頭立ての二輪車〕』は，その実現の程度において具体的国家を，同様に国家市民的な法服従を正統化する」[66]。

「そのような絶対的な目的は，その現実化の手段と方法という点で，具体化を必要とする。国家目標規定がそれに仕える（イプセン［*Hans Peter Ipsen*]）。国家目標は『中間レベルの省察』に置かれる。国家目標は，一定の国家の事実上の諸作用を記述し，その行為に方向を示す。国家目標は一般的な国家目的の具体的なもの——福祉目的の特定の（部分的）刻印としての社会国家原理——でありえるが，国家活動をプログラム的に，まさにこの公共体の特別な『状況』の克服を義務づけうる（再統一要請）。これに対して，ここで国家任務は国家目標実現のための様式（Modalität），すなわちそのような目標に向けて課せられた行為として理解される。国家任務は国家目標よりも具体的に規定され，その指令的性格によって特徴づけられる。最後に，さらに具体的なものとして憲法指令があり，それは異なった明確性において国家目標への接近のための内容的規準をなす。この点では確かに，レルヒェの分類的準備作業にもかかわらず，用語法はいまだなお相当に非統一的である」。

第3項　レスの整理

「国家目的は，国家に属する。それは社会目的ではなく，……憲法目的でもな

---

66) *Link* (Fn. 36), S. 17 ff.

い。テーマは，憲法における国家——または憲法の背後にある国家——に向けられている。その成立にとって構成的な要素としての近代国家の国家目的は，今日の立憲国家においても，限界づけ，保障義務を作動させ，権限を与え，正統性を与える性格を有する。国家は，安全を保障し，自由を尊重し，最低限の社会的福祉を目指さなければならない」[67]。

「国家目的，国家目標および国家任務は関連しているが，区別されなければならない。国家目的は，国家の目的的性質（Finalität），その理由・目的（Wozu），個別の国家作用を問うが，国家の範囲を，したがって国家の限界を問う。これらの国家目的は，近代国家の典型的な標準装備としての由来を通じて，憲法に含まれたその他の国家目標とは区別される。国家目標は，個別の側面を，国家目的から特別に強調または限定することができ，あるいはその憲法に固有の指令（例えば，東西ドイツ再統一要請）を付け加えうる。国家任務は，それが比較的具体的に，例えば基本法7条5項への立法委託（婚外子の平等取扱）において示されているように，より抽象的な国家目標（社会国家性／平等）に近づくための手段でありうる」。

第4項　小括

現代国家目的論が「第三の道」を模索するものだとすれば，第一の道は全称命題としての国家目的を考察の対象とする古典的国家目的論，第二の道は国家目的に非法的意義すら見出さない国家目的不要論である。このような整理は国家目的論史の細部を捨象したものにすぎないが，いずれにしろ各論者の見解は，第一と第二の道の間の何処かに位置づけられる。

メラースやブルによれば，国家目的と国家目標・国家任務との区別は，理論的位相の違いによって説明される。それは，彼らの想定する国家目的論が古典的国家目的論に相当しているからであると思われる。メラースによれば，国家目的論の意義は「憲法テクストの彼岸」にこそあり，彼の整理の眼目は，国家目的が実定憲法的カテゴリーに属さないことを示す点にある[68]。同様に，ブルも「民主的法治国家の憲法も哲学的批判に晒されている」がゆえに憲法は国家目

---

67) *Georg Ress*, VVDStRL 48 (1990), S. 61 f.

68) *Möllers* (Fn. 1), S. 193.

的の議論を代替しえないけれども[69]，「国家目的論は法をその対象としていない」としている[70]。両者の見解は，若干のニュアンスの違いを除けば，国家目的の非法的意義（メタ法的あるいは哲学的意義）を積極的に承認するものと整理できる。その裏返しとして，国家目標が「後憲法的」であることが強調されることになる[71]。

　これに対して，リンクとレスは，3つの概念をひとまず国家理論的カテゴリーに引き取った上で，規範的拘束性については別個の問題としている。彼らによれば，国家目的は，国家目標のうち「不変的なもの」を指し，国家任務は国家目標を具体化する手段となる。現代国家目的論を前提とした場合には，国家目的は同時に国家目標でもある。これは国家目的が憲法との視線の往復の中で規範性を獲得するからであり，それにより2つのカテゴリーに連続性が生じているからである。メラースやブルの見解が国家理論的カテゴリーと実定憲法的・規範理論的カテゴリーの明確な区別を前提にするのに対して，「第三の道」を模索する現代国家目的論者にとって，カテゴリーの区別は解消されているか，少なくとも曖昧となっている[72]。そこから，国家目的・国家目標・国家任務は，

---

69) *Bull* (Fn. 45), 803.

70) *Bull* (Fn. 45), 803.

71) *Bull* (Fn. 45), 803 は，ショイナーを引いて（*Ulrich Scheuner*, Staatszielbestimmungen, in: FS Ernst Forsthoff, 1972, S. 341），国家目標規定を「国家の存在および規定の基本的問いとしての近代国家の任務の問題に取り組むことなく」「一定の政策的内容」を規範化するものとしている。

　　工藤・前掲注47) 11頁注14は，以下のように述べる。「国家が達成すべき任務を定めるのは，前憲法的な国家目的だけではない。この国家目的は，憲法に規定されていても，確認的な意味をもつにすぎない。これに対して，憲法が創設的に国家に課す目的もある。これは，国家目的と区別して，『国家目標』と呼ぶのが妥当だろう。この後憲法的な国家目標規定は，個人の自由の保護に仕えるというより，国家に個人の自由を制限する作為義務を課し，個人の自由を制限する国家行為を正当化する根拠となる」。

72) そのようなカテゴリー区別の相対化は，憲法秩序全体を目的論的に捉えることを可能ならしめ，「憲法が国家目的を具体化し，整形する」と考えることにより，憲法の制限規範性を相対化させることにつながる。ひいては，基本権の二重の性格論を梃子にして，「国家目的ないし国家目標としての基本権」が語られることになる。しかし，憲法が国家目的を，第一に（立法による整形が不要な）基本権あるいは防御権として具体化・整形したことこそが重要である。つまり，基本権から国家目標を導出することができ，そこから基本権行使の事実上の促進・保護が要請されるとしても，それは必ずしも基本権が法的整形を必要とすることにはならない。私見では，（自然的自由に関わる）基本権には，①立法による整形が不要な防御権のレベル，②立法による実現が必要な，基本権法益の法的保護に関わる基本権保護義務のレベル，③立法による実現が必要な，基本権行使可能

その理論的位相によってではなく，前述の基準（国家目的−不変なるもの，国家目標−内容的に範囲が規定されたもの，国家任務−行動様式に関わるもの）に従って区別されることになる[73]。結果的に，そのような区別は，各概念の具体性の程度に違いをもたらすことになり，目標ヒエラルキーを形成する[74]。

第3節　ゾンマーマンによる国家目標の分析

『国家目標と国家目標規定』というゾンマーマンの教授資格請求論文は，その序文における自己規定によれば，国家の目的に関する議論（Staatsteleologie）に貢献する[75]。ゾンマーマンによれば，国家目標には，広義のものと狭義のものがある[76]。広義の国家目標とは，「国家行為が適合すべきところの，理論的に根拠づけられ，政治的に要請され，または法的に実定化された目標であり……上位概念としての国家目標は，『変わらざるもの』としての自然法学にみられた国家目的を含んでいる。自然法的内包に従って『時間を超越したもの』と判明した国家目標に関しては，今日いっそう国家目的という言葉が用いられるべきである」[77]。これに対して，狭義の国家目標は，「『中間的な省察の次元』にあり，

性の事実上の促進に関わる実質的法治国家目標（その具体化されたもの）のレベルがある。ゾンマーマンは，②と③を特に区別していない（Vgl. *Sommermann* [Fn. 8], S. 420）。

73) イーゼンゼーは，国家目的の代わりに，公共の利益（Gemeinwohl）という用語を用いる。「公共の利益は，特に，内容的に範囲が規定された国家目標（内的安全，社会的な正義，環境保護等），さらに，行動様式と関係する具体的な国家任務（国家防衛，学校，警察，社会保険等）」と区別される（ *Josef Isensee*, in: ders./Kirchhof [Hrsg.], HdbStR, Bd. 4, 3. Aufl., 2006, §71, S. 4）。石村・前掲注15) 66頁参照。公共の福祉に関するイーゼンゼーの考え方については，ヨーゼフ・イーゼンゼー（田中啓之／西村裕一／藤川直樹訳）『国・公共の福祉・基本権』（弘文社，2019年）が詳しい。

　　この他に，抽象化の程度に応じて各概念を区別する見解（「①根本的な，第一次的国家・憲法目的ないし目標，②具体的な，二次的目的ないし目標，③具体的手段等を定める，比較的明瞭な輪郭を持つ任務規範等」）もある（Winfried Brugger, Staatszwecke im Verfassungsrecht, NJW 1989, S. 2427）。小山・前掲注19) 166頁注21参照。

74) これに対して，そもそも国家目的・国家目標・国家任務は，それぞれの文脈でしか理解できず，上下関係的ヒエラルキーを形成するものではないという見解も存在する（ *Christophe Zumstein*, Der Begriff der Staatsaufgabe, 1980, S. 50 f.）。Vgl. *Walter Michael Hebeisen*, Staatszweck Staatsziele Staatsaufgaben, 1996, S. 21.

75) *Sommermann* (Fn. 8), S. 3.

76) *Sommermann* (Fn. 8), S. 1.

77) *Sommermann* (Fn. 8), S. 479.

時代の移り変わりの中で，変わりうるものであると判明し，……不変のものとされる国家目的との区別において，目標設定を特徴づける」[78]。ここで重要なのは，ゾンマーマンがいわゆる国家目的論 (Staatszweck-lehre) のみではなく，国家の目的に関する議論 (Staatsteleologie) 全般を考察の対象としている点である。彼によれば，広義の国家目標については，「それが，どの世界観，政治理論，または問題解決戦略から出てきて発展したかは重要ではない」[79]。彼の国家目標理論 (Staatszieltheorie) は，広義の国家目標に関する理論であり，国家を目的の観点から包括的に捉え直そうとする議論である。長い歴史を背負った国家目的ではなく，「形而上学的・理性法的に重荷を背負っていない広義の国家目標の概念をもって，古典的国家目的も，決断的に定立されたまたは包括的で民主的な意見形成過程において獲得された共同体の目標も，捉えられるべきである」とされる[80]。

　ゾンマーマンの試みは，リンクとレスの構想 (現代国家目的論) を異なる角度から具体化して推し進めたモノグラフィーのひとつであり，ある意味ではその延長線上にあると考えることができる。しかし，このことは検証を要する。というのも，両者の国家目的の定義が異なるからである。現代国家目的論は，国家目的を近代立憲国家にとって「不変なるもの」とし，「安全・自由・福利」を挙げる。これに対して，ゾンマーマンは国家目的を「自然法的内包に従って『時間を超越したもの』と判明した国家目標」とし，最も抽象的な次元では公共の福祉，およびその第一の具体化としての安全 (異論のない最小の刻印としての公共の福祉) のみを挙げる。しかし，この齟齬はそれほど大きなものではない。この齟齬は，ゾンマーマンが，国家の目的に関する議論をもう一歩具体的に進める為に，国家目標という「中間的省察の次元」を考察の中心に据えることに由来している。そのような戦略の背景には，国家目的という長い歴史を背負った概念を，形を変えて使い回すことに伴う困難さがあるように思われる。

　ゾンマーマンの議論は，以下のように進む。公共の福祉と安全という 2 つの目的の具体化は，「その時々の変化と政治的議論に支配されている」[81]。しかし，

---

78) *Sommermann* (Fn. 8), S. 1.

79) *Sommermann* (Fn. 8), S. 479.

80) *Sommermann* (Fn. 8), S. 3.

81) *Sommermann* (Fn. 8), S. 3 f.

「実定憲法の比較の中で，公共の福祉を具体化する少なくとも5つの『基本的国家目標』が見出される。(実質的)法治国家性，社会国家性，文化国家性，平和国家性，環境国家性。これらの国家目標は，20世紀末の現代立憲主義国家において広く同意可能と思われる。これらがどのように国家目標と『なったか』を理解するためには，実定憲法を確認するだけでは十分ではない。……国家目標観念は，第一に理論的・政治的レベルで形成され，……その後すぐに法へと流れ込む」[82]。

　ゾンマーマンは，現代国家目的論における国家目的である「安全・自由・福利」のうち，「安全」のみを「最広義の公共の福祉」の最小限の刻印として時空を超えた国家目的に格上げする。すなわち，現代国家目的論における3つないし4つの国家目的は，ゾンマーマンでいうところの基本的国家目標(中間的省察の次元)に相当し，これにより，現代国家目的論において国家目的として扱われているものは，「不変なるもの」というメルクマールおよびそれに付随する国家の正当化機能から解放される。ゾンマーマンは，最広義の公共の福祉とその第一の具体化としての安全を変わらざるものとし，逆にそれ以外の具体化が時代によって変わりうるものであることを承認した上で，20世紀末の現代立憲国家にとっての共通項を，実定憲法を最初の手掛かりとして探求するのである。つまり，ゾンマーマンの理論構成の特徴は，現代国家目的論よりもさらに時代を限定し，「中間的省察の次元」でより具体的な国家像を論じうる点にある。確かに，こちらの方が，国家目的・国家目標・国家任務を含む国家に関する目的論全般の国家理論的考察には適しているように思われる。そこでの国家目標は，国家の正当化を行う国家目的と実定的な国家任務の間にあって，それらをつなぐ「調整器」のようなものである。ゾンマーマンの議論は，近代立憲国家像を獲得しようとしたレスの立場の不徹底を追求し，その「視野の偏狭」さを逆に批判するものであり[83]，帰納的推論による国家像の獲得，近代西欧立憲国家における「価値に結びついた共通項」の探求を，国家目標という中間レベルで行おうとする。その手法としては，20世紀末における立憲国家の実定憲法比較(水平的分析)，国家目標への格上げに至る歴史的文脈の分析(垂直的分析)が重要で

---

82) *Sommermann* (Fn. 8), S. 4.

83) レスの立場については，小山・前掲注19) 152頁参照。

ある[84]。ここでは，レスが行った国際法による説明，リンクが行った歴史による説明との類似性を指摘することができる[85]。

　ゾンマーマンの論文の第一部では，20世紀末における立憲国家の実定憲法比較によって括り出された共通項を手掛かりに，それらが国家目標へ格上げされるに至る歴史的文脈が分析される。それが先にも述べた5つの基本的国家目標であるが，そのことを前提に，第一部の終章で分析的国家目標理論と規範的国家目標理論が登場する。前者は，「如何にして一定の国家目標が発展したのか，何ゆえ一定の国家目標が発展したのか，どのような国家構想が個々の国家目標の裏に潜んでいるのか，および如何なる意味で国家目標が各々の具体的国家の歴史的・文化的所与に依存しているのか」を明らかにし，後者は，「現代立憲主義国家が追求すべき諸目標を浮き彫りにするか，または少なくともそれに従って現代立憲主義国家の諸目標が探し出されうるような諸基準を発展させる」[86]。ゾンマーマンの分析によれば，現代立憲国家像として以下のようなものが抽出される。公共の福祉を志向し，その最小限の刻印としての安全を維持し，自由を確保し，社会的安全・均衡を創出し，環境を保護し，文化に配慮し，平和を希求する国家。これらの目標は，規範的国家目標理論によって，「今のところかなりの程度合意可能な目標であること」が確認され，「国家目標討議の不可欠の構成要素」とされる[87]。

　規範的国家目標理論を構築する必要性は，確かにある[88]。リンクが述べるよ

---

84) 憲法史と憲法比較が「憲法理論」の基本的素材であることにつき，本書**第4章第2節**参照。

85) 国法学者大会では，規範的国家像を，レスが国際法的見地から，リンクが歴史的文脈から描こうとしたことにつき，小山・前掲注19) 152頁以下参照。

86) *Sommermann* (Fn. 8), S. 297.

87) *Sommermann* (Fn. 8), S. 324.

88) 国家目標が「後憲法的」だからといって，実践的観点からは，何でも規定してよいとはならないだろう。規定対象としてのあるテーマが実質的に憲法に値するものかは論じうるし（本書**第7章**参照），憲法の他の本質的規定との関係では限界もあるように思われる（石塚壮太郎「国家目標と国家目標規定」山本龍彦／横大道聡編『憲法学の現在地』〔日本評論社，2020年〕27頁以下参照）。

　それを規律するのが，規範的国家目標理論である。ゾンマーマンは，これまでの国家目標に関する討議の合意に関わる規範的議論を抽出したにすぎず，各討議においては問題となっているテーマと実態に即した理由づけが必要となる。ドイツにおける環境保護規定の制定過程に即したこの種の議論として，岡田俊幸「ドイツ憲法における『環境保護の国家目標規定（基本法20a条）』の制定過程」ドイツ憲法判例研究会編『未来志向の憲法論』（信山社，2001年）230頁以下。

　なお，日本における憲法改正の「隠された動機」についての議論（石川健治「憲法改正論という

うに，国家目的（ここでは国家目標）は，ある集団倫理を憲法に持ち込むための「トロイの木馬」ではない[89]。しかし，どのレベルで「規範性」を語るかという問題も残る。すなわち，国家目標の討論における「あるべき法（de lege ferenda）」とされるのか，それとも一般国法学のように憲法に欠けている要素として規範的に機能するのか。ゾンマーマンが安易な国家目的論の復活を戒めていることから考えれば，憲法制定・改正の際の指針，「ある法（de lege lata）」としての実定化された国家目標の解釈補助として機能すると考えるのが妥当であると思われる[90]。日本を例にとれば，実定化がないあるいは薄いところで，文化国家性や環境国家性が問題になる。

　それらを総合すれば，以下のように言えるだろう。すなわち，規範的国家目標理論からすれば，環境国家性（日本で言う「環境権」）や文化国家性については，現代立憲国家の模範像の観点から当然に議論しなければならない問題であるが，国家論的見地からの解釈によって一定の国家目標を基礎づけうるか，そこから何らかの法命題を導きうるか否かは別問題である[91]。一般国家学・一般国法学なき今，規範的国家像から憲法の欠缺を埋めることは必ずしも容易作業ではない[92]。

　ディスクール」ジュリスト1325号［2006年］93頁以下）は，それが憲法改正権の発動自体に付随する問題である点で，本理論とは異なって位置づけられるが，環境権と生存権が同居しえないとの指摘（同97頁）は重要である。

89) *Link* (Fn. 36), S. 48.

90) *Sommermann* (Fn. 8), S. 324.

91) 小山・前掲注19）162頁は，基本権保護義務を基礎づけるのに，必ずしも国家目的論が必要ではないと指摘する。さらに，小山剛「憲法学上の概念としての『安全』慶應義塾大学法学部編『慶應の法律学 公法Ⅰ』（慶應義塾大学出版会，2008年）337頁以下では，国家目的論と基本権保護義務との質的断絶を指摘する説が紹介されている。また，国家の基本権保護義務の理論構成過程を批判的に検証するものとして，米田雅宏「現代国家における警察法理論の可能性（2・完）」法学70巻2号（2006年）236頁。

92) 日本国憲法において「震災からの保護」を国家目標として基礎づけを試みる論稿として，小山剛「震災と国家の責務」公法研究61号（1999年）196頁。基礎づけの方法として，基本権論による論証（「そもそも憲法が各人にこれこれの権利・自由を保障している以上……」）と，国家論による論証（「そもそも国家は……」）が挙げられている（同203頁注5）。日本国憲法は前者と，明治憲法は後者と整合的とされる（同204頁注5）。本書の考え方については，**第5章**参照。

第 4 章

国家目標の「憲法理論」的役割

　前章は，国家論と憲法論との距離をひとつのテーマとしていた。もっとも，憲法の意味を探求する際に素材とされるのは国家論だけではない。憲法はそれらの素材とどのように向き合うべきなのか，どのように付き合えば有益な議論となるのか。これが本章の課題となる。

　そもそも憲法は，それを解釈する際に，何を参照すべきだろうか。あるいは，ある憲法自体の良し悪しを判断する基準は何だろうか。憲法は，その条文の少なさゆえに，認識・評価や解釈において，多くの材料を必要とする。もっともその際，何が求められるかは国ごとに違いがある。アメリカでは，素材としての「原意」が果たす役割が大きい[1]。日本では，伝統的に，法比較——主に欧米を準拠国とする——が大きな役割を果たしてきた。そこでの法比較とは，他国の憲法構造や個々の条文，憲法の解釈・適用を含む憲法実践を参照して，日本国憲法の解釈に対して何らかの影響を与えようとするものである。また従来から，個別のテーマごとに，法哲学や社会理論，経済理論を参照して，解釈に何らかの影響を与えようとする議論も広く存在している。さらに，近時では，グローバル立憲主義の名のもとに，主に欧米の憲法実践や国際法規範において進歩的なスタンダードが発見される場合には，それを基準として国内憲法実践を批判し，裁判官に説明義務を課す枠組みを構築する議論[2]もみられる。

　国家目標規定との関係でいえば，とりわけ社会国家原理——国家目標規定の

1）原意主義については多くの業績のうち，淺野博宣「ジャック・バルキンの原意主義」辻村みよ子／長谷部恭男編『憲法理論の再創造』（日本評論社，2011年）229頁以下，大林啓吾「司法裁量」大沢秀介／大林啓吾編『アメリカの憲法問題と司法審査』（成文堂，2016年）268頁以下参照。

2）山元一「世界のグローバル化と立憲主義の変容」憲法理論研究会編『対話的憲法理論の展開』（敬文堂，2016年）57頁以下。とりわけトランスナショナル人権法源論につき，同「憲法解釈における国際人権規範の役割」国際人権22号（2011年）35頁以下。

ひとつである——について，日本においてその（部分的な）代替物の役割を果たしている生存権にまつわる議論がこの傾向を強く示している。ロナルド・ドゥウォーキン，ロールズ，ノージック，ウォルツァー，セン，ヌスバウムなど様々な論者の理論が参照されて，生存権および関連法制についての議論がなされるが[3]，生存権の背後にある理論レベルでの対立が何をもたらすのか必ずしも自明ではない。それらの理論は，憲法それ自体ではないからである（この論理は，比較法準拠国の憲法典・憲法学説・憲法判例にも当然に当てはまる）。さらに，「なぜ日本国憲法が福祉国家を命じているのかという問いに対して……憲法典の文言を援用して応えるのは循環論法であって，日本国憲法は福祉国家を命じているという命題を正当化することはできない」とする生存権の基礎づけ論も似たような議論傾向を有している[4]。そこでは何を目指す議論なのか——例えば，生存権を実現するヨリ良い政策的選択肢の提供なのか，生存権の基底にある思想

3）尾形健『福祉国家と憲法構造』（有斐閣，2011年）58頁以下，107頁以下，西原博史『自律と保護』（成文堂，2009年）71頁以下，中島徹「憲法学における『公共財』」西原博史編『岩波講座 憲法2 人権論の新展開』（岩波書店，2007年）120頁以下。ドイツでは，社会国家原理の根本理念である「社会的正義」の意味を深めようとする議論は，ほとんどみられない。ゾンマーマンによれば，「『社会的正義』への参照は，この概念が政治的領域において繰り返し社会国家原理の同義語として用いられているにもかかわらず，社会国家原理の実体的内容の規定の際に，ほとんど役に立たない。正義構想は数多く存在する。しかし，それらの構想は，少なくとも多元主義社会において，結局は『不可避的に主観的』なままである。法的領域における内容規定の場合には，むしろ，本質的メルクマールとして憲法的発展において固められた，具体的構成要素（下位目標）が挙げられなければならない」。*Karl-Peter Sommermann*, in: Huber/Voßkuhle (Hrsg.), GGK, Bd. 2, 8. Aufl., 2024, Art. 20, Rn. 104.「具体的構成要素」については，本書**第6章第3節**。

　センの議論と親和性を持つとされる「自律指向的社会保障法理論」につき，菊池馨実『社会保障の法理念』（有斐閣，2000年）143頁以下，同『社会保障法制の将来構想』（有斐閣，2010年）15頁以下。それに対し，法実証的分析から出発して社会保障法の体系化を目指す研究として，倉田聡『社会保険の構造分析』（北海道大学出版会，2009年）56頁以下。両者の位置づけが問題となるが，前者は，憲法指向的な社会保障法秩序のひとつを構想するものであり（「憲法理論」と対話する社会保障法学），それが実定法に定着して初めて憲法教義学と結びつくことになろう。後者は，（解釈を通じた）憲法への部分的な格上げまたは首尾一貫性の要請を経由して即座に憲法教義学に結びつきうる（憲法教義学と接続しうる社会保障法学）。首尾一貫性の問題については，宍戸常寿ほか編『憲法学のゆくえ』（日本評論社，2016年）433頁以下［曽我部真裕発言，宍戸発言，笠木映里発言］参照。

　良質な「憲法理論」的素材を提供してくれるものとして，菊池馨実『年金保険の基本構造』（北海道大学図書刊行会，1998年）。菊池は，アメリカの年金保険制度の変遷をたどり，それぞれについて基本原理を見出し，基本構造の移り変わりを考察している。

4）辻健太「個人から，再び国家へ（1）」早稲田政治公法研究103号（2013年）9頁。

を明らかにしてそこから逆に生存権を規定するのか，福祉国家を道徳的・哲学的に正当化しようとしているのか──，必ずしも明らかではない。仮に生存権が特定の社会・経済・哲学理論によって規定されるのだとすれば，それこそ何らかの「原意」のような論拠が必要となろう。もとより，本書はそのような議論が不要であることを主張するものではない。生存権の理解は，不特定多数の認識や理論に通底する諸要素によって規定されており，それはこれまでと同じように時代によって変化し，法的議論にも影響を及ぼすだろう。とはいえ，憲法を考えるに際して，憲法以外の何かを参照する場合には，その議論の性質や帰結について一定の了解が必要となる。

そこであらためて，国家目標規定に関する基本事項を確認したのち，イェシュテットが提唱する「憲法理論」および憲法解釈の構造を参考に，国家目標規定にまつわる議論の性質やその帰結を明らかにする。次に，「憲法理論」によりもたらされる，国家目標規定の解釈と国家目標の実現（憲法政策）に対する作用を，幾つかの例を元に整理する。

第1節　国家目標規定をめぐる議論

第1項　国家目標規定とは何か

国家目標規定とは，「市民に主観的権利を保障することなく，国家権力に一定の目標の追求を，法的拘束力をもって義務づける規範カテゴリー」である。要するに，国家が目指すべき目標を定めた憲法規定であり，その具体例としては，ドイツ基本法20条1項の社会国家原理（社会的安全および社会的正義の追及）や，同20a条の環境・動物保護条項がある。その特徴は，日本の憲法学において議論されている社会権や環境権のように，（国家に対する個人・集団の）○○への権利という形──すなわち，主観的権利として──ではなく，「国家は○○を保護・促進する義務がある」という形で──つまり，客観法的に──規定[5]している点

---

5) 国家目標規定とされる規範の中には，あらかじめそのように規定されている形式的意味の国家目標規定と，解釈によって国家目標規定だとされる実質的意味の国家目標規定がある。小山剛／駒村圭吾編『論点探究 憲法〔第2版〕』（弘文堂，2013年）15頁以下［小山剛］，小山剛『基本権の内容形成』（尚学社，2004年）275頁以下参照。

第4章 国家目標の「憲法理論」的役割　97

にある。

　そのような規定形式の選択が意味を持つのは，第一に，保護されるべき法益が必ずしも個人的法益に還元しえない場合である。例えば，ドイツ基本法20a条により保護されるべきとされる「環境」は，個人の利益のみに還元されえない「公共財」であり，これを権利（基本権）形式――実体的環境権として――で規定すると，その規範内容が著しく縮減することになって本来的に保護しようとしている「公共財としての環境」が視野から外れてしまうか，逆に，本来基本権によっては賄いえないような内容が規範内容として取り込まれて基本権に過剰な理論的負荷がかかる[6]，あるいは――権利主体・名宛人・内容からなる――基本権の条件プログラム的性格（要件−効果図式）が相対化される恐れ[7]が生じる。ドイツでは，州憲法も含め，保護法益の性質（個人・集団的利益か，公共的利益か）が，規定形式（基本権型か，国家目標規定型か）を選択する際の重要な要素となっている。その意味では，国家目標規定は，公共の福祉のうち，特に重要な部分について，国家がそれを実現することを義務づけるものといえる。第二に，国家目標規定という規定形式の選択は，基本権の場合と比べて，規律強度を下げよう，ひいては（憲法）裁判所による統制を少なくしようということを含意している場合がある。国家目標規定は，国家が目指さなければならない目標を定めるのみで，どのようにしてそれを実現するかについては何も述べていない。特にその実現手段や達成度の選択については，広範な「立法者の形成の余地」が生じる。ある種の問題については，憲法上の規律強度を高めて，裁判所の統制を強めると，社会状況の変化に対応できなくなって頻繁な憲法改正が必要になったり（それに付随して憲法に対する信頼度が低下したり），立法者が（憲法）裁判所の言いなりに憲法を執行する機関に矮小化されてしまったりすることがある。例えば，社会問題や環境問題は，憲法上取り組むことが要請される重要なテーマではあるが，これを憲法上詳細かつ強固に規律してしまうことの弊害もまた存在する。国家目標規定は，憲法上，それらを全く規律しないことも，規律しすぎることも回避し，そのどちらにも転ばないような「尾根歩き（Gratwanderung）」を実現する規定形式である。

6）国家目的論の文脈での同様の指摘として，小山剛「陰画としての国家」法学研究80巻12号（2007年）148頁，163頁参照。

7）西原・前掲注3）17頁以下参照。

以上のように仕組まれた国家目標規定には，2つの機能がある。すなわち，基本権制約機能（重要な公共の福祉の一部としての国家目標規定）と，国家目標実現機能（立法・解釈指針としての国家目標規定）である。第一に，国家目標規定は，——法律の留保の下で——基本権制約を正当化する[8]。第二に，国家目標規定は，立法・行政・裁判を通じた，当該国家目標の実現を要請し，その立法・解釈にあたっての指針として機能する[9]。

第2項　例としての社会国家原理

　国家目標規定が，原則として目標のみを定める規範である以上，目標それ自体の理解についても，目標を実現する手段についても，憲法上アプリオリには定まっていないということになる。すなわち，国家目標規定は，その性質上すでに「開放条項」であり，その中身を議論しようとするなら，補助手段が必要となる。国家目標規定の中身を考える際には，その前提にある国家学的考察や比較憲法的考察，国家目標規定を実際に実現している一般法律上の規律から考えていくのが通例である。

　ドイツ基本法20条1項は，「ドイツ連邦共和国は，民主的かつ社会的な連邦国家 (ein demokratischer und sozialer Bundesstaat) である」と規定する。文言解釈上，社会国家原理の根拠となるのは，»ein sozialer Staat« という言葉でしかない。そうであるにもかかわらず，ドイツの基本法コンメンタールやハントブッフには，20条1項の個所で相当な分量の記述が存在する[10]。その中身は，社会国家の思想的淵源，社会国家の歴史的発展の経緯，社会国家の中心的政策，判例における社会国家原理の機能など様々である。これはもはや国家目標規定に定められた目標が何かということにとどまらず，国家目標規定を頂点とする社会国

---

8) 本書**第7章**。公共の福祉には，「①他者の人権に基礎を持つ法益，②その他の憲法条項に基礎を持つ法益，③立法者が確立した法律レベルの法益」に区別することができるが，国家目標規定によって規定された法益は，原則的に少なくとも②に分類される（その効果として，③による場合よりも広範かつ強度の基本権制約が正当化される可能性がある）。小山剛『「憲法上の権利」の作法〔第3版〕』（尚学社，2016年）66頁。

9) 本書**第6章**。

10) *Hans F. Zacher*, in: Isensee/Kirchhof (Hrsg.), HdbStR, Bd. 2, 3. Aufl., 2004, §28; *Fabian Wittreck*, in: Dreier (Hrsg.), GGK, Bd. 2, 3. Aufl., 2015, Art. 20 (Sozialstaat). 小さなコンメンタールでは，記述が省略されて短くなることもある。例えば，*Hans D. Jarass*, in: ders./Pieroth, GGK, 18. Aufl., 2024, Art. 20, Rn. 153-167.

家に関わる包括的・実質的内容に及んでいる。そこでの記述の性質は大きく3つに分けられる。①社会国家とは一般的に何であったか、そして何であるかという記述的内容（国家学的・法比較アプローチ）、②憲法上命じられる社会国家とは何であるかという規範的内容（実定憲法解釈アプローチ）、③社会国家とはどうあるべきかという規範的内容（憲法政策・法政策的アプローチ）である。日本での生存権の発展的議論の多くは③に属する[11]。

　では、①、②および③の記述の関係をどのように捉えるべきか。それぞれ独立したものなのか、相互に影響するものなのか。イェシュテットの「憲法理論」を参考に考えてみたい。

第2節　「憲法理論」の役割

　前節では、とりわけ国家目標規定について、様々な性質の議論がなされることを確認した。これらは記述的なものから、実定憲法レベルの規範的なもの、憲法政策レベルの規範的なものまで様々である。これらをどのように位置づけるべきだろうか。以下では、マティアス・イェシュテットの「憲法理論」に手掛かりを求めて考えたい。

第1項　憲法教義学と「憲法理論」との分離——参加者か観察者か

　憲法理論という言葉は、多様な意味で用いられる。イェシュテットは、憲法教義学（憲法の解釈・適用の学）との対比において、これに明確な役割を与える[12]。

　憲法教義学（Verfassungsdogmatik）が、参加者——議会、行政機関、裁判所——

---

11) 菊池馨実は、「社会保障法の規範的存在根拠を問いかけ、それは憲法二五条があるからだと答えきってしまうことで……事足りるのか。私には、こうして『生存権』を黄門さまの印籠のごとく持ち出すだけで十分説得的であるとは思われない」（同「新しい生存権論」法学教室250号［2001年］68頁注1）としつつ、自らの規範的理論については、「裁判レベルでの法解釈論の展開というよりも、主として政策策定にあたっての規範的指針という側面に着目してなされるもの」とする（菊池・前掲注3）『社会保障の法理念』135頁）。

12) *Matthias Jestaedt*, Verfassungstheorie als Disziplin, in: Depenheuer/Grabenwarter (Hrsg.), Verfassungstheorie, 2010, S. 4 ff. イェシュテットの議論については、太田航平「憲法理論と憲法教義学の関係」青森中央学院大学研究紀要24号（2015年）15頁以下を大いに参照した。三宅雄彦『保障国家論と憲法学』（尚学社、2013年）231頁以下も参照。イェシュテットの議論を取り巻く全体像につき、栗島智明「ドイツ憲法学の新潮流」法学政治学論究117号（2018年）33頁参照。

の視点（Teilnehmersicht）からなされる，実定憲法を解釈・適用する実践的営為を指向するのに対し[13]，「憲法理論」は，観察者の視点（Beobachtersicht）からなされる，他国の憲法や憲法史を素材とした実定憲法の評価（批判や説明）を指向する。

　憲法教義学が，違憲・合憲という二元コードに決定づけられた，現行憲法を対象としたものである以上，その内容は必ずしも包括的ではないし，理論的にはどうしても首尾一貫しないところが残る。それは結局，実定法と距離を置くことができない，実定法を批判することができない憲法教義学の内在的限界である。法教義学上の議論は，ある法内容が実定法化されていることを示せばそこで終わる。そうだとすれば，「なぜ日本国憲法が福祉国家を命じているのかという問いに対して……憲法典の文言を援用して応えるのは循環論法であって，日本国憲法は福祉国家を命じているという命題を正当化することはできない」[14]というのは，そこで展開される議論が，法教義学上の議論ではないことの表明であることになる。そうすると，その議論が何のためになされるのかが重要になる。なぜなら，その議論は，一旦実定法から離れることを表明したことになるため，自動的に法教義学の議論には戻ってこられないからである（帰還のための「実定法化の証明」については後述）。

　他方で，「憲法理論」にとって，実定憲法は分析の出発点にすぎない。「憲法理論」は，実定憲法からは自由であり，実定憲法を測定する（vermessen）物差しを提供することにより，実定憲法を批判したり，合理的に説明したりすることができる。共時的な憲法比較（比較憲法学）と通時的な憲法比較（憲法史学）を通じて獲得される規範的・理念的憲法を準拠点にして，実定憲法の外から，規範的・現実的憲法を見る――反省する――ことができるのが，反省分野としての「憲法理論」の役割である。

---

13) ケルゼンが法体系の頂点に，思惟の前提としての根本規範を置いたのは，その体系上，上位規範によって正統化されえない最高法規の是非について，法参加者が終わりのない議論することを止めるためでもあった。この労力が節約されることにより，法教義学が豊かなものとなる。もっとも，根本規範の向こう側の議論が消去されたわけでも，その重要性が失われたわけでもなく，単に法参加者が日常的にそれを行わなくて済むようになったにすぎない。

14) 辻・前掲注4) 9頁。

第2項　憲法教義学と「憲法理論」との（条件つき）融合
──解釈仮説と実定法化の証明

　以上のように，実践を指向する憲法教義学と，外からの批判・説明を指向する「憲法理論」とは，明確に区別しうる。では，「憲法理論」は，憲法教義学に対して実践的な意義を持ちえないのかというと必ずしもそうではない。

　イェシュテットによれば，憲法教義学上の法獲得作用の中には，法認識と法創設の2つがある。「憲法理論」は，どちらの作用にも間接的に貢献しうる。第一に，法認識との関係では，「憲法理論」は，解釈仮説（Auslegungshypothese）を提供する。解釈仮説は，実定法解釈の結果として法的拘束力を持つものではないが，ありうる解釈結果のひとつを示す作用を持つ。解釈仮説が法的拘束力を有するためには，実定法化の証明（Positivierungsnachweis）を経る必要がある。解釈仮説は，それが実定憲法の解釈として成立する場合にのみ，法的拘束力を有する[15]。第二に，法創設との関係では，「憲法理論」は，科学的な憲法政策（wissenschaftliche Verfassungspolitik）としての意味を持つ。すなわち，憲法改正の議論の際，どのような憲法が理想かを考えるにあたって，そして，憲法の実現する下位法について，どのような政策が憲法の理念にヨリ合致するかを考えるにあたって役に立つ。

　イェシュテットの議論を紹介した太田航平は，イェシュテットの議論の前提（法実証主義と法獲得理論）について態度表明を保留しつつも，「憲法理論の役割を自覚することは，憲法政策の議論と憲法解釈の議論を無分別に語るという危険，また，逆に憲法理論を無用の長物として退けるという危険の双方から，我々を守ってくれる」とするが[16]，本書の立場も基本的にこれと同様である。

第3項　「憲法理論」の内容

　「憲法理論」は，基本的に憲法史と憲法比較によって構成される。これまで運用された実績のある憲法や，現在どこかで運用されている憲法が，理念的な憲法を生み出す土台となる。もちろん，新しい社会理論や経済理論，法哲学的議

---

15) この点が，欧米の進歩的スタンダード──それ自体は法源に属さず本来裁判官を拘束しないはず──を根拠として裁判官に説明義務を求める，グローバル立憲主義との分かれ道である。

16) 太田・前掲注12) 25頁。

論に基づいた憲法がどこかで誕生するかもしれないし，それは日本国憲法においてかもしれない。もっともそれは多くの場合，一旦は法律レベルで実現され，国家性を形成・維持するに至って初めて，憲法に持ち込まれるかが議論されるものであろう。例えば，国家目標規定の形成過程は，大方，①問題状況の認識，②それを国家が解決すべきか（国家の任務か），③憲法で解決すべきものか（憲法任務か），④基本権か国家目標規定かというものである[17]。どのように規定するか（④）はさておき，③をクリアして憲法に入ったものについては，憲法理論レベルの内容であるといえる。

憲法と「憲法理論」との対話は，様々な余剰利得を生み出すが，その性質を弁える必要がある。ひとつの考え方として，イェシュテットの「憲法理論」は参考となる。一方では，両者を切り離して，「憲法理論」を批判や合理的説明の道具立てとして使ったり，憲法政策（法創設）の指針として利用することができ，他方では，実定法化の証明をハードルとして解釈仮説を提供することにより，憲法解釈にも「憲法理論」を間接的に役立てることができる。その際，「憲法理論」を用いた具体的な基準形成には，憲法史や憲法比較が用いられる。

第3節　国家目標規定の憲法教義学と「憲法理論」

すでに**第1節**で述べたように，国家目標規定は，その内容が細かく定まっていないからこそ，それについて多くを語ろうとする場合には，それは多彩な議論によって充填されなければならない。それらの議論は，どのようなステータスを主張するものなのか，またはどのような客観的な意義を持つものなのか整理する必要があろう。以下では，**第2節**で述べられた憲法解釈と「憲法理論」との分離および（条件つき）融合を前提に，国家目標規定に関する幾つかの議論を整理して提示したい。

第1項　憲法の規律スタイルと解釈の方向性

各国の憲法は，各々固有の規律スタイルを有している[18]。ある種の分類によ

---

17) 本書**第7章第4節**。
18) 憲法の機能とスタイルとの関係につき，*Andreas Voßkuhle*, Verfassungsstil und Verfassungs-funktion, AöR 1994, 35.

って判然と規律スタイルを区別することは困難だが，一定の傾向性があること
は確認できる。国家の組織および構造についての規定は各国によって大きく異
なる——例えば連邦制かどうかによって憲法の条文数は大きく異なる——が，
人権規定や国家目標規定について比べるのは比較的容易である。

　第一に，ドイツ基本法は，直接に妥当する法であり（基本法1条3項），裁判所
により執行可能な基本権と，必ずしもそうではない国家目標規定を分けて規定
する傾向にあるが[19]，日本の憲法および憲法学は，必ずしも裁判所によって執
行することが容易ではないもの——社会権など——も人権規定という形で規定
している[20]。結局は人権の定義次第だが，日本国憲法の人権規定に実質的な国
家目標規定も含まれるとも評されるのには[21]，そのような理由がある。第二に，
ドイツ基本法には，（法原理として使える程度の）大きな原理——法治国家原理や
社会国家原理——が定められており，そこから様々なことが包括的・体系的に
説明される傾向にある（統合的理解＝integrales Verständnis）のに対し，日本国憲
法には，大きな原理を定めた規定が少ない[22]。例えば，公共の福祉という概念
は，法解釈により操作的に用いるには大きすぎるが，個々の人権規定は細かす
ぎる。場合によっては，個々の規定の総和（足算的理解＝summatives Verständ-
nis）から大きな原理を導くような手法を用いることも考えられる。第三に，ド
イツ基本法は，多くの事項を憲法事項としている——例えば，防衛・緊急事態
憲法，財政・金融憲法，国家教会法など——が，日本国憲法は，さほど多くの事
柄を憲法に留保していない[23]。

---

19) この傾向はワイマール憲法への反省として特徴づけられる。それに対して，中華民国憲法が，第
　13章基本国策で，国防，外交，国民経済，社会安全，教育文化等について，詳細な定めを置いてい
　ることが注目される。この点については，鄭明政「司法による生存権の保障及び権利促進の可能性
　（3）」北大法学論集64巻1号（2013年）272頁以下。国民年金法との関係では，李仁淼「台湾におけ
　る生存権と国民年金法」北大法学論集59巻4号（2008年）267頁。

20) 環境保護に関する規範内容も，環境権という権利形式で解釈上導出しようとしていることもそ
　の傾向性と一致する。例えば，芦部信喜（高橋和之補訂）『憲法〔第8版〕』（岩波書店，2023年）290
　頁以下，295頁以下。

21) 長谷部恭男『憲法の理性〔増補新装版〕』（東京大学出版会，2016年）66頁注9参照。

22) 法治国家原理の統合的および足算的理解につき，*Eberhard Schmidt-Aßmann*, in: Isensee/
　Kirchhof (Hrsg.), HdbStR, Bd. 2, 3. Aufl., 2004, Rn. 8 f.

23) 日本国憲法の規律密度が低いことについては，ケネス・盛・マッケルウェイン『日本国憲法の普
　遍と特異』（千倉書房，2022年）53頁以下参照。

この3つの要素を合わせて考えると，ドイツ基本法は，全体として多くの事項を憲法に留保し，重要な政治領域を広く憲法によって規律しつつも，基本権については厳格に捉えて，社会権や環境権を規定せず，代わりに国家目標として規定している。他方で，日本国憲法は，全体として憲法に留保する事項はかなり少なく，政治領域の規律は点でしか行われていないが，人権については緩めに捉えて，社会権を含め多くの事柄を権利として規定している。

そのような憲法の規律スタイルの違いは，解釈の方向性にも一定の影響を及ぼす。第一に，基本権を厳格に捉えるドイツのような国では，法治国家原理や社会国家原理などの客観法上の包括的な規定から，解釈を通じて基本権が生じないのかという問題が生じるし，逆に権利という言葉に重きを置いていない日本のような国では，権利形式で書いてあっても，実質的にはプログラム規定（政治的・道徳的規範）や国家目標規定（客観法）なのではないかとの問題が生じる。第二に，統合的に憲法が書かれているか，足算式で書かれているかという問題については，統合的であっても，そこにより詳しい規範内容が含まれるのではないかとの問題が生じるし，足算式であっても，個々の規定から合算して統合的原理が導かれるのではという問題が生じる。第三に，憲法の留保事項の過多・過少の問題については，いずれの場合においても，形式的意味の憲法と実質的意味の憲法との不一致が問題になる。憲法留保事項が多すぎる場合には，形式的意味の憲法ではあるが，実質的意味の憲法ではない規範が生じうるし，少なすぎる場合には，実質的意味の憲法であるが，形式的意味の憲法ではない規範が生じうる。

第2項　国家目標規定の憲法解釈

国家目標規定の解釈に際して，憲法史や憲法比較がとりわけ重要であることは，すでに指摘されている[24]。以下では，具体的にどのような場面で，それらが活用され，それが各国の解釈の軌道をどのように規定するかをみていく。

---

24) *Karl-Peter Sommermann*, Staatsziele und Staatszielbestimmungen, 1997, S. 406, 409. イェシュテットの「憲法理論」は，これまでの用語法でいえば，憲法解釈方法論の歴史的解釈と比較法的解釈に当たる。穏当な言い方をすれば，理論と解釈の混淆には，それなりの作法が必要——そこには限界があるはず——だというのが彼の言い分であろう。

1　社会国家原理

ドイツ基本法は，ワイマール憲法への反省から，社会的基本権を含んでいない。その代わりに，社会国家であることが基本法20条および28条で宣言されており，これが国家目標規定であると考えられている。そこでドイツにおける社会国家原理の解釈の方向は，ほとんど必然的に，その個別的内容の探求へと向かうことになる。ただし，ドイツ基本法が，社会権を放棄したことは一般的に受け入れられており[25]，少なくとも基本権として「社会的なるもの」を構成することについては，相当謙抑的に考えられていた。社会国家原理についても，当初は「白地概念」[26]とさえ言われていた。もっとも，福祉国家および社会国家の内容は歴史の中で形成・継受され[27]，戦後，基本法の社会国家原理は，連邦憲法裁判所の判例によって漸進的に展開されてきている[28]。このような歩みは，基本法が，経済政策的プログラムを比較的多く含んでいたワイマール憲法の対抗憲法として作られたことに起因するものと考えられる。

それに対し，日本国憲法は充実した社会権を含んでいるが，——25条2項があるにもかかわらず——包括的な福祉国家・社会国家原理を持つと明言されることは少ない。日本の社会国家の議論は，主に個々の権利——とりわけ生存権（憲法25条1項）——の内容をめぐるものである。しかし，客観法的な目標が認識されたり，統合的な原理が解釈で導かれると指摘されることもある。例えば，長谷部恭男は，「憲法第3章の人権宣言に掲げられている『権利』の中には，『健康で文化的な最低限度の生活を営む権利』，『能力に応じて，ひとしく教育を受ける権利』あるいは『勤労の権利』のように，権利というよりはむしろ，国政がその実現を目指すべき，社会全体としての福利厚生の目標を示していると考えられるものが多い」との認識を示しているし[29]，最高裁も，堀木訴訟判決では憲法25条を国家目的的規定

---

25) 例外的な取り組みとして，*Eberhard Eichenhofer*, Soziale Menschenrechte im Völker-, europäischen und deutschen Recht, 2012, S. 171 ff.

26) *Wilhelm Grewe*, Das bundesstaatliche System des Grundgesetzes, DRZ 1949, 351.

27) 日本における研究として，木村周市朗『ドイツ福祉国家思想史』（未来社，2000年）11頁，玉井克哉「ドイツ法治国思想の歴史的構造 (1)～(5・完)」国家学会雑誌103巻9・10号（1990年）507頁，11・12号（1990年）673頁，104巻1・2号（1991年）1頁，5・6号（1991年）297頁，7・8号（1991年）429頁，海老原明夫「社会国家論の歴史的系譜」法社会学46号（1994年）265頁以下。

28) 鈴木秀美／三宅雄彦編『〈ガイドブック〉ドイツの憲法判例』（信山社，2021年）225頁以下［石塚壮太郎］。

29) 長谷部・前掲注21) 66頁注9。

として捉え[30]，小売市場事件判決では22条1項の「公共の福祉」と社会権の総体から「福祉国家的理想」を導き出し[31]，それを職業の自由（憲法22条1項）への特別な制約根拠としている。最高裁は，社会権（の総体）を公共の福祉の特別な具体化として捉え，理論的観点からみれば，国家目標規定の基本権制約機能を導いたものと考えられる[32]。日本における憲法25条をプログラム規定と解する学説や，国家目標規定と解する判例からは，ドイツの諸憲法および憲法学の影響をみてとることができる。ただし，実定法化の証明という観点からみると，日本の憲法条文上，確かに25条2項は「国は，……向上及び増進に努めなければならない」と定めており，国家目標規定的に解することが自然といえるが，同条1項は「すべて国民は，……権利を有する」と定めているのだから，まずは社会扶助に対する主観的権利を成立させる可能性が模索されるべきであろう。

2 「生存権」と生存権

日本の最高裁は，憲法25条1項の文言にもかかわらず，憲法25条を主観的権利としてではなく，「国の責務」として客観法的に把握している。これは，最高裁が生存権の主観的権利としての成立可能性を見出すことができず，あるいは見出そうとしておらず，生存権を国家目標に融解させてしまったことを意味する。堀木訴訟判決の説示は，条文の設定を考慮し生存最低限度に触れている点で具体的ではあるが，基本的には戦後のドイツの社会国家原理に関する判例と類似している[33]。

ドイツ連邦憲法裁判所は逆コースを進んだ。ドイツの「生存権」は，社会国家原理と人間の尊厳（基本法1条1項）との結合により，国家の義務としてのみ判例上認められていたが，2010年の第一次ハルツⅣ判決で初めて基本権として

---

30) 最大判昭和57年7月7日民集36巻7号1235頁。「憲法25条の規定は，国権の作用に対し，一定の目的を設定しその実現のための積極的な発動を期待するという性質のもの」であるとされる。

31) 最大判昭和47年11月22日刑集26巻9号586頁。

32) アメリカを反面教師として，日本の広範な裁量論が福祉政策の推進に歯止めをかけなかった点を積極的に評価するものとして，葛西まゆこ「生存権論の軌跡と課題」ロースクール研究18号（2011年）117頁。本書**第7章**参照。

33) 石塚壮太郎「ドイツにおける社会国家の変容と憲法の応答」比較憲法学研究33号（2021年）63頁参照。

承認された[34]。その際，基本権への跳躍は，社会国家原理と人間の尊厳（基本法1条1項）との結合によりなされた。連邦憲法裁判所が，解釈上の飛躍を覆い隠すために（も）しばしば用いる，この規範同士の結合は，何らかの別の規範を生み出すのに役立つ。その際の規範の配合量とその成果は，連邦憲法裁判所の手に委ねられており，配合変化はほとんど予測不能である。第一次ハルツⅣ判決が，これまでの判例を覆して，給付請求権を認めたことの理由づけもあまり説得力がないことが指摘されている[35]。いずれにせよこの解釈論的跳躍によって，ドイツ基本法は，スイス憲法，日本国憲法等々といった生存権を規定する多くの憲法の仲間入りを果たした。その背景には，ドイツの立法者による社会国家の自由主義モデルへの転換に対するリアクションという側面や[36]，社会権規定を有するEU基本権憲章への批准の影響もあったと考えられる。

　ちなみに，アメリカ連邦憲法は，社会権も社会国家原理も持たないが，同憲法の制定が1787年であり，社会権の歴史よりも古いことからして当然であるし，アメリカ連邦憲法の中でそのような伝統は育まれてこなかった[37]。

　日本について翻ってみると，ドイツにおいて「生存権」が承認されたことを念頭に置けば，実定法化の証明という観点からは，憲法25条1項を主観的権利として捉え直すことも有力な選択肢といえる[38]。

3　環境保護条項

　ドイツ基本法20a条は，国に環境を保全する義務を課しているが，環境保護条項の内容については，解釈論上の議論がある。幾つかの環境法上の基本的原則——例えば，事前配慮原則，原因者責任負担原則，協働原則，持続性原則——が，憲法上の原則であるとされる。これらは，元々環境法上の諸原則であり，

34）本書**第8章第1節**。

35）本書**第8章**脚注13）。

36）石塚・前掲注33）56頁以下参照。

37）「新しい財産権」論の一時的な盛り上がりについては，中島徹『財産権の領分』（日本評論社，2007年）124頁以下。エンタイトルメントという観点からの詳細な検討として，葛西まゆこ『生存権の規範的意義』（成文堂，2011年）116頁以下。アメリカにおける「福祉国家」の困難性につき，葛西まゆこ「「福祉国家」と憲法解釈」小谷順子ほか編『現代アメリカの司法と憲法』（尚学社，2013年）154頁，164頁以下。

38）本書**補章**参照。

憲法改正を契機に，憲法に格上げされたとみられているが[39]，憲法化の範囲には争いがある。環境保護条項を憲法で定める国の中には，これらの諸原則を一部具体的に憲法で定めているものもある[40]。

　他方で日本では，環境保護に関する明文の規定は存在しないが，憲法13条と25条から環境権が解釈上引き出されるとされる[41]。しかし，その法的性質や権利内容については不明確な点もあり，日本国憲法には環境権はないという見解[42]も有力である。

4　動物保護条項

　ドイツ基本法では，動物保護が基本法20a条で規定されている。もっとも，解釈論上——強力な基本権制約の根拠としては——ほとんど顧慮されていない。社会国家原理や環境保護条項と比べ，実質的な意味において憲法ランクを持たないと考えられているからだと思われる[43]。「憲法理論」は，憲法内容を縮減する形でも作用しうる。

第3項　国家目標規定の「憲法理論」

　国家目標規定を論ずるにあたって，憲法解釈と「憲法理論」を判然と区別することは難しい。憲法解釈の限界から憲法改正の話が始まり，いずれの問題にも「憲法理論」が影響を及ぼすからである。憲法解釈に「憲法理論」が活かされることもあれば，憲法改正の際に「憲法理論」が参考にされることもある。

---

39) ライナー・ヴァール（小山剛監訳）『憲法の優位』（慶應義塾大学出版会，2012年）58頁，68頁［石塚壮太郎訳］。

40) 新井誠ほか編『世界の憲法・日本の憲法』（有斐閣，2022年）235頁以下［石塚壮太郎］参照。

41) 芦部信喜『憲法学Ⅱ　人権総論』（有斐閣，1994年）362頁。藤井康博『環境憲法学の基礎』（日本評論社，2023年）30頁以下は，憲法25条2項の「すべての生活部面」という文言に着目し，環境保護義務を導出する。

42) 小山剛「環境保護と国家の基本権保護義務」ドイツ憲法判例研究会編『未来志向の憲法論』（信山社，2001年）203頁注16，玉蟲由樹『『環境権』の権利構造』福岡大学法学論叢58巻4号（2014年）668頁以下。

43) 本書**第7章第4節**。人間の尊厳と動物保護との順説・逆説につき，藤井康博「動物保護のドイツ憲法改正（基本法20a条）前後の裁判例」早稲田法学会誌60巻1号（2009年）473頁以下。これに対して，浅川千尋「動物の権利論の覚書」天理大学人権問題研究室紀要20号（2017年）37頁以下。

1 ドイツにおける「生存権」誕生

ドイツ連邦憲法裁判所が「生存権」を認めたことの意義は，比較法的には非常に大きい。ドイツでは，基本権の直接の妥当性確保および実効的権利保護の保障を根拠として，社会権への忌避感が強かった。そのドイツが「生存権」を認めたということは，──基本権の直接の妥当性を放棄していない限り──「生存権」を用いて実効的な基本権保障を行うということであり，実際に，連邦憲法裁判所は，「生存権」の実体論には深く踏み込まない代わりに，詳細な手続的・方法論的審査を展開した[44]。もっとも，このような展開に対しては，それまでの判例の展開からの連続的説明の困難性を指摘することもできるため，手続的には憲法改正を経ることも選択肢としてはあったはずである。

日本の場合はむしろ，判例が憲法25条1項の「権利」という文言に反した解釈をとっている。最高裁は，生存権は性質上主観的権利ではありえないと考えている可能性があり，そうだとすると憲法改正を行ったとしても生存権を主観的権利として認めさせることは難しくなる。現行の規定以上に分かりやすい主観的権利としての生存権の規定はあまりないからである。生存権を判例上も主観的権利として承認してもらうためには，まず生存権が主観的権利として成立すること，そしてその意義を説明する必要がある。生存権論の通説たる抽象的権利説が，様々なグラデーションをもって語られることはよく知られているが，ドイツの判例の展開がこれを解釈論上前進させる可能性は十分にある[45]。

2 ドイツにおける環境／動物保護条項の制定過程

ドイツでも，社会国家原理から，国の環境保護義務を引き出せないかという議論があったが，「社会的なるもの」と「環境」は，コンセプトが全く異なるも

---

44) 本書**第8章第3節**。庇護申請者給付法違憲判決（BVerfGE 132, 134）では，さらに進んで実体論（給付金額の妥当性）に基づいて違憲の結論を下している。同判決の評釈として，ドイツ憲法判例研究会編『ドイツの憲法判例IV』（信山社，2018年）242頁以下［大西楠テア］。

45) 本書**補章第3節**以下参照。これに対して，小山剛「生存権の『制度後退禁止』?」慶應法学19号（2011年）115頁は憲法25条を，玉蟲由樹『人間の尊厳保障の法理』（尚学社，2013年）225頁以下は，ドイツの「生存権」を国家目標規定として捉えている。

遠藤美奈「生存権論の現況と展開」尾形健編『福祉権保障の現代的展開』（日本評論社，2018年）21頁以下は，南アフリカを中心に各国の社会権（判例）の発展段階を検討した論者を紹介するが，そこで検討される漸進的達成アプローチとミニマムコア・アプローチは，日本国憲法25条の位置づけを認識するうえで大きな助けとなろう。

のと捉えられ[46]，1994年に基本法改正が行われ，基本法に追加された。この点
では，実定法化の証明が困難だったために，基本法改正に至ったと見ることも
可能である。環境保護条項の中心的対象は，自然的生活基盤だが，基本法改正
の議論の経過から，その外延はかなり明確であり，自然的資源や景観など，さ
らに動物の種の保護がそこに含まれるが，動物の個体保護は含まれなかった[47]。
そこで，動物（の個体）保護は2002年の基本法改正で同条に追加された。

3　環境保護における人間中心主義と生圏中心主義

　ドイツでは，環境保護条項を基本法に挿入する際に，人間中心主義と生圏中
心主義について大きな議論となった[48]。結論として，基本法は原則として人間
中心主義でしかありえないことが確認されたが，同条項は人間中心主義に一定
の修正を迫る内容を含んでいたことが自覚されたはずである[49]。

　日本国憲法でも解釈上環境権が導かれるとされているが，これはどのように
みるべきだろうか。仮に，環境権はそもそも権利ではありえないという根源的
批判[50]を，憲法上の権利は「抽象的・理念的権利」としても存在しうる[51]とし
て躱したとしても，人格権（憲法13条）が個人の具体的な健康被害や景観利益へ
の侵害を問題とし，生存権（憲法25条）が「社会的なるもの」，すなわち貧富の差
や社会的再分配を主題とするものである以上，両者を掛け合わせたとしても，
内容上新たに生まれるものは少ないか，そもそもそのような掛け合わせ自体的
外れである可能性が高い。憲法25条を給付請求権の一般的な根拠と考えるのか
もしれないが，同条を中心とする社会権をおよそすべての給付請求権の根拠と
することには抵抗がある。給付請求権であることは，人権規定の機能[52]のひと

46）桑原勇進『環境法の基礎理論』（有斐閣，2013年）55頁以下。

47）桑原・前掲注46）153頁以下。

48）岡田俊幸「ドイツ憲法における『環境保護の国家目標規定（基本法20a条）』の制定過程」『未来志
　　向の憲法論』（信山社，2001年）235頁，浅川千尋『国家目標規定と社会権』（日本評論社，2008年）
　　117頁以下。

49）日本での議論として，石川健治「憲法改正論というディスクール」ジュリスト1325号（2006年）96
　　頁以下。

50）小山・前掲注42）203頁注16。

51）岩間昭道「環境保全と日本国憲法」ドイツ憲法判例研究会編『人間・科学技術・環境』（信山社，
　　1999年）226頁。

52）芹沢斉ほか編『新基本法コンメンタール 憲法』（日本評論社，2011年）72頁［小山剛］参照。

つにすぎず，他の人権規定にも給付請求権的機能を持つものは存在する。社会権は，「社会的なるもの」を主に給付請求権の形式で扱う規範であり，環境権が，「環境」を主に給付請求権の形式で扱う規範であるとすれば，憲法13条と25条を掛け合わせたところで，テーマが異なるため，環境権は生まれない。また，環境権は権利ではありえないとする批判も有力であり，公共財としての「環境」が，（実体的）環境権という形式で捉えきれるかは疑問である。環境権の解釈による導出は，その権利内容によるが，公共財としての「環境」をその内容とする限りで，実定法化の証明をパスできるようには思われないし，そうでなければ，憲法13条と25条の「環境」に関わりそうな内容を足しただけのものにしかなりそうもない（権利形式を選択する場合には，国家目標規定に，団体に憲法上の訴権を与えるような憲法政策がありうるだろう）。憲法に書き込むことによって，何をしたいのか──ドイツではより広範（事前配慮）かつ強度の基本権制約，とりわけ営業の自由や研究の自由などに対する制約──にもよるが，環境保護──人間中心主義的なものであれ，生圏中心主義的なものであれ──を憲法で規律するためには，憲法改正が必要であろう[53]。

4　その他

　ドイツでは，労働を求める権利（Das Recht auf Arbeit）または労働国家目標を憲法に入れるかどうかが繰り返し議論されてきた[54]。さらに，住居の保護，文化国家条項，スポーツ国家目標，健康権，世代間正義も，ドイツ基本法に追加すべきかが議論となっている。

第4項　国家目標規定の発展的循環

　国家目標規定の発展は，恒常的な解消と構築の循環的プロセスの中にある。憲法史や憲法比較のような憲法理論的手法により，各種国家性とその内容は，現代的な立憲国家の間である程度平準化される。ドイツにおける主観的な給付請求権としての生存権の解釈を通じた承認は，基本法が現代立憲国家のスタン

53）その種の議論として，石川・前掲注49）96頁以下。環境保護条項を憲法に追加するなら第2章が整合的とするのは，小山剛「憲法改正と環境条項」日本法学82巻3号（2016年）63頁以下。

54）岡田俊幸「統一ドイツにおける『社会的国家目標規定』をめぐる議論について」和光経済33巻1号（2000年）53頁，浅川・前掲注48）76頁以下参照。

ダードに接近したという点では，このプロセスの一部に属する（もっとも，憲法改正という選択肢もあったはずである）。

そのように構成される循環は，新たな社会的諸条件の下で再構成される。新たな発展線が認識されれば，その循環はどこかで解消され，憲法レベルの過多と過少の間で揺れ動き，最終的にはもう一度再構成される[55]。例えば，社会国家原理に関し，連邦憲法裁判所は，その基礎的パラメーターとして，安定性・将来的開放性・多様性確保を念頭に置いているとされるが[56]，民主政原理との関係も視野に入れた，各パラメーター間の適切なバランシングの結果としての解釈が求められることになろう。

第4節　中間総括

国家目標規定の解釈に際しては，「憲法理論」が一定の作法の下で，すなわち間接的に参照される（国家目標教義学）。また，憲法レベルでの規定（憲法制定および改正）の構成を含め，国家目標規定をより良く実現するための具体化法の構成——部分憲法（本書**第6章第1節**参照）の改良や導入——を論じる際には，「憲法理論」が直接に用いられる（国家目標理論）。

国家目標規定とその具体化法とが対話を行うには，その前提として憲法と「憲法理論」との適切な距離感が求められよう。

---

55) デニンガーの憲法の「発展段階」につき，岡田・前掲注54) 61頁参照。

56) *Andreas Voßkuhle*, Der Sozialstaat in der Rechtsprechung des Bundesverfassungsgerichts, SGb 04/2011, 181.

第3部

国家目標規定の規範的展開

第5章

憲法による公共の福祉の実現

第1節　公共の福祉の具体化

　国家目標規定は，公共の福祉 (Gemeinwohl) の一部を具体化し，その実現を国家に義務づける。本書の副題および本章の題名にある通り，憲法上の規定である国家目標規定によって，一部の公共の福祉の実現が国家に義務づけられる。もう一歩視野を広げれば，憲法は公共の福祉の実現のためにあるということすらできる。元来，憲法は人権保障のためにあり，統治機構の諸規定もそれに奉仕するものと理解されてきたが[1]，国家目標秩序の観点からみれば，その人権保障すら公共の福祉の一部（実質的意味の法治国家性）として理解できるからである。もとより本書は，憲法上の権利の独自性・特殊性を正面から承認しており，とりわけその防御作用について変更をもたらすものではない[2]。もっとも，基本権に内在する価値や法益を，テーマごとに整理することは[3]，解釈論におい

---

1) 芦部信喜（高橋和之補訂）『憲法〔第8版〕』（岩波書店，2023年）10頁参照。

2) この点については，多くの論者と異ならない。もっとも，個人を法主体として承認し，判断権限を与えて，そこに司法の保護を与えるという基本権（憲法上の権利）の一連の構成が，非常に特殊であるという認識は持っており，本書筆者は基本権という言葉に特別の意味を込めて理解している（本書**第1章**参照）。だからこそ，基本権であるということには慎重であり，逆に一旦基本権と認めた場合，それには司法による実効的保護を与えなければならない。基本権各論レベルで防御作用にこだわらないものとしては，財産権を内容形成のみで構成しようとする平良小百合『財産権の憲法的保障』（尚学社，2017年）。総論レベルでは，篠原永明『秩序形成の基本権論』（成文堂，2021年）145頁。篠原は，防御作用の構成が特殊であることを前提に，その相対化を試みる。

3) 橋本公亘『憲法〔改訂版〕』（青林書院新社，1988年）387頁は，「自由的基本権と社会的基本権とは，異なった世界観，異なった国家観にもとづいている。すなわち前者は，自由主義国家に，後者は，現代福祉国家にその根拠をおいている。これをいいかえると，市民的法治国家においては，自由権，

ても，法創設においても有用であろう。例えば，自由権と社会権との区別は，従来は防御作用と請求作用の区別として用いられることもあったが，本来的には権利が取り扱うテーマに由来する区別である[4]。

憲法が公共の福祉を実現するには，ある憲法規定が（部分的に）公共の福祉の実現を国家に義務づけたり，その実現をバックアップしたりすることが必要となるが，日本ではそもそも，公共の福祉を憲法による実現対象だとは考えてはこなかった。日本の憲法学は，公共の福祉を人権制約根拠としてのみ扱ってきたからである[5]。本書は，公共の福祉を憲法による実現の対象であると考える点で，従来の考え方とは異なる[6]。

平等権が尊重され，社会的法治国家においては，これらに加うるに，かつ，これらをある程度修正して，社会的基本権が認められる」とする。

4) その意味では，環境権が社会権に含まれるのか，それとも独自のテーマ設定を有するものかが問題となる。「環境（Umwelt）」が全く新しい問題設定として誕生したことについては，ライナー・ヴァール（小山剛監訳）『憲法の優位』（慶應義塾大学出版会，2012年）54頁以下［石塚壮太郎訳］を参照。

5) 芦部・前掲注1）101頁以下は，公共の福祉を人権との調整の場面でのみ説明している。宮澤俊義（芦部信喜補訂）『全訂 日本国憲法』（1978年）200頁以下が，自由国家的公共の福祉と社会国家的公共の福祉として，その内容を説明したのも，どのような理由によって基本的人権を制約できるかということを説明するためであった。松本和彦「公共の福祉の概念」公法研究67号（2005年）136頁も参照。松本によれば，「人権の行き過ぎに対する歯止めは，人権制約事由の限定ではなく，判定基準の精緻化によって達成すべきものとされ」，審査基準論などの「違憲審査の道具を洗練させることが『公共の福祉』論の進むべき道とされ」ているという（同138頁）。棟居快行『憲法の原理と解釈』（信山社，2020年）331頁によれば，「人権 vs. 公共の福祉という論点は，現実の憲法裁判においては，審査基準論 vs. 比較衡量論という具体的な対立に様相を転化している」という。さらに，曽我部真裕「人権の制約・限界」南野森編『憲法学の世界』（日本評論社，2013年）135頁以下も参照。これに対して，玉蟲由樹「人権と国家権力」法律時報86巻5号（2014年）35頁以下は，基本権保護義務の根拠として公共の福祉を説明している。

6) 松本・前掲注5）142頁以下は違憲審査中心の公共の福祉論に満足せず，「孤立した『公共の福祉論』からの解放」をしようとする。松本は，公共性分析論や公共圏論を参照し，「『公共圏』での熟慮と討議を可能にする人権論と統治機構論が求められ」るとしている。また公共分析論を論じる過程で，「特定の利益を保護するか否かを国家が決定したとしても，国家が決定したという一事をもって，そこでなされた人権制約に正当な規制目的があったと直ちにいうことはできない。国家が設定したというだけでは，その規制目的が正当であるとする主張は根拠づけられない。……しかし逆に，国家の設定した規制目的が正当でないとする主張も，やはり直ちに根拠づけることはできないのである。確かに，明らかに不当な規制目的は存在する。……しかし，規制目的の正当性を積極的に論証することは，不可能とまではいえないとしても，著しく困難であろう」としている。そのような国家の目的設定が民主的に正当化されていることは議論の視野に入っていないように思われる

本章は，憲法による実現の対象としての公共の福祉を，まずある程度小分けにされた基本的国家目標という次元で捉え，細分化された憲法上の諸規定をそこにはめこむ作業をすることで，公共の福祉のどのような内容が憲法により実現されるべきなのかを描く。もちろんこの構図には，バリエーションがある。現代立憲国家を標準的な国家モデルとしながらも，当然，各国の憲法ごとに異なる構図が成立しうる[7]。分類についても，国ごとにある程度の差異がありえよう[8]。

第2節　基本的国家目標

ゾンマーマンによれば，「20世紀の終わりに，『民主的立憲主義国家』型の現代憲法において，(実質的意味の)法治国家性，社会国家性，文化国家性，平和国家性，および環境国家性という5つの基本的国家目標が同定されうる」[9]。これらの国家目標は，「抽象的形態においてほとんど実定化されず……，その大部分は，憲法テクストにおいて，個別の刻印(特に，基本権，具体的な国家目標，またはそれ以外の高度の抽象性のより少ない実質的規定)において実定化される」[10]。また，安全という国家目的だけは，公共の福祉の最古の具体化として自明のものとされ，基本的国家目標の基礎をなすとされる[11]。したがって公共の福祉は，

が，いずれにせよ，松本の議論は「人権制約事由の正当性論議」に終始している。「孤立した『公共の福祉論』からの解放」が意味を持つのは，むしろ公共の福祉の実現の局面においてであろう。もっとも，公共分析論等からの検討は，本書の射程外である(本書**序章第2節**参照)。

7) アメリカ連邦憲法には社会国家目標がないし，日本国憲法には環境国家目標がないといえるかもしれない(本章**第3節**参照)。

8) 例えば，教育は，ゾンマーマンによれば文化国家目標に分類されるが(本章**第2節**参照)，日本では社会国家目標に分類されている。

9) *Karl-Peter Sommermann*, Staatsziele und Staatszielbestimmungen, 1997, S. 198 f.　内野正幸「国益は人権の制約を正当化する」長谷部恭男編『リーディングズ 現代の憲法』(日本評論社，1995年)46頁以下は，人権制約正当化自由という次元ではあるが，人権制約の具体的事由と公共の福祉という抽象的な自由との中間にある，人権制約正当化カタログを提示する。そこでは，①他者の権利・利益の保護，②本人の客観的利益の保護，③公共道徳の確保，④経済取引秩序の確保，⑤自然的・文化的環境の保護，⑥国家の正当な統治・行政機能の確保，⑦社会政策的・経済政策的目的の実現が挙げられる。カタログ作りの目的が異なるので，一概にはいえないが，公共の福祉を中間的に具体化すれば，その内容に類似性がみられるのは偶然ではなかろう。

10) *Sommermann* (Fn. 9), S. 199.

11) *Sommermann* (Fn. 9), S. 203 ff. ただし「安全」は，内的安全という意味では，実質的意味の法治国家性に，外的安全という意味では平和国家性に，社会的安全という意味では社会国家性に，環境

20世紀末において典型的には，安全＋5つの基本的国家目標によって構成される。ゾンマーマンは，様々な時代および国の諸憲法を参照して，これを導き出している。以下では，基本的国家目標の内容がどのようなものか，簡単に紹介しよう。

実質的意味の法治国家性は，18世紀以来の憲法上のテーマであり，人間の尊厳，自由（宗教，プレス，集会および結社の自由，私的領域保護［住居の不可侵および信書・電気通信の秘密，個人データ保護］など），所有権，平等，司法的保障（法律上の裁判官の保障，罪刑法定主義の保障，法律上の審問の保障，一事不再理ならびに無罪推定）といった内容を含んでいる[12]。これらの内容は，一般的には，基本権として憲法に刻印されていることがほとんどである。そのような基本権の保障は，実質的意味の法治国家性の促進につながっている。この自由な人格の発展を目指す実質的意味の法治国家目標が，基本的国家目標の中心になるという。その他の基本的国家目標は，超個人的善や利益の促進を含んでいるけれども，法治国家的座標体系を引き合いに出すとされる[13]。

社会国家性は，20世紀の現象であり，その内容としては，社会的安全（生存配慮），労働権／完全雇用政策，健康権／国家による健康への予防と配慮，住居権／居住空間の創設，家族の保護，消費者保護，裕福があるとされる[14]。これらは，基本権を行使するための社会における前提を保障したものとも考えられるが，その一部は基本権としても保障されることがある。もっとも，ゾンマーマンによれば，この目標領域では権利形式で書かれているものであっても，国家目標規定と解されるものもある。

文化国家性は，教育制度，文化的自由（特に芸術と学問の自由），文化へのアクセス／文化助成，歴史的・文化的遺産の保護，「文化的・言語的」少数者の保護を含んでいる[15]。特に教育は，各人の人格の自由な発展の前提条件であり，共和主義的・自由主義的公共体の実効的な実現は，一定の教育水準およびある程度の機会の平等なしに，想像されえないとされる。芸術や学問は，より発展的

的安全という意味では環境国家性にも一部回収されるという。

12) *Sommermann* (Fn. 9), S. 211 ff.

13) *Sommermann* (Fn. 9), S. 223.

14) *Sommermann* (Fn. 9), S. 223 ff.

15) *Sommermann* (Fn. 9), S. 230 ff.

ではあるが，啓蒙教育の基礎をなし，更なる人格の発展に不可欠なものとされている。

平和国家性は，外的安全（諸国家間の平和）を追求するものであり，その内容としては，政治手段としての戦争の排除，集団的な安全体制の促進，国際法協調性，人権協調性，統合協調性，発展援助／国際的連帯が含まれる[16]。「平和」は，戦争の不在，または安全かつ正義に適った国際関係の理想状態として定義されるが，今日では，多くの憲法が後者を指向し，「例えば国家法の国際法に対する開放，国際人権の承認，または超国家的共同体への参加のための前提条件の創設を通じて，国家に積極的平和形成の責任を負わせている」という[17]。外的平和は，人間の生存基盤にとって決定的に重要であり，基本権行使の前提となる。

環境国家性は，1960年代以降の環境に関する議論に起因し，その内容としては，環境保護／人間の自然的生活基盤の保護（市民の義務を含む），自然・景観保護，動物・種の保護[18]，自然資源の維持，国土計画，環境集団訴訟，その他の要素（廃棄物発生回避，計画プロジェクトの環境適合性，環境情報にアクセスする権利など）が挙げられる[19]。地球レベルの環境エコシステムの保全が，人間の生存基盤の確保にとって重要であり，基本権行使の前提であることも論を俟たないであろう。

以上のように，まず公共の福祉の第一の具体化としては安全があり，次に，基本的国家目標の中心に実質的意味の法治国家性がある。それを直接または間接に補助していく形で，それ以外の基本的国家目標が形成されている。これらは，実質的意味の法治国家性を実現するうえで，周囲の環境的条件を整えるために徐々に必要になって具体化されていったものと考えられる[20]。そこから，

---

16) *Sommermann* (Fn. 9), S. 237 ff.

17) *Sommermann* (Fn. 9), S. 238 f.

18) 動物種の保護と動物の個体保護とは区別される。本書**第4章第3節第3項**参照。

19) *Sommermann* (Fn. 9), S. 247 ff.

20) 宮澤・前掲注5）201頁は，自由国家的な公共の福祉と社会国家的な公共の福祉について，以下のように述べているが，それは基本的国家目標間の関係性についての指摘と同様の趣旨であろう。すなわち，「これら二つの公共の福祉は，たがいにちがったものではない。自由国家が必然的に社会国家に発展したのに応じて，公共の福祉も，単なる自由国家的公共の福祉のほかに社会国家的公共の福祉の側面を持つようになったと見るべきである。そして，社会国家がけっして自由国家の理念の否定を意味するのではなく，むしろ自由国家の理念の実質化を意味するのと同じように，社会国家的公共の福祉はけっして自由国家的公共の福祉の否定を意味するのではなく，むしろ自

第5章　憲法による公共の福祉の実現　121

その時々の時代状況や認識を反映し，目標内容が形成されていっていることが
分かる。

第3節　憲法上の国家目標秩序

　これらの諸要素を実定憲法に当てはめてみると，その憲法にどのような基本
的国家目標が含まれ，あるいは含まれておらず，どのように目標秩序が形成さ
れているのかが分かる。

　ほとんどの憲法には権利カタログが付されており，実質的意味の法治国家性
が保障されていることは明らかである。ドイツ基本法の場合には，20条1項で
社会国家原理が規定され，20a条には環境国家条項，26条1項で侵略戦争の準
備禁止が定められている。文化国家について，ドイツでは文化高権がそもそも
州に属することから，連邦憲法ではあまり規定がない。ただし，連邦憲法裁判
所の判例では，基本法5条3項の芸術・学問の自由から，文化国家性が導かれ
るとされている[21]。他の国で特徴的なのは，アメリカ連邦憲法が社会国家関連
条項を含んでいないことである。

　日本国憲法は，国家目標を具体化するような規定に富んだ憲法だといえよう。
社会国家については25条（生存および社会保障全般）および27条（勤労），平和国家
については9条（戦争放棄）および98条2項（国際協調主義），文化国家については
23条（学問）および26条（教育）がある。環境国家性については，13条（人格権）や
25条ないしその結合から環境権として導かれるとの説[22]もあるが，13条や25条

　由国家的公共の福祉の実質化を意味すると考えるべきである」。

21) BVerfGE 81, 108 (116).「この〔基本法5条3項の〕基本権規範は，芸術および学問の自由のため
　の客観的な原則決定として，――国家目標規定の意味で――文化国家とも解される国家に，自由な
　芸術および学問生活を保持し促進する任務を与える」。

22) 芦部・前掲注1) 294頁以下参照。芦部は，文化的・社会的環境（遺跡，寺院または公園，学校など）
　まで含めると「環境権の内容が広汎になりすぎ，権利性が弱められる」ので，「環境権が登場するに
　至った沿革にも忠実」に「大気，水，日照などの自然的環境に限定する考え」が妥当としている（同
　295頁）。しかし，①「環境」を実体的権利として構成している時点で「権利性は弱められている」。
　内野・前掲注9) 46頁によれば，環境権は「厳密な意味での人権とは言えない」。②文化的・社会的
　環境がそこに含められるべきではない理由は，「権利性が弱められる」からではなく，それらは社
　会国家目標か文化国家目標に含まれるべき内容だからである。同じ意味において，環境権も，社
　会国家原理の具体化である憲法25条を保障根拠とすべきではない。③「環境」の本質的理解につい

とのテーマ設定との齟齬を考えると，日本国憲法に環境条項はないし，解釈によっても導かれえないと考えるのが妥当であろう[23]。それぞれの国家目標は，様々な規範カテゴリーによって規定されており，解釈論にあたっては，条項ごとにどのような規範であるかを見極め，規範相互の関係性も含め，きめ細やかに解釈していく必要があろう。

第4節　中間総括

　本書の副題および本章の題名である「憲法による公共の福祉の実現」には，2つの意味が込められている。

　第一に，憲法の各所において公共の福祉がすでに具体化されているということである。憲法が公共の福祉の内部秩序（国家目標秩序）を様々に具体化しているとすれば，基本権が固有のものとして成立することを認めると同時に，憲法は公共の福祉を実現しているということができる。憲法の実現は，どのような形であれ，そのような意味において公共の福祉の実現といいうる。ここでは正確にいえば，「憲法における公共の福祉の実現」が問題となっている。

　第二に，憲法上の規定である国家目標規定が，公共の福祉の部分内容である

ーーーーーーーーーー

ての認識に相違がある。沿革はともかく，「環境」にとって決定的なのは，大気や水，土壌のような自然の個々の要素が全体の一部であり，その全体が相互に作用するエコシステムであるという認識である（ヴァール・前掲注4）54頁以下［石塚訳］参照）。「環境」国家へとつながるこのような認識は，――実際にそこから始まったのだとしても――個人の健康被害といった次元の環境の認識とは異なる。仮にその次元の認識に忠実な環境権を主張するのだとすれば，それは比較憲法的に一般的となっている「環境」の議論とは別次元のものであると考えるべきことになる。これらの点を含め，玉蟲由樹「『環境権』の権利構造」福岡大学法学論叢58巻4号（2014年）668頁は，一方で「環境権にもとづく環境保全の主張のうち，生命・身体・健康や人格，あるいは財産にかかわる法益を保護することを目的とした主張は，憲法上，生命権・身体の自由，人格権（以上，13条）および財産権（29条）によって根拠づけることが可能であ」り，「環境権という新たな権利の構成を必要とするものではなく」，他方で「環境そのものを保護法益とする『真正の環境権』は，それを憲法上根拠づけることは不可能である。13条にせよ，25条にせよ，環境という客観的な法益を保護する機能を有しているとは考えられないため，これを権利のかたちで憲法が保障すると考えるのは無理がある」とする。

23) 憲法改正によって日本国憲法に環境保護条項を入れるのであれば，人権カタログがある第3章ではなく，国家性を述べている章である第2章の方が合理的とするものとして，小山剛「憲法改正と環境条項」日本法学82巻3号（2016年）65頁。

国家目標の実現を国家に求めるということである。憲法の形式的効力をもって，公共の福祉の一部の実現が要請されているということは，憲法により公共の福祉（の一部）が実現されるということになる。

　第3部では，第二の意味を深めていくことにする。第6章では，国家目標規定がどのようにして具体化され，どの程度まで国家が憲法上義務づけられるのかについて，第7章では，国家目標規定が，目標実現に際して基本権と衝突した場合に，どのように重みづけられるのかについて検討する。第4部（第8章，第9章）では，第一の意味も含め，社会国家原理の給付・促進的側面が基本権化した場合には，どのように権利が構成され，その形成に司法がどのように関わるのかについて検討する。

第6章

国家目標規定の目標促進機能

　国家目標規定は，ある目標の実現を国家に義務づけるものであり，国家諸機関によって展開されることを要する目的プログラムである。したがって，国家目標の実現については国家機関間の「協働」が求められる[1]。そこでは，国家目標を実現する主体・アクターにスポットライトが当てられる。本章では，国家目標規定の規範的具体化のもうひとつの局面，つまり国家目標規定の規範的実体の充填を課題とし，その実現主体（機能論）というよりも，むしろ実現される規範の側（実体論）に着目する。

　その際，第一に検討の対象とするのは，基本的な国家目標規定のひとつである社会国家原理である。もっとも，社会国家原理（ドイツ基本法20条1項）は，「法治国家原理と比べて明らかに，わずかしか作用を発展させてこなかった。……高い未確定性ゆえに，とりわけ立法者による具体化を要する」とされる通り[2]，その実体を論じるのは一筋縄ではいかない[3]。というのも，国家目標規定全体に通じる性格（社会状況の変化可能性およびそれに伴う将来的開放性の要請）が強く働くこと加え，社会国家原理に特殊な事情（高度の規範的抽象性）も存在するからである。とはいえ，社会国家原理が「煮ても焼いても食えない」わけでは決してない。社会国家原理の特殊な事情を踏まえて検討を進めれば，社会国家原理の規範的実体およびその内部構造が見えてくるはずである。なお検討にあたっては，具体的な規範内容をほとんど有しない社会国家原理の解明の助けとして，

1）福祉国家の実現について同様の趣旨を述べるものとして，尾形健『福祉国家と憲法構造』（有斐閣，2011年）145頁以下，156頁以下。

2）*Hans D. Jarass*, in: ders./Pieroth, GGK, 18. Aufl., 2024, Art. 20, Rn. 153 f. 社会国家原理に関する学説・判例は，高田敏『法治国家観の展開』（有斐閣，2013年）172頁。

3）連邦憲法裁判所も，1951年の第一次遺族年金決定で，「社会国家原理の実現について基本的なことは立法者のみがなしうる」としている（BVerfGE 1, 97 [105]）。

国家論上の社会国家の概念，および実定法上蓄積された社会法の内容やそのド
グマーティクが参照される。環境保護についても程度の差はあれ，同様のこと
が当てはまる。

第1節では国家目標規定とその具体化立法との結びつき（およびその総体）に
ついて確認する。**第2節**では国家目標規定の規範的具体化の類型を概観し，**第
3節**では社会国家原理を例に，規範的具体化が立法を通じてどのように行われ
ているか，その具体化が社会国家原理の問題，すなわち憲法上の問題としてど
の程度（再）構成可能なのか，それは如何なる強度においてのことなのかを明ら
かにし，**第4節**では環境保護条項の規範的具体化とその憲法上の再構成につい
て，気候保護を例にみていきたい。

第1節　国家目標規定と具体化法
──プラットフォームとしての部分憲法

まず重要なのは，国家目標規定が憲法上だけでは完結しないという認識であ
る。国家目標規定が，開放条項である以上，それによって開かれた政策領域は，
他の関連する憲法規定や法律によって補充・具体化される。一方で，その領域
の実践的運用において問題となるのは，その領域がどのような基本構造を持っ
ているかであり，実はそのうち何が憲法で書かれているかは，さほど重要では
ない。他方で，その領域の形成に際して，何がその政策領域にとって所与なの
か，すなわち何が憲法で留保されているかが重要となる。政策領域の実践的運
用──どのような制度がより良く憲法を実現するか──と，政策領域の形成
──何が憲法事項であるべきか──が，同時に問題となり，そこに憲法解釈と
「憲法理論」とが有意義に結びつく余地が生じる。

そのような国家目標規定を頂点とする政策領域の形成・運用については，「部
分憲法（Teilverfassung, Sub-Verfassung, Subkonstitutionelle Verfassung）」という概
念が，参考になる[4]。

4）もっとも，この用語の使用法は様々である。クリューガーの用法として，三宅雄彦『保障国家論
と憲法学』（尚学社，2013年）123頁以下参照。クレップファーは，全体憲法（Gesamtverfassung）
と部分憲法との関係を，一般法と特別法の関係として整理する。財政・予算憲法，防衛憲法およ
び国家教会法のように，境界線が明確で，比較的詳細な規範複合体を持つものもあれば，経済憲法

第1項 部分憲法という概念

部分憲法について，日本で包括的に紹介するものはないが，一定の理解がある。憲法秩序を実質的に構成する「基本的ルールは，特定の事項領域ごとに専門的・独立的に把握することによって，その特質をより良く理解することができる場合もある。財政・予算憲法 (Finanz- und Haushaltsverfassung)，金融憲法 (Währungsverfassung)，経済憲法 (Wirtschaftsverfassung)，非常事態憲法 (Notstandsverfassung) など，その枠組みの設定の仕方は，認識対象との関係で様々でありうる」[5]。一般的には他にも，国家教会法 (Staatskirchenrecht)，防衛憲法 (Wehrverfassung)，環境憲法 (Umweltverfassung)，社会憲法 (Sozialverfassung)，EU憲法 [6] などが部分憲法として挙げられるところである。

部分憲法の認識は，「実質的意味の憲法」の理解と連動している。憲法秩序の形成は，実は必ずしもすべてが形式的意味の憲法をもってなされているわけではない。「憲法秩序の変動について考察する際には，憲法典・憲法附属法・憲法運用 (憲法判例・憲法慣習など) の総体 (いわゆる実質的意味の憲法) の変動に着眼し，かつ各要素の間のダイナミズムにも配慮する必要がある」とされる[7]。

なお，ここで言われる「実質的意味の憲法」とは，「公共政策の決定のための仕組み」，「法秩序形成のプロセス (議会の法律制定手続，命令の制定手続とその議会的・司法的統制など)」を指す[8]。もっとも，実質的意味の憲法を，組織的・権限的・手続的な規範に限定する理由は，自明ではない[9]。○○憲法という用語を

───────────
のように，その存在と限界について論争的なものもあるとする。*Michael Kloepfer*, Verfassungsrecht, Bd. 1, 2011, S. 837 ff. ワイマール憲法との関係で，経済・社会憲法という用語を用いるものとして，*Hans-Jürgen Papier*, Grundgesetz und Wirtschaftsordnung, in: Benda/Maihofer/Vogel (Hrsg.), HdbVerfR, 2. Aufl., 1995, §18, Rn. 3. 環境憲法や社会憲法もしばしば用いられるが，必ずしも一般的な呼び名ではないが，例えば，*Detlef Merten*, Sozialrecht, Sozialpolitik, in: Benda/Maihofer/Vogel (Hrsg.), HdbVerfR, 2. Aufl., 1995, §20, Rn. 39 ff.; *Andreas von Arnauld/Andreas Musil* (Hrsg.), Strukturfragen des Sozialverfassungsrechts, 2009, S. 1 ff.

5) 赤坂幸一『統治機構論の基層』(日本評論社，2023年) 71頁。

6) 齊藤正彰『憲法と国際規律』(信山社，2012年) 170頁以下。

7) 赤坂・前掲注5) 71頁。大石眞『憲法秩序への展望』(有斐閣，2008年) 4頁以下参照。

8) 赤坂・前掲注5) 71頁。

9) シュテルツェル (*Dieter Sterzel*) のいう組織法規にとどまらない憲法の意義 (「社会の政治的・文化的自己理解」の照射としての憲法) につき，岡田俊幸「統一ドイツにおける『社会的国家目標規定』をめぐる議論について」和光経済33巻1号 (2000年) 63頁参照。

用いる際にも，その形式的意味と実質的意味が問題となる。例えば，形式的意味の防衛憲法とは，「防衛法全般のうち，特に形式的意味の憲法として定められたもの」を指すのに対し，実質的意味の防衛憲法とは，「防衛法全般のうち特に基礎的な法であるもの」を指す[10]。後者は，憲法に定められるものとは限らないし，国家組織法の部分——これについては特に「防衛組織憲法」の語が当てられうるとされる——と基本権の部分があるとされている。そこで，防衛組織憲法だけを実質的意味の憲法と捉えなければならない必然性はない。統治のルールには，一般的に，組織・権限・手続規範が含まれるが，現在では，多くの憲法で統治の目標もあらかじめ定められており[11]，これを規範カテゴリー化したのが国家目標規定である。

第2項　国家目標規定の立法による実現と憲法の留保

　20世紀末の民主的立憲国家に共通する基本的な国家目標としては，実質的意味の法治国家性，平和国家性，社会国家性，文化国家性，環境国家性が挙げられるが[12]，これらも実質的意味の憲法に含まれるとみるべきである。例えば，社会国家性は，基本法上の社会国家原理や社会国家に関わる権限規定，一部の基本権，さらに広義の社会法によって法的に形成されており，社会憲法とは，社会（に関する）法全般のうち，憲法上の規定を含め特に基礎的な法であるものを指すことになろう。日本でいえば，生存権を実質的に実現しているのは主として生活保護法であり，その基礎的規定は実質的意味の生存権——解釈を通じて

　　赤坂正浩「憲法の概念について」立教法学82号（2011年）97頁以下参照。赤坂正浩は，実質的意味の憲法という用語は使用せず，「憲法関連法令」を用いるべきとする。「憲法関連法令」とは，「日本国憲法の内容を学習し，研究し，あるいは，日本国憲法の内容をめぐって訴訟等で争う場合に，個々のテーマや問題ごとに自然に取り上げられることになるはずの現行日本法」のことであり，そこには「逆説的関係」のものと「順接的関係」のものがあるという。国家目標規定に関わるのは，原則的には，「順接的関係の憲法関連法令」となろう。

10) 山中倫太郎「防衛憲法（Wehrverfassung）の概念について」防衛大学校紀要社会科学分冊110輯（2015年）117頁以下。

11) 大石眞『憲法講義Ⅰ〔第3版〕』（有斐閣，2014年）8頁，新井誠ほか『憲法Ⅰ　総論・統治〔第2版〕』（日本評論社，2021年）9頁〔新井〕，石塚壮太郎「国家目標と国家目標規定」山本龍彦／横大道聡編『憲法学の現在地』（日本評論社，2020年）17頁参照。

12) *Karl-Peter Sommermann*, Staatsziele und Staatszielbestimmungen, S. 198 f. Vgl. *Rainer Wahl*, Elemente der Verfassungsstaatlichkeit, JuS 2001, 1045 f.

形式的意味の憲法ランクを得るかは別として——に含まれるとみることもできる[13]。ドイツでは，社会法の教科書にせよ，環境法の教科書にせよ，ほとんどの場合，憲法と社会法，憲法と環境法との関係が連続的に描かれており[14]，社会領域，環境領域についての規律が，憲法・法律一体でなされているとの認識が前提となっている[15]。そこでは，憲法にどれだけのことが留保されているかはさほど重要ではない。制度改変が企図されたときに初めて，その内容が憲法事項と抵触しないかが問題となる。

ドイツ基本法20a条の環境保護条項との関係では，事前配慮原則も原因者責任負担原則も，元からあった環境法上の諸原則にすぎない。もっともそれらの原則が（解釈を通じて）憲法に格上げされることにより，環境政策の幅が一定程度狭められる場合もある。どの程度の内容が憲法に留保されるべきかは，民主政原理との緊張関係[16]を前提に，慎重に判断していく必要があるが[17]，部分原則の憲法化には，政策の体系化・合理化の利点があることも押さえておく必要がある[18]。

第3項　部分憲法の統合規範としての国家目標規定

国家目標規定には，部分憲法または憲法の部分秩序を統合する規範としての役割も期待される。部分憲法とされるものの中には，統治のルールを決めるものもあれば，統治の目標を定めるものも含まれている。自由権は，統治規範としてみれば，消極的権限規定ということになろうが，統治の目標としてみれば，

---

13) ドイツ連邦憲法裁判所の「生存権」に関する記述は，社会扶助法上の諸原則（主観的権利原則，需要充足原則，個別化原則など）を含んでおり，ドイツでは社会扶助法の一部がすでに「生存権」解釈を通じて憲法化されているとみるべきである（本書**第8章**参照）。ドイツの社会扶助法制については，田畑洋一『ドイツの最低生活保障』（学文社，2011年）187頁以下。

14) *Raimund Waltermann/Benjamin Schmidt/Katja Chandna-Hoppe*, Sozialrecht, 15. Aufl., 2022, Rn. 14 ff.; *Stefan Muckel/Markus Ogorek/Stephan Rixen*, Sozialrecht, 5. Aufl., 2019, S. 26 ff.; *Eberhard Eichenhofer*, Sozialrecht, 13. Aufl., 2024, S. 61 ff.

15) 日本でも例えば，岩村正彦『社会保障法Ⅰ』（弘文堂，2001年）30頁以下，西村健一郎『社会保障法』（有斐閣，2003年）35頁以下，堀勝洋『社会保障法総論〔第2版〕』（東京大学出版会，2004年）121頁以下，菊池馨実『社会保障法〔第3版〕』（有斐閣，2022年）52頁以下。日本における社会憲法に関連する判例集として，加藤智章ほか編『新版 社会保障・社会福祉判例体系1』（旬報社，2009年）。

16) 赤坂・前掲注5）53頁以下。本書**序章第2節**も参照。

17) *Sommermann* (Fn. 12), S. 374 ff.

18) 後掲注50）参照。

第6章　国家目標規定の目標促進機能　129

実質的意味の法治国家原理（自由や平等）の憲法上の特殊な——権利——形式での具体化であると認識することができるし，社会権は社会国家原理を部分的に権利形式によって具体化したものだとみることができる。重なり合う認識は，憲法の複合的機能をどの観点からみるかに依存しており，どれが正解かという問題ではない。

内容が明確に定まっていないだけではなく，内容が将来に向かって開かれていることにより，憲法解釈から遊離してしまいがちな国家目標規定にとって，部分憲法の頂点を形成するという役割は，実定法（およびその解釈）に接地しておくための，または着地するための重石になる。部分憲法は，国家目標規定と具体化法上の規定がどのように結びついているかを常に検証する中で，構成されなければならない[19]。

部分憲法の構成のためには，具体化法とシームレスに結びつく——例えば社会法の教科書の冒頭の章に書かれうるような——国家目標規定の解釈が求められる。社会法が憲法化することの帰結は，憲法の社会法化でもある。憲法の側からは社会憲法として，社会法の側からは部分的に憲法化した社会法の基礎部分として，別の角度から照射しても同じ規範複合体が浮かび上がることが望ましいといえよう。

第 2 節　国家目標規定の規範的具体化の類型

では，国家目標規定によって開かれた部分憲法領域は，どのようにして具体化されていくのか。すでに述べてきたように，国家目標規定は，目的プログラムであるため，規範的具体化（プログラムの展開）を要する。もっとも，国家目標規定は様々な内容を含みうるため，その具体化も幾つかの特徴から類型化が可能である。

国家目標規定の規範的具体化には，①立法による具体化と，②解釈による具体化があるとされている[20]。立法による具体化はさらに，①-a目標の内容的具体化（例えば，一般法律上行われる下位目標への細分化）と，①-b目標の手段的具

---

19) 行政法学における同様の趣旨の取り組みとして，参照領域論がある。これについては，原田大樹『行政法学と主要参照領域』（東京大学出版会，2015年）1頁以下。

20) *Sommermann* (Fn. 12), S. 399.

体化（例えば，手段カタログの展開）に分かれる[21]。解釈による具体化は，②-aとして目標の内容的具体化のみに関わるとされる。

　国家目標規定について詳細に論じたゾンマーマンの教授資格請求論文では，②解釈による具体化の扱いは，かなり小さい[22]。というのも，彼は，国家目標規定の拘束が「一定の目標の追求への国家の義務に尽きる」と考えているからである。そして，「この目標追求あるいは目標実現の義務への限定は，『目的プログラム化された規範』への国家目標規定の規範理論的分類に一致する」とされる。その例証として，1967年に連邦憲法裁判所が下した青少年援助判決における次のような判示が引用される。「基本法20条1項〔社会国家原理〕が規定するのは，『何をということ（Was）』，すなわち正当な社会秩序という目標のみであり，『如何にして（Wie）』，すなわち目標達成〔の方法〕については，すべての道を開いたままにしている」[23]。連邦憲法裁判所は，その後も「社会国家原理は，国家に任務を課すが，どのようにこの任務が個々に実現されるべきかについて何も述べていない」[24]として，この見解を踏襲している。ゾンマーマンは，さらに，東西ドイツ再統一要請（基本法旧23条）についての連邦憲法裁判所判決も補強的に挙げている。それによれば，「再統一は憲法の要請である。しかし，如何なる方法が再統一の実現に対して政治的に適切で目的に適うものかを決定することは，政治的行為に任せられた連邦共和国の機関に委ねられ続けなければならない」[25]。この点で，ゾンマーマンは，非常に広範な立法裁量が働く社会国家原理や政治的な国家目標規定をモデルに一般化を行っているが，（実質的）法治国家原理や環境国家目標では，少なからず解釈による手段的具体化（立法者の形成の余地の限定）も行われている。一般的にいって，国家目標規定の具体化に際して広い立法裁量が生じることは確かだが，解釈による具体化の役割の大きさについては，国家目標規定ごとに異なると考えるべきであろう。

　国家目標規定の規範的具体化の類型には，立法によるものと解釈によるもの

---

21) *Sommermann* (Fn. 12), S. 399. ゾンマーマンは，①-aを目標領域（Zielbereich）の具体化，①-bを目標実現（Zielverwirklichung）の具体化と呼ぶ。

22) *Sommermann* (Fn. 12), S. 377 ff.

23) BVerfGE 22, 180 (204). ドイツ憲法判例研究会編『ドイツの憲法判例〔第2版〕』（2003年）362頁以下〔廣澤民生〕。

24) BVerfGE 59, 231 (263).

25) BVerfGE 36, 1 (17). ドイツ憲法判例研究会編・前掲注23）419頁〔岡田俊幸〕。

——両者は判然と区別しえない場合も多い——とを合わせて，①国家目標の内容的具体化，②国家目標の手段的具体化，③部分原則の導出，④その他の憲法規範との結合がある。④については，非常に重要ではあるが，本章の目的との関係で取り上げない。

第1項　国家目標規定の内容的具体化

国家目標規定の内容的具体化（＝目標領域の細分化）とは，高次の国家目標から下位の目標（Was）が導出されることをいう。ゾンマーマンによれば，内容的具体化は，「特に抽象度の高い国家目標の場合に，決定的に重要」であるが[26]，これは第一に立法によることが想定されている。例えば，「社会法典総則において，その最も重要な下位目標が挙げられることにより，社会国家性の具体化がなされる」とされる[27]。

またゾンマーマンは，立法によらずしても，解釈によって到達可能な内容的具体化があるとしている。例えば，社会国家原理との関係では，「人間に値する生存最低限度」がそれに当たり，「人間に値する市民生活にとっての最低条件がもはや保障されない場合に初めて，立法者の法的行為義務が発生する。……その点で，社会国家原理は，『ハードな』目標の核心を含んでいる。その目標の核心は，……目標の外縁とは区別され，民主的立法者の評価特権に属するものではない」[28]。国家目標規定の核心内容について，「立法者は，一方で積極的には目標実現に努め，他方で消極的にはこの目標内容と矛盾する具体化をしないことによって，尊重しなければならない」とされる[29]。

ゾンマーマンが，社会国家原理の核心領域を，人間に値する生存最低限度のみに限定する（＝解釈による具体化の役割を小さく見積もる）のは，社会国家原理の「将来的開放性」に配慮してのことである[30]。そもそも社会国家原理の解釈論

---

26) *Sommermann* (Fn. 12), S. 399 f.

27) 連邦憲法裁判所も，「社会法は，国家的社会政策の最も重要な手段のひとつである（社会法典第1編1条1項参照）」としている（BVerfGE 68, 193 [209]）。

28) *Karl-Peter Sommermann*, in: Huber/Voßkuhle (Hrsg.), GGK, Bd. 2, 8. Aufl., 2024, Art. 20, Rn. 120 f. 立法者に裁量が与えられないのは，当該下位目標の追及に取り組むかどうか（Ob）についてであり，それについてどのように取り組むか（Wie）については，立法者に形成の余地が付与される。

29) *Sommermann* (Fn. 12), S. 402.

30) Vgl. *Sommermann* (Fn. 28), Art. 20, Rn. 106, 115 f. フォスクーレは，連邦憲法裁判所の社会国

（特に，立法者の広範な形成の余地論）に色濃く反映される「将来的開放性」の議論を，国家目標規定という規範類型に一般化できるのかという問題もあるが，私見では，目的プログラム性[31]を有する国家目標規定のような規範類型に，立法裁量が働かない核心領域と立法者の評価特権に委ねられる外縁領域という——適合的なようにも一見思える——二分法は，実は相応しくない。プログラムの内容については，それが核心的なものか，外縁的なものにすぎないかは，目的に向かってプログラムが展開していく中で明らかとなっていくものであろうし，その中には，核心領域に属するとも外縁領域に属するとも言えないものもある[32]。このような領域理論が仮に妥当とすれば，立法者が配慮すべき中間領域も含め三分割すべきと考えられる。

　国家目標規定の規律領域を三分割すべき理由は，さらに，次のことにある。ゾンマーマンは，解釈による具体化の方法として，古典的解釈方法（文理解釈，体系的解釈，歴史的解釈および目的論的解釈），観点的対処（コンラート・ヘッセ［*Konrat Hesse*］の「憲法の統一体」，「実践的整合」等の観点に基づく解釈）および国際法適合的解釈などと並んで，解釈補助としての比較法および国家論を挙げている[33]。「特に抽象的な基本的国家目標——そこではたいてい，国家理論上の基本構想を実定憲法に編入することが問題となるのだが——に際して，文理解釈はその概念を生み出した理論的背景を素通りすることはできない。…… 文法的解釈〔の対象〕を単純にも『社会的』という形容詞句に限定しようとすれば，憲法の目標構造は，経験的に導かれた国家理論形成の認識獲得から切り離され，アイデンティティを喪失することになるだろう」という[34]。ゾンマーマンの言うことを言葉通りに受け取れば，時間的・空間的に限定された（現代立憲主義国家の）中で現れた，例えば「社会国家」という現象を解釈補助として初めて，意味ある社

家原理に関する基礎的パラメーターとして，安定性・将来的開放性・多様性確保を挙げている。*Andreas Voßkuhle*, Der Sozialstaat in der Rechtsprechung des Bundesverfassungsgerichts, SGb 04/2011, 181.

31) Vgl. *Sommermann* (Fn. 12), S. 356 ff. 小山剛『基本権の内容形成』（尚学社，2004年）277頁。

32) ゾンマーマンは，ハンス・F・ツァハー（*Hans F. Zacher*）により社会国家の「最重要目標」として挙げられた合意可能な定式に言及しているが，これは中間領域に属するとも考えられる（*Sommermann* [Fn. 28], Art. 20, Rn. 105）。

33) *Sommermann* (Fn. 12), S. 403 ff.

34) *Sommermann* (Fn. 12), S. 409 f.

会国家原理の解釈が可能となる。そこでは，「社会国家」の実体像が前提とされており，その際，実りある考察対象となる内容的および手段的な項目やテーマの多くは，核心でも外縁でもない，その中間にある領域に属することになろう。というのも，ある国家目標規定を掲げたとしても，必ず取り組まなければならない内容というのはそれほど多くはないが，他方でそれを標榜する以上はこれくらいはやってほしいというカタログはそれなりに想定できるからである。

第2項　国家目標の手段的具体化

　国家目標の手段的具体化とは，如何なる方法で（Wie）国家目標が達成されるべきかについての手続的・形式的要素の具体化のことで，例えば典型的には，社会法典の「給付方法，給付主体ならびに手続法的条件および給付処理の様式に関する諸規定」がそれに属する[35]。もっとも，給付基準等，なかには実体的要素を含んでいるものもあり，必ずしも手続的・形式的要素のみに限られるわけではない[36]。その点で，内容的具体化と手段的具体化の区別は，相対的である[37]。

　手段的具体化も，第一には立法による。この点ゾンマーマンは，とりわけ解釈による国家目標の手段的具体化に対して否定的である。それは，各論的には，社会国家原理のところで最もよく現われる[38]。彼によれば，憲法裁判所が社会国家目標の硬直的解釈を広範囲にわたって導けば，基本法において民主的立法者に認められた社会形成の問題における中心的役割が抹消され，立法者が憲法規範の単なる執行機関に格下げされてしまう。したがって，立法者には広範な形成の余地が認められ，例えば「社会国家原理から，社会保険の一定の内容形成も，伝統的に存在する失業扶助と社会扶助の二重制度の存続保障も，ベーシ

---

35) *Sommermann* (Fn. 12), S. 401 f., 佐々木雅寿「環境保護と憲法上の課題」松本博之ほか編『環境保護と法』（信山社，1999年）29頁は，「環境権」を手続的観点から広く捉える。

36) 社会法典第1編2条では，1条で挙げられた任務に仕える「社会権」があるとされ，3条～10条で，それぞれの権利内容が記されている。その意義について詳しくは，清野幾久子「西ドイツ社会法典総則における『社会権』規定の意義」明治大学大学院紀要法学篇20集（1983年）117頁以下。ゾンマーマンは，これらの「社会権」は，内容的要素および手段的要素のいずれも有しているとする（*Sommermann* [Fn. 12], S. 401 f.）。

37) *Sommermann* (Fn. 12), S. 401.

38) *Sommermann* (Fn. 28), Art. 20, Rn. 116.

ックインカム導入の原則禁止も引き出されえない」とされる。つまり，ゾンマーマンは，特に社会国家原理の手段的具体化が立法者の形成に完全に委ねられると考え，解釈による手段的具体化（核心領域）を否定し，それを国家目標規定というカテゴリーに一般化している[39]。

　しかしそれに対しては，2つの観点から反論できる。

　第一に，彼自身，次項の部分原則の導出でみるように，解釈による手段的具体化に，例外の存在——環境国家目標における事前配慮原則等——を認めている。つまり，国家目標規定の解釈による手段的具体化は全く否定されているわけではない。将来的開放性が強く要請されるという，社会国家原理に特殊な論理を過度に一般化すべきではない。

　第二に，前項で論じた中間領域の議論が当てはまる。つまり，国家目標を実現するのに適合的なものとして伝統的に蓄積されてきた，あるいは，各国で採り入れられているような目標実現手段——目標実現の観点から必要不可欠とは言えないまでも，全く考慮しなくてよいわけではないもの——は，立法者が考慮すべき（中間領域に属する）手法として憲法的に評価されるべきである[40]。この点，ゾンマーマンが「事前配慮原則が環境変化・環境破壊プロセスの時間的次元の観点から必要不可欠な指導原理だと考えられなければならない一方で，このことは原因者責任負担原則にも，確かに当然言えることではあるが，必ずしも必然的ではない」としているところをみると[41]，環境国家目標における，彼の原因者負担原則の位置づけは，外的視点からは中間領域に属すると評することができる。

　要するに，②-b 解釈による目標の手段的具体化も，その規範的要請の強度に差がある場合もあるとはいえ，存在しうるのである。

---

39) *Hans F. Zacher*, Das Soziale Staatsziel, in: Isensee/Kirchhof (Hrsg.), HdbStR, Bd. 2, 3. Aufl., 2004, §28, Rn. 68 ff. でも，社会国家目標の「抽象的確定性と具体的不確定性」が語られている。確かに，細かいところまで解釈で到達するのは望ましくも，可能でもない。解釈論的に重要なのは，社会国家原理と社会法との間にある中二階部分である。日本では，駒村圭吾『憲法訴訟の現代的転回』（日本評論社，2013年）180頁が，堀木訴訟判決（最大判昭和57年7月7日民集36巻7号1235頁）のいう「社会保障給付の全般的公平」が憲法25条に由来する客観法原則である可能性を示唆する。

40) この点，立法者の裁量が狭まるのは，当該手段を採用するかどうか（Ob）についてであり，さらにそれをどのように形成するか（Wie）については，再び立法者の形成の余地が生じる。

41) *Karl-Peter Sommermann*, in: von Münch/Kunig (Hrsg.), GGK, Bd. 1, 7. Aufl., 2021, Art. 20a, Rn. 23.

第3項　部分原則の導出

　部分原則[42)]には，内容的具体化に関わるものと，手段的具体化に関わるものがあるが，それらは基本的に解釈により導出される。つまり，《②-a解釈による内容的具体化》の一部としての部分原則の導出と，《②-b解釈による手段的具体化》の一部としての部分原則の導出がある。

　前者の例には，（実質的）法治国家原理がある。本章の最初に挙げた言明は，法治国家原理から導かれる部分原則の多さを指摘していたが，国家目標規定というテーマから実質的法治国家原理に限っても[43)]，その部分原則には，法律への信頼保護，比例原則，私法における権利保護などがある[44)]。また，様々な刑法および刑事訴訟法上の原則も導かれる[45)]。すべての部分原則をここで挙げることはできないが[46)]，これらは基本的に解釈による内容的拡充である（＝②-aに属する）。ただし，法治国家原理の部分原則の多くは，他の憲法規範（特に諸基本権）と結びついて，その特殊な内実を獲得しており，法治国家原理に固有のものと言えるものはさほど多くない。また，同原理はそのような形で解釈論上著しく発展しており，内容的な部分原則だけではなく，そこからさらに多くの細分化された手段的ルールも創出されている。

---

42) 日本国憲法では，レペタ事件最高裁判決（最大判平成元年3月8日民集43巻2号89頁）が，「憲法21条1項の規定は，表現の自由を保障している。そうして，各人が自由にさまざまな意見，知識，情報に接し，これを摂取する機会をもつことは，その者が個人として自己の思想及び人格を形成，発展させ，社会生活の中にこれを反映させていく上において欠くことのできないものであり，民主主義社会における思想及び情報の自由な伝達，交流の確保という基本的原理を真に実効あるものたらしめるためにも必要であって，このような情報等に接し，これを摂取する自由は，右規定の趣旨，目的から，いわばその派生原理として当然に導かれる」（下線石塚）として，表現の自由（およびその裏にある「思想および情報の自由な流通」という基本的原理）の派生原理として，情報摂取の自由（知る自由）が導かれるとしている。これは防御権の保護領域に関する説示ではあるが，文言上一見すると保護領域には含まれない内容を，その趣旨・目的に立ち戻って，そのコロラリーとして導くというのは，国家目標規定の部分原則導出の論理と同様である。この説示が「とてつもなく重要であること」とその趣旨については，駒村・前掲注39) 258頁以下。

43) 形式的法治国家原理は，民主政原理とならび，「国家の行為枠組，行為様式または意思形成の観点からの，組織または手続に関する根本的な確定」を行う「国家構成原理」であり，国家目標規定とは区別される（*Sommermann* [Fn. 28], Art. 20, Rn. 88, 229 ff.)。

44) *Jarass* (Fn. 2), Art. 20, Rn. 94-136.

45) *Jarass* (Fn. 2), Art. 20, Rn. 137-152.

46) Vgl. *Sommermann* (Fn. 28), Art. 20, D III.

後者の例には，環境国家目標がある。原則が原則たるには，「種々の事象の形態について共通して存在するひとつの指導理念が必要であ」るとされるところであるが[47]，手段に関わる部分原則の導出については環境国家目標（基本法20a条）という素材が，国家目標規定にとって典型的である[48]。環境法分野の主たる原則として，事前配慮原則，原因者負担原則，持続性原則および協働原則が挙げられることが多いが[49]，これらの原則は同時に，国家目標「環境保護」の部分原則でもあるとされる[50]。これらは「保護の仕方」に関わる点で手段的である。

　もっとも，「本来的に環境に関する命題として，〔環境保護という〕国家目標は時間的に法律に先行してそこにあったわけではな」く，「むしろ憲法テクストに採用された国家目標は，一般環境法において表現されている保護目標や原則的な国家の義務を，事後的に格上げしたものである」（圏点石塚）[51]。そこで，どれを「格上げ」するかについては争いがある。例えば，ゾンマーマンは，事前配慮原則と持続性原則という例外を除けば，環境法の従来の諸原則や環境法上の手段を，憲法上の根拠を持つもの（verfassungsfest）として容易には承認せず，原因者負担原則も協働原則も verfassungsfest ではないとする[52]。これに対し，ムルスヴィークは，原因者負担原則を強く承認する一方で[53]，協働原則については，

47）ディートリヒ・ムルスヴィーク（神橋一彦訳）「環境法におけるいわゆる『協働原則』（Koopera-tions-prinzip）について」ドイツ憲法判例研究会編『先端科学技術と人権』（信山社，2005年）94頁。

48）本章第4節。

49）ライナー・ヴァール（小山剛監訳）『憲法の優位』（慶應義塾大学出版会，2012年）58頁［石塚壮太郎訳］。その他の原則も含め，ウルリッヒ・ラムザウアー（戸部真澄訳）「環境行政法総論」ハンス＝ヨアヒム・コッホ編（岡田正則監訳）『ドイツ環境法』（成文堂，2012年）97頁以下。

50）ここで挙げた他にも，事前配慮原則を現実に転化させ，実り豊かなものとするために必要不可欠な更なる原則として，「使用可能な最良の技術利用の原則」（*Astrid Epiney*, in: Huber/Voßkuhle (Hrsg.), GGK, Bd. 2, 8. Aufl., 2024, Art. 20a, Rn. 117）や，持続可能性原則に含まれる「資源保存の要請」（*Sommermann* [Fn. 41], Art. 20a, Rn. 30）が言及される。

　「環境保護」の部分原則は，確かに立法者を縛るものではあるが，むしろそれまで立法者が促進してきた環境立法の結晶でもあり，それが憲法化したものである（一般法律から憲法へ）。一般法律レベルで確立された一定の諸原則が憲法化し，それらを基軸にして立法活動が行われる，あるいは場合によっては立法が司法的コントロールを受けることで，積極的には「環境保護の最適化ないしは実効化」が指向され，少なくとも「追証可能かつ事後的に変更可能な制度の形成」が目指される（憲法から一般法律へ）。

51）ヴァール・前掲注49）68頁［石塚訳］。

52）*Sommermann* (Fn. 41), Art. 20a, Rn. 23.

53）ディートリッヒ・ムルスヴィーク（岡田俊幸訳）「国家目標としての環境保護」ドイツ憲法判例研

通説的見解に抗してそもそも「原則」としては認められないとしている[54]。

　社会国家原理を具体化する部分原則が少ないとされた理由としては，社会国家原理の将来的開放性が考慮されなければならないこと，社会国家原理が「種々の事象の形態について共通して存在するひとつの指導理念」を発展させるには，過度に抽象的であり，それゆえあまりにも大きな広がりを持ちすぎていることが挙げられる（その意味では，環境国家目標は，部分原則を発展させられる程度には，十分に限定されている）[55]。しかし，必ずしも社会国家原理に，「部分原則的なもの」がないわけではない。詳しくは後述するが，社会国家原理の中心的な実現手段——それ自体が一種の部分原理であるが——の中には，諸「原則」を展開するものも存在する。つまり，社会国家原理は，手段的具体化を受けて初めて，その「部分原則的なもの」を認識することができるようになるのである。

第4項　小括

　国家目標規定の規範的具体化は，基本的に立法者に委ねられる。「社会国家原理の実現について基本的なことは立法者のみがなしうる」[56]という連邦憲法裁判所の言明は，確かに国家目標規定全体に妥当する。もっとも，各国家目標規定の抽象度の違いにより，解釈による具体化の可能性には幅があるとみるべきだろう。

　内容的・手段的具体化と部分原則の導出との関係については，次のように説明されよう。つまり，国家目標規定の具体化は，一般的には，①《憲法上の要請（主に目標の実現）→法律レベルでの具体化→命令・規則以下レベルでの具体化》というルートをたどるが，場合によっては，②《憲法上の要請（主に目標の実現）→法律レベルでの具体化→当該法律の解釈から導かれる諸原則→諸原則の一

究会編『人間・科学技術・環境』（信山社，1999年）264頁以下。この点に対する批判を含め，桑原勇進『環境法の基礎理論』（有斐閣，2013年）156頁以下，赤坂正浩『立憲国家と憲法変遷』（信山社，2008年）171頁，藤井康博『環境憲法学の基礎』（日本評論社，2023年）164頁以下も参照。

[54] ムルスヴィーク・前掲注47）91頁以下。協働原則について詳しくは，清野幾久子「ドイツ環境保護における協働原則」法律論叢73巻4・5号（2001年）27頁以下。

[55] 「連邦憲法裁判所は，まさに社会法問題についての判決の中で，普遍的に妥当する規律がないことを繰り返し強調した」（*Friedhelm Hase*, Sozialrecht, in: Vesting/Korioth [Hrsg.], Der Eigenwert des Verfassungsrechts, 2011, S. 130 f.）。

[56] BVerfGE 1, 97 (105).

部の憲法化》，あるいは稀に，③《憲法上の要請（主に目標の実現）→部分原則の導出》という道も存在する。ルート③は，以下では詳しく取り上げないが，他の憲法規範と結びつくことで比較的頻繁にたどられる。内容的具体化と手段的具体化は，突き詰めると相対的にならざるを得ないが，部分原則の導出も含め，具体化の流れの中で一応区別することができるだろう。

　本章の狙いは，一般的にルート①をたどると考えられている社会国家原理の実現について，ルート②をたどることで——憲法化に強度の差はあれ——社会国家原理の規範内容に広がりを持たせ，その拡張的把握の可能性を意識する点にある。それにより初めて，生存最低限度の議論に閉じこもることなく，社会国家原理の発展可能性を展望することが可能となる。環境保護条項もルート②をたどるが，社会国家原理ほど規律領域が広いわけではない分，比較的詳細な憲法化がなされる傾向にある。

第3節　社会国家原理の立法による具体化
およびその憲法的再構成

　社会国家的プログラムの基本的な展開を「立法者のみがなしうる」のだとすれば，社会国家原理の発展は（広義の）社会法[57]の展開とほとんど同義であるといっても過言ではない。やはり当該領域における社会政策立法の重要性を看過することはできない。他方で，社会法政策の展開は，立法者の全くのフリーハンドに委ねられるものではなく，社会国家原理の実現のために，社会の変化に対応して不断にその内容を適正化してくことが求められ，そこでは，内容適正化を可能にするだけの体系化および構造化が前提とされている。

　本節では，社会国家原理の内容的・手段的具体化について，立法と解釈の両面から検討し，いずれの具体化についても何が中間領域に属するのかを，可能な限り明らかとしたい。

---

57) 広義の社会法（労働法や私法的上の規律を含む）と狭義の社会法（主に社会法典）の関係ついては，松本和彦「ドイツにおける社会法概念の展開」研究 労働法・経済法別冊 3 巻（1991年）2 頁以下。本章では，特に留保を付さない場合，社会法は狭義のそれを指す。

第1項　社会国家原理の内容的具体化

本項では，社会国家原理を具体化した法の範囲を，その規範的要請のグラデーションを加味したうえで示す。もっとも，社会国家原理の規範的内実は，多種多様のものを含み，どこからどこまでが社会国家原理を具体化したものなのか，そしてその規律を受ける実体なのかという点については曖昧な点も多く残る。

では，何がその内容とされるのかというと，それはこれまで社会国家原理の規律内容として発見され，実現されてきたもの——そのようなものとして発見されなかったとしても，後にそのようなものとして整理されたものを含む——である[58]。現在の（広義の）社会法による具体化を確認したうえで，国家論的考察を参考にして解釈により到達可能な中間領域の構築を目指す。

1　立法による具体化

社会国家原理を具体化する中心的立法である社会法典第1編1条1項1文は，社会国家原理に含まれる「社会的正義」と「社会的安全」という2つの指導理念を定立し，その理念を「社会的および教育的扶助を含む社会的諸給付」によって達成しようとする。このことは，「人間に値する生存を確保すること，人格の自由な発展のための，とりわけ若者の人格の自由な発展のための等しい前提条件を創設すること，家族を保護・促進すること，自由に選んだ活動を通じた生計の獲得を可能にすること，生活の特別な負担を自助によっても防ぐまたは調整すること」に奉仕する（同項2文）。

より具体的に，社会法典の編立て[59]を参照すれば，生活保障（市民手当，社会扶助），労働（労働促進［失業保険および失業手当Iを含む］，労災保険），健康（疾病保険，介護保険），老齢（年金保険），児童青少年の保護・育成（児童・青少年扶助），障害者（リハビリテーション）がある。そして，連邦専門教育助成法，連邦児童手当法，住居手当法，連邦親手当・親時間法などは，社会法典第1編68条により，それ

58）ドイツでは，環境保護が社会国家原理から導かれないかについて，かつて議論がなされた。社会国家原理の輪郭の境界事例であろう。桑原・前掲注53）51頁以下。

59）近時の動向も合わせて，正井章筰「ドイツの社会保障制度」早稲田法学86巻4号（2011年）49頁以下，村上淳一ほか『ドイツ法入門〔改訂第9版〕』（有斐閣，2018年）114頁以下参照。

らが社会法典に組み込まれるまでの間，社会法典の各則となっている。さらに，社会国家原理は，社会法だけではなく，労働法，民法の一部（賃借人保護，消費者保護），訴訟法（訴訟費用扶助，過酷な差押執行からの保護），さらに租税法（児童扶養控除，累進所得税率）においても具体化される[60]。

また，基本的な社会政策の教科書の章立てをみると，労働者保護，労働市場政策，労働者の共同決定，社会保険制度，社会的最低限度保障，住居政策，家族政策，青少年保護および高齢者扶助，中産階級指向の社会政策などがある[61]。

以上のことを総合して考えると，（広義の）社会法の主たるテーマとしては，①労働（労働促進，労働者保護，労働市場），②生活保障，③健康，④高齢者，⑤社会における児童・青少年の保護および育成，⑥障害者，⑦家族（児童・育児），⑧住居，⑨教育，⑩戦争犠牲者，⑪消費者・賃貸人等の保護，⑫富の拡大が挙げられよう。

2　解釈による再構成

立法者によって具体化される社会国家原理のうち，社会国家原理の規範内容として示す方法は 2 つある。第一に，伝統的または普遍的な「社会国家」の内容を継受する方法，第二に，それらを基本法の構造から捉え直す方法である。

ゾンマーマンは，社会国家について個別テーマレベルで検討している。彼の分析は，「国家目標理論 (Staatszieltheorie)」[62] を用いて社会国家の中心的内容を示しており，これに属するものは少なくとも社会国家原理の中間領域にあると考えうる。彼は，社会国家原理の憲法的内容形成が，部分的には18世紀から継受されたもの（例えば，1793年フランス憲法における労働への権利の兆候）としながらも，基本的には20世紀の現象だとし，その具体的内容として，①社会的安全（生活保障を含む），②労働，③健康，④家族，⑤住居，⑥消費者，⑦富裕を挙げて

---

60) *Waltermann／Schmidt／Chandna-Hoppe* (Fn. 14), Rn. 16.

61) *Jörg Althammer／Heinz Lampert／Maximilian Sommer*, Lehrbuch der Sozialpolitik, 10. Aufl., 2021, S. ix-x, S. 142.

62) *Sommermann* (Fn. 12), S. 297 ff.　ゾンマーマンが提唱する国家目標理論は，一般国家学の一種であるが，立憲主義国家に焦点を当てているという点では，比較憲法的視点も多分に取り込まれている。議論の抽象度は異なるが，この傾向は，1989年の国法学者大会で国家目的（論）を論じたゲオルク・レスとクリストフ・リンクにも共通している（小山剛「陰画としての国家」法学研究80巻12号［2007年］151頁以下参照）。

いる[63]。これらは各国あるいは諸州の憲法条文に根拠を有すること，または有したことが主たる列挙条件となっているようだが，現代立憲主義国家にみられる共通の現象としての社会国家の内容を示したものといえる[64]。

ロルフ・グレシュナーは，社会国家原理の役割を，自由権行使の一般的な前提要件を保障することにあるとしたうえで，幾つかの政策領域を基本権との関係で示している[65]。例えば，人間の尊厳（基本法１条１項），財産権（同14条１項），住居不可侵（同13条１項），職業の自由（同12条１項），芸術・学問の自由（同５条３項），人格の自由な発展（同２条１項）などとの関係で，生存最低限度の保障，財産・住居政策，専門教育・教育・職業教育政策，労働促進・労働市場政策，婚姻・家族政策，健康政策，生存事前配慮およびインフラ政策を挙げている。

これまで挙げてきた諸テーマを３つの領域に分けるとすると，次のように考えることができる。《核心領域》人間に値する生存最低限度，《中間領域》社会的安全（生存最低限度を除く），労働，健康，家族，住居，消費者保護，富裕，教育[66]，《外縁領域》高齢者，社会における児童・青少年の保護および育成，障害者，戦争犠牲者，賃貸人等の保護等。核心領域は，憲法が社会国家を標榜する以上，国家が必ず取り組まなければならないテーマである（同時に，それを怠れば国法秩序のメタ法的正当性がかなり低下する）。中間領域は，社会国家の中心的かつ重要な内容として考慮されなければならない。外縁領域は，立法者の政策的判断に基づいて選択されるテーマである。

この点，連邦憲法裁判所は，「個々人に人間に値する生存最低限度の保障に対する基本権……は基本的に実現してもしなくてもよいものではなく，実行に移

---

63) *Sommermann* (Fn. 12), S. 223 ff.

64) 個別のテーマについて「共通の現象」として疑問がないわけではないが，ここではひとまずゾンマーマンの列挙に従うことにする。彼は，他国の憲法もドイツ基本法と同様に，慎重な考慮に基づいて国家目標規定を列挙しているとみている節がある。

65) *Rolf Gröschner*, in: Dreier (Hrsg.), GGK, Bd. 2, 2. Aufl., 1998, Art. 20 (Sozialstaat), Rn. 20, 25 ff. グレシュナーの議論の規範的意味は必ずしも定かではないが，この方法は，基本法秩序に適合的な分，部分的に後付的で迂遠な説明が生じることを免れない。国家論から説明するか，基本権論から説明するかにつき，小山剛「震災と国家の責務」公法研究61号（1999年）203頁以下注５を参照。また，そもそも単なる国家の義務か，それが憲法上の義務でもあるかについての議論として，長谷部恭男『憲法の理性〔増補新装版〕』（東京大学出版会，2016年）131頁以下を参照。

66) ゾンマーマンの整理では，教育は文化国家の具体的内容に含まれる（*Sommermannn* [Fn. 12], S. 230 ff.）。

されなければならない」とする (BVerfGE 125, 175 [222])。また，基本権制約の文脈だが，同裁判所は「疾病の際の保護は，基本法の社会国家的秩序における国家の基本的任務のひとつである」としている (BVerfGE 68, 193 [209])。

第2項　社会国家原理の手段的具体化

本項で問題となるのは，社会国家目標を如何にして実現するかという観点である。これは一般法律上の規律手法が参考になることは言うまでもない。社会国家原理の実現手段は，立法者の形成に対して広く開かれているからである。

社会国家原理は，規律範囲が著しく広範であり，未確定的部分を多く含んでいるため，社会国家原理全体に共通する部分原則を発見することは，確かに難しい。しかし，実現手段という観点から限定しさえすれば，その手段を用いることに伴って発展した「部分原則的なるもの」を発見することもあるいは可能となる。社会国家原理は手段的観点から自らを（部分）領域化して初めて，一定の原理・原則が働く「ひとまとまり」となり，そこで初めて「部分原則的なもの」が見出される。その場合，一般法律上の規律が先行することになるが，環境国家目標の部分原則も，一般法律上の諸原則を事後的に格上げしたものであることが想起されよう。また，部分領域化については，規範的抽象度が高い社会国家原理に特徴的なものと思われる。

社会国家原理を実現するのは社会法典だけではないが，ここでは，その中心的法制度である社会法典に着目する。

1　社会法の基本構造

社会法は，その用いる手段ごとに，古典的には，社会保険 (Sozialversicherung)，社会援護 (Sozialversorgung) および社会扶助 (Sozialhilfe) という 3 つの分野に区分され，近年では，さらに社会助成 (Sozialförderung) が加わる。

社会法の古典的区分では，①社会保険，②援護，③配慮 (Fürsorge) ないし扶助がある [67]。①社会保険は，疾病，老齢および労働災害といった一定の社会リスクに対応するもので，個別の保険事故ではなくその全体において予測されうる将来の需要のために保険料を支払うことにより，そのようなリスクに対する

---

67) *Waltermannn/Schmidt/Chandna-Hoppe* (Fn. 14), Rn. 78.

第6章　国家目標規定の目標促進機能　143

事前配慮がなされる。給付請求権が生じるのは保険事故が発生した場合であり，個人的需要は考慮されない。②援護は，個人的困窮を考慮するものではなく，一定のルールに基づいて，類型化された需要のために税方式でまかなわれる国家からの給付である。援護には，原則として受給者の所得や資産とは関係なく給付される一般援護と，公衆のためにもたらされた，または公衆によって引き起こされた特別の犠牲を補償する特別援護がある。ここには，連邦援護法（BVG）に基づく戦争犠牲者援護，予防接種事故の社会法上の補償（§§56 ff. IfSG），犯罪被害補償法（OEG）に基づく暴力行為の犠牲者への補償が含まれる。③配慮は，生存最低限度の保障を目的とする，一貫して個人的需要に沿う，補充的な基礎制度である。そこから配慮の後置性が導かれ，自助や他助といった他の如何なる選択肢によっても必要を満たし得ない場合に初めて，配慮が前景化する。社会扶助や求職者の基礎保障がこれに当たる。配慮は税方式による。また，戦後しばらくは「配慮」の語が用いられてきたが，慈善的色彩が強いという理由で，今日では「扶助」の語が使われる[68]。

　他方で，このような区分は，家族負担調整，住居手当法および専門教育助成のような最近の社会法の展開には馴染まないとして，社会給付が果たす機能の観点から，新たな体系化がなされている[69]。すなわち，①事前配慮（Vorsorge），②補償（Entschädigung），③調整（Ausgleich）である。もっとも，この区分は古典的な区分とほぼ対応しており，事前配慮＝社会保険，補償＝援護，調整＝扶助および助成となる。

　まとめると，①生存（生活最低水準）に関わる第一次的ニーズに対応する社会扶助，②第一次的ニーズを引き起こす可能性が存在する点に着目して定型化されたニーズ（例えば，老齢，失業，生計維持者の死亡，出産，多子，疾病，要介護状態）に関わる第二次的ニーズに対応する社会保険があり[70]，また，③個々人ではなく個々のグループの負担の均衡を図ることで結果の平等を指向する社会援護，④国家が政策的観点から選択したテーマ（特に教育，学問，文化）を促進することで，更なる機会の平等を積極的に指向する社会助成がある。

68）村上ほか・前掲注59）124頁。

69）*Waltermann／Schmidt／Chandna-Hoppe*（Fn. 14），Rn. 79 f.

70）ニーズの構造については，太田匡彦「リスク社会下の社会保障行政（上）」ジュリスト1356号（2008年）99頁以下を参照。

本節では，社会国家目標を実現する中心的な手段であり，かつ，制度を形成していく中で一定の原理・原則を発展させてきた，社会保険と社会扶助を取り上げる。

2　社会保険と社会扶助

(1)　社会保険——保険原理と連帯原理

　社会保険[71]とは，国家により提供される，社会生活の浮き沈みに対するリスク防御手段である。社会保険は，個々の被保険者の保護に奉仕すると同時に，保険義務を定めることで，個人の不十分なリスク事前配慮から，公衆（具体的には，税方式の求職者に対する基礎保障や社会扶助の給付能力）をも保護している。

　社会保険は，基本的観点において私保険を指向し，そこから重要な諸原則と技術を継受している。しかし同時に，社会保険は社会政策目標によって特別な刻印を受けている。つまり，一方では，社会保険は保険である。保険の特徴は，同種の危険に晒されている者の危険共同体への結合である。危険共同体は，各構成員に対して，保険料請求権を有する。構成員は，危険が発生した場合には，損害の平準化のために存在する需要充足請求権を有する。社会保険も，これらの要件を満している。社会保険が公法に分類されることは，社会保険の保険的性格に変化を及ぼすものではない（保険原理）。他方で，社会保険は，連帯の思想と結びつけられている。社会保険は単に保険適合的なリスク事前配慮を提供するだけではなく，今日では社会国家原理および基本権を背景として，さらに社会的調整をもたらす（連帯原理）。社会的調整は，社会保険において拠出が常に個人的リスクに対応しているわけではないことに表れる。このことは，公的疾病保険にみられる。拠出は個人の保険的リスクによって測られるのではなく，基幹被保険者の労働報酬に合わせられる。それにもかかわらず，基幹被保険者とその無拠出の家族構成員は，より稼いでいる被保険者や独身の被保険者と同じ医療給付を受ける。

　社会政策的目標は，社会保険においても，費用充足原理が当てはまることに何ら変化を及ぼさない。もっとも，私保険とは異なり，数理的な個別的等価性が欠けている。私保険でも，多かれ少なかれ，評価と定型化に立ち戻らなけれ

---

[71]　社会保険の説明は，次の文献にほぼ全面的に依拠。*Waltermannn/Schmidt/Chandna-Hoppe* (Fn. 14), Rn. 108 ff.

ばならないとはいえ，そこには拠出と給付との間に等価性が存在する。例えば，民間疾病保険では，その家族保険を含む公的疾病保険とは異なり，子供もリスクに応じて保険料を支払わなければならない。社会保険では，個別的等価性は，公的労災保険においてのみ生じ，疾病保険や年金保険では包括的等価性が達成される。

(2) 社会扶助──需要充足原則，補充性原則および個別化原則

社会扶助[72]は，「必要があれば，事前条件なしになされる」（需要充足原則）。その責任が自己に帰せられるものかどうかは問題とならない，目的的な社会給付である。すべての者が受給者となりうる。基本的に，社会扶助には，人的範囲の限定も，受給事故の規定もない。

社会扶助は，自助が可能な場合あるいは他の側面（特に家族や他の社会給付主体）からの給付によって困窮の克服のために必要不可欠な扶助がなされる場合には，禁じられる（社会法典第2編2条1項，補充性原則）。また，社会扶助の種類，形式および程度は，個別事例の特殊性（とりわけ扶助受給者，その必要の種類，その個別の家族関係や地域状況）に向けられなければならない（社会法典第12編9条，個別化原則）。個別の生活状況における様々な扶助の際には，個別化原則は，家計のための継続的扶助の際と比べて，より明確に考慮されなければならない。その原則は，社会扶助主体の仕事に，質的要求を課す。扶助主体は，まさに社会扶助のその他の給付の際に，十把一絡げの解決ではなく，扶助希望者の状況やその環境に向けられた扶助を給付しなければならない。

(3) 小括

社会国家原理の実現手段である社会法には，主に4つの分野があり，そのうち特に社会保険と社会扶助については，独自の原理・原則の下で展開されてきた。これらは，完全に代替される可能性が存在する限り，憲法上必須の手段とはいえないが[73]，社会国家原理の実現手段として歴史的に合理化が繰り返され，確立されてきたものである。その点で，社会国家原理の観点から中間領域に属

---

72) 社会扶助の説明は，次の文献にほぼ全面的に依拠。*Waltermann/Schmidt/Chandna-Hoppe* (Fn. 14), Rn. 532 ff.

73) もっとも，基本法74条12号が「社会保険」制度を創設すべき立法委託を含んでいると解する場合には，この限りではない。その可能性について検討したものとして，*Jan-Erik Schenkel*, Sozialversicherung und Grundgesetz, 2008, S. 95 f.

すると評価しうる実現手段である[74]。

　これらの手段領域に働く原理・原則については前述した通りだが，これらは社会国家原理からアプリオリに導かれたものではない。むしろ，「歴史的社会的実体としての実定法制度の積み重ねから抽出されるエッセンス」であり[75]，特に本節はそれを憲法的に再構成しようとする試みでもある。立法者は，社会保険が社会保険であること，社会扶助が社会扶助であることに縛られる[76]。その中で，社会法は社会国家原理との結節点を見出し，安定的な構造化へと向かう。一旦，法制度の形成とその一般法律上の解釈論を経由するというやり方は，通常の憲法解釈からすれば遠回りのようにも思えるが，それこそが当初「白地概念（Blankettbegriff）」[77]とさえ言われた社会国家原理が，――規範性の発揮と将来的開放性への考慮との間で――その作用を展開しうる数少ないやり方なのである。

第4節　環境・動物保護国家目標の憲法上の展開と司法的統制

　ドイツ基本法20a条は，「国は，将来世代に対する責任を果たすためにも，……自然的生存基盤及び動物を保護する」として，環境・動物保護国家目標を規定している[78]。本章**第2節**でみたように，この環境保護条項から，環境保護立法をする際に遵守すべき，幾つかの部分原則――諸説あるが，事前配慮原則，原因者負担原則，持続性原則および協働原則――が解釈を通じて導出されると考えられている。これらは，環境法上の基本原則として承認されてきたものが憲法上の原則に格上げされたものである。そのような部分原則は，環境保護法

---

74) *Gröschner* (Fn. 65), Art. 20 (Sozialstaat), Rn. 32 は，連邦憲法裁判所が示した社会国家原理の部分・下位・指導原則を挙げるが，そこには，「社会保険における制度化および社会的安全と社会的調整の部分原理における具体化」が含まれる。

75) 倉田聡『社会保険の構造分析』（北海道大学出版会，2009年）327頁。

76) この点，各社会保険分野の法は，それぞれの扱うニーズの特性や政策判断により，保険原理と連帯原理の均衡点の取り方にバリエーションがあり，さらに付加的な原則も存在するが，これは憲法によって把握しうる抽象度を超えていよう。そこは，社会法の解釈論と政策論が交錯する領域と思われる。実定法制度に準拠した研究として，倉田・前掲注75) 152頁以下，177頁以下。また，社会扶助にも他の諸原則が存在するが，全てが憲法的に再構成できるわけではない。

77) *Wilhelm Grewe*, Das bundesstaatliche System des Grundgesetzes, DRZ 1949, 351.

78) 桑原・前掲注53) 140頁以下参照。

が変更される際にも妥当すべき憲法上の原則であるという意味で，本源的な憲法化を受けている。

これに対して，現行の環境保護法を前提に，憲法上の規準となる中心的規定ないし具体化[79]を探し出し，そこから論理を展開する派生的憲法化ないし準憲法化とでもいうべき考え方が判例において展開されている。派生的憲法化の特徴は，中心的規定ないし具体化が変更されると，論理展開全体が変化しうる点にある。

第1項　憲法上の気候保護要請

1　気候保護決定

ドイツ連邦憲法裁判所第一法廷は，2021年3月24日，気候変動防止にとって歴史的な気候保護決定[80]を下した。

2015年に締結されたパリ協定では，「世界平均気温の上昇を産業革命前の水準よりも明確に2℃以下に，できる限り1.5℃に抑える」という気温ベースの目標（パリ目標）が設定された（2条1項a）。これを受けて，ドイツでは2019年に連邦気候保護法が制定され，パリ目標への準拠と2050年までの気候中立の追求が規定された（1条）。そこで同法3条1項では，温室効果ガスの排出量を2030年までに，1990年比で55%削減するという目標が設定された。さらに同法別表2と結びついた4条1項で，2030年までの各年に排出可能な温室効果ガス量が産業部門別に定められた。これに対して，ドイツの若者等は，気候保護法の削減数値が不十分であること等を非難し，憲法異議を提起した。連邦憲法裁判所は環境保護団体の訴えを却下し，これが民衆訴訟ではなく，異議申立人の基本権に対して直接の干渉が生じていることを強調している。

---

79) 生存権の文脈だが，駒村・前掲注39）183頁のいう「憲法的な光を放っているコア規定」はこれに近い。また国家目標の核心的具体化は，首尾一貫性原則にいうところの基本決定に類似し，それが実体法上の裏づけのある形で展開されているものとみることもできよう。

80) BVerfGE 157, 30. 本決定の評釈として，石塚壮太郎「気候変動対策における世代間の公正な負担」自治研究98巻12号（2022年）145頁，本決定に関する論文として，桑原勇進「気候変動と憲法」上智法学論集65巻4号（2022年）133頁，玉蟲由樹「国家の気候保護義務と将来世代の自由」上智法学論集65巻4号（2022年）233頁，同「気候保護決定の基本権ドグマーティク」日本法学88巻3号（2023年）93頁，同「憲法上の権利にもとづく気候保護の可能性」法学館憲法研究所 law journal 28号（2023年）19頁，千葉恒久「ドイツ連邦気候保護法違憲決定（1）」早稲田法学97巻4号（2022年）219頁参照。ここでの要約は，石塚壮太郎「気候変動防止をリードするドイツ連邦憲法裁判所」ジュリスト1576号（2022年）67頁に依拠している。

連邦憲法裁判所は，大きく分けて2つの事柄を審査した。第一に，生命およ
び身体的不可侵性（基本法2条2項1文）から生じる，気候変動から国民を保護す
る国家の義務に照らし，気候保護法が不十分ではないかということである。こ
れについては，結論として合憲とされた。国家の保護義務は作為義務であるか
ら，原則として立法府が複数ある合憲の政策選択肢から決定するものであり，
裁判所としてはそれが明らかに不合理である場合にしか違憲とはいえない。

　第二に，将来における一般的な活動の自由（基本法2条1項）が，2030年までの
排出量（気候保護法別表2と結びついた4条1項）により制限されるのではないか
という点である。この点について，違憲と判断された。複雑な論理を簡単にい
うと，まずIPCC（気候変動に関する政府間パネル）がパリ目標に向けて，世界全体
で排出可能なCO_2量を算出している。これに基づいて，ドイツの専門家委員会
は，2020年以降ドイツで排出可能なCO_2量を6.7ギガトンであるとした。問題は，
気候保護法で2030年までに許容された排出量が，この6.7ギガトンをほとんど
使い果たしてしまうことである。そうすると2031年〜2050年までの間，ほとん
どCO_2を排出することはできず，その間のCO_2を排出する様々な活動（基本権行
使）が著しく妨げられることになる。連邦憲法裁判所は，この点を非難し，同法
では現在と将来世代との間で公平な（verhältnismäßig）負担の分配がなされてい
ないとした。そして同法では，このような不均衡が生じないよう，十分な予防
措置が講じられていないことが違憲であるとされた。

2　基本法20a条と気候保護

　気候保護決定の結論において，基本法20a条は決定的な役割を果たしたわけ
ではないが，同決定において基本法20a条（環境保護条項）の解釈論について多く
の重要な展開がみられた。

　第一に，環境保護条項の内容的および手段的具体化が確認されていることで
ある。すでに先例において，「立法者は，基本法20a条に含まれる委託を法律制
定により具体化し，適切な環境保護規定を定めることを同条により義務づけら
れる」とされ，また「まさに持続性原則との関係で，温室効果ガスの更なる削減
を達成しなければならない」とされ[81]，同条により気候保護が意図されてきた。

81）BVerfGE 118, 79 (110 f.).

より直接的には，「基本法20a条により保護される環境財には，課税により目指される気候保護も含まれる」とされ，一定の事情の下では，同条の「気候政策的目標には高い優先順位が与えられてよい」とされている[82]。気候保護決定は，より端的に「基本法20a条は，国家に気候保護を義務づけている」とする[83]。したがって，立法者が気候保護に取り組まないことは許されない。

さらに同決定は，気候保護のメカニズムおよびそれに基づく要請についても様々なことを述べている[84]。すなわち，①気候状態の中心的な指標は，平均気温であること，②気候保護要請は，その核心において気温限界値の維持を目指していること，③現在観測されている地球温暖化は，人為的な温室効果ガスが地球の大気中に放出された結果であること，④気候変動は広い範囲で不可逆的であり，温室効果ガスの濃度が限界値を超えてさらに上がることが阻止されなければならず，特に温室効果ガス排出削減のための措置が命じられること，⑤地球温暖化が憲法上の限界に達すると，憲法上の気候保護要請は，地球の大気中の温室効果ガス濃度にとって中立的な水準まで温室効果ガス排出を抑えることを義務づける（基本法20a条は，気候中立の確立をも目指している）こと，⑥気候保護要請は，他の利益に対して絶対的な優位を享受するものではなく，衝突する場合には，他の憲法上の利益や憲法原理と調整されなければならないこと，⑦気候変動が現状では極めて広く不可逆的であることからすると，気候保護のために遵守すべき気温限界値のオーバーシュートは，——例えば基本権の保護のためのような——狭い条件の下でのみ正当化されることになり，進行する気候変動の際の衡量では，気候保護要請の相対的重みはいっそう増していくことが述べられている。

あらためて確認すると，基本法20a条（環境保護条項）は気候保護を立法者に義務づけており，地球温暖化が限界に達すると，気候中立の確立が求められる。ここで目標内容上の具体化がなされている。またその目標のために，温室効果ガスの抑制が義務づけられる。ここでは目標の手段的具体化がなされている。さらに，他の原理との衡量に関する指針も示されており，地球温暖化が深刻化すればするほど，気候保護の重みは増すとされる。

---

82) BVerfGE 137, 350 (Rn. 47, 73).

83) BVerfGE 157, 30 (Rn. 197 f.).

84) BVerfGE 157, 30 (Rn. 198).

第二に，基本法20a条の気候保護は，国際的な実施が想定されている[85]。同条は「気候保護要請として，各国家が単独で使える国内法を必然的に超えて，国際的な活動レベルをも指示するものとして理解されなければならない義務を含んで」おり，「国家は，気候のグローバルな保護のための国際的に準拠された活動を求められ，特に連邦政府は，国際的な協調の枠内で（例えば，交渉や条約，組織を通じて）気候保護を目指すことが義務づけられる」。同決定で問題となった「パリ協定2条1項aでは，締約国は，具体的な削減措置を義務づけられることなく，気候目標（明確に2℃以下および可能な限り1.5℃）に合意した。その限りで，パリ協定では，締約国が条約上の気温目標に到達するための措置を自ら決定するという任意のメカニズムを定めている」。「この取り決めの成否は，各国家が貢献を果たすことにまさにかかっている。このことは，基本法20a条により示された道がグローバルに実効的な気候保護へと，現在特にこの取り決めを経由して，向かっているという点で，憲法上も重要である」。

第三に，基本法20a条が裁判規範で（も）あり，憲法裁判所の役割が重要であるという点である[86]。気候保護法の「憲法裁判所による審査は，基本法20a条が具体的な温室効果ガス削減目標の憲法上の評価にとっての司法的に執行可能な基準を含んでおらず，その評価は完全に立法者の手に委ねられるということと矛盾するようなものではない。基本法20a条は，司法的に執行できる（justiziabel）法規範である」。「基本法20a条の具体的内容は，更なる具体化を要する」が，同条は「非拘束的なプログラムではなく，立法者を拘束する法規範である」。「基本法20a条で，環境保護が憲法上重要な事柄となっているのは，民主的政治プロセスが選挙期間を経て短期間で組織されており，それにより長期的に追求すべき生態の利益に取り組むことができないという構造的危険があり，さらに特に影響を受ける将来世代が今日では性質上政治的意思形成プロセスにおいて自らの声を有しないためである」とされる。他方で，「基本法20a条は，立法者にかなりの形成の余地を残して」おり，「原則として，裁判所の任務は，基本法20a条の開かれた文言から，具体的に定量化できる地球温暖化の限界とそれに対応する排出量や削減基準を導くことでもない」ことも確認されている。

第四に，気候保護法により選択されたパリ目標が憲法上も決定的な規準とな

85）BVerfGE 157, 30 (Rn. 200 ff.).

86）BVerfGE 157, 30 (Rn. 205 ff.).

第6章　国家目標規定の目標促進機能　151

るということである[87]。「気候保護法1条3文にあるいわゆる気温上限値は，基本法の気候保護目標の憲法上決定的な具体化（verfassungsrechtlich maßgebliche Konkretisierung）とみなされなければならない」。「同様に基礎的な他の目標設定は，ドイツの気候保護法には見当たらない」。「パリ目標があえてドイツの気候保護法の基礎として明示されていることは，基本法20a条の気候保護要請と密接に関係している。気候変動の真にグローバルな次元ゆえに，国家は，最終的に国際協力の中でのみ，気候変動を止めるという基本法20a条の目標を達成することができる」。パリ協定は「学術的知見に基づいて採択された」ものであり，立法者がパリ目標を選択した立法上の余地の範囲に収まる。しかし，「基本法20a条により，立法者には，環境法を最新の展開や学術的知見に適合させる永久の義務が課されて」おり，万一パリ目標の「気候保護を十分達成するのに不十分だと判明した場合，気候問題の解決を国際レベルで模索する，基本法20a条から生じる義務づけも更新される。特に，より厳しい取り決めがなされるよう試みられなければならないだろう。これに対して，ヨリ弱められた気候目標への方針転換は，それと結びつく生態的な後退を理由に，基本法20a条に照らして正当化されなければならないだろう」。

　「基本法20a条の，憲法上不可欠で基礎的な具体化として，気候保護法1条3文の気候保護を根拠とする気温基準は，それ自体が憲法上の方向づけ機能を果たしている。憲法裁判による統制にとっても，その基準は，基本法20a条に含まれる気候保護委託の決定的具体化を形作っている」。「確かに立法者は，憲法上の気候保護委託の再具体化において，決定的な気候目標設定を変更することができた」が，「立法者が基礎となる気候保護目標を，認識可能な形で透明な手続の中で新たに規定しない限りは，立法者は憲法上の目標の自ら行った具体化から離れることはできない」。

　以上4点をまとめると，基本法20a条の環境保護条項は，目標内容の具体化として，気候保護を義務づけ，温暖化が憲法上の上限に近づくと気候中立を求める。また目標実現の具体化として，温室効果ガスの抑制を義務づける。気候保護は，国際的レベルにおいても追求されなければならない。気候保護は，立法者によって代表されづらいため，憲法裁判所によって審査される必要がある。

---

87) BVerfGE 157, 30 (Rn. 209 ff.).

気候保護を具体化する国際協定やそれを受けて作られた国内法上の基礎的な規準は，立法者がそれを変更しない限り，憲法上の規準となる。その際，立法者には，憲法上「環境法を最新の展開や学術的知見に適合させる永久の義務が課されている」。

3　基本法20a条に基づく気候保護審査

　気候保護決定では，以上のように展開された規範に基づき，パリ目標に準拠して，気候保護法で設定されている排出量の憲法適合性が審査された[88]。その際，連邦憲法裁判所はまずパリ目標の気温条件を排出条件へと転換する。そこで，（政府が依拠しているわけではない）IPCCの予算アプローチにより確定されるドイツのCO_2残予算が用いられる。IPCCの数値に基づいて，ドイツ環境問題専門家委員会は，「地球の平均気温の上昇を67％の確率で1.75℃に抑えるという目標のために，2020年以降の具体的な残された国別予算を6.7ギガトンと確定した」。「専門家委員会の予算決定は，検証可能な数値と信頼できる計算方法を用いて」いるため，基本的に問題ない。またその計算には不確実性が含まれており，「基本法20a条は，公平性事由に照らして，ドイツの負担割合がどの程度であれば適切かについてあらかじめ定めていない」。ただし，「環境関連の因果関係について科学的な不確実性がある場合には，基本法20a条は立法者の決定——ましてや環境への不可逆的な影響を伴う決定——にむしろ限界を引き，将来の世代への責任においても，特別な注意義務を立法者に課している」。「この特別な注意義務は，少なくとも立法者がすでに重大または不可逆的な影響の可能性への信頼できる指摘を——その都度信頼性を判断して——考慮しなければならないことに表れている」。

　そこで結論としては，「憲法裁判上，現時点では立法者の余地を考慮すると，これらの規定が基本法20a条から生じる憲法上の気候保護要請に違反していることは確認できない」とされた。

第2項　憲法上の動物保護

　基本法20a条には，動物保護（個体の保護）も規定されている。動物保護とい

---

88) BVerfGE 157, 30 (Rn. 214 ff.).

第6章　国家目標規定の目標促進機能　153

う国家目標は，手続保障という部分原則[89]を展開しているとみることもできる。

　連邦憲法裁判所の有用動物保護令決定[90]では，有用動物保護令の改正時に，動物保護法で定められた動物保護委員会の意見聴取手続に不備があったことにより，同命令の動物保護法違反と同時に，基本法20a条違反も認められた。そこでは，「均衡性のある動物保護は，専門知識・経験・体系的情報に基づいてのみ可能であるから，適合的な手続によって，法定立の際に，そうした情報の活用を確保するのは当然である。立法者が下位の動物保護法令について形成余地を満たす中で，命令制定手続の実体的な動物保護効果を促すことで国家目標に資する法律手続によって，命令制定者の裁量を限定したならば，その法律に反するときは法律のみならず同時に基本法20a条にも反する」とされた。

　このような動物保護への手続的保障が，単なる立法による目標の手段的具体化にすぎず，連邦憲法裁判所の管轄権を拡大させただけなのか，それとも何らかの形での手続的保障が動物保護目標のコロラリーとして憲法レベルで導かれ，法律上の規定を要請すると理解するのかについては見解が分かれよう。

第5節　中間総括

　本章の検討で明らかとなったのは，まず社会国家原理の規律領域が法的に機能する部分原則を展開させるには広すぎるということである。社会国家原理を検討する際には，まず規律領域の細分化が必要となる。そこで明らかとなったのは，第一に，社会国家を標榜する現代立憲主義国家には，少なくとも，人間に値する最低限度の生存を保障することが要請され，他にも労働，健康，家族，住居，富裕などといったテーマへの配慮が求められること，第二に，社会国家原理（労働領域を除く）を実現するにあたっては，社会保険や社会扶助といった手法を考慮しなければならず，各手法を展開するにあたっては各手法にとって基本となる原則に従って展開される必要があることである。「社会保険」については，ドイツ人の論者により，「『社会保険』は結局抽象的にも定義しえず，そ

---

89) 社会権を素材としたものだが，手続的保障の重要性を論じるものとして，浅川千尋『国家目標規定と社会権』（日本評論社，2008年）24頁以下参照。

90) BVerfGE 127, 293. ドイツ憲法判例研究会編『ドイツの憲法判例 Ⅳ』（信山社，2018年）230頁［藤井康博］参照。

の概念は『保険原理』と『社会的調整』との間で，多彩な形成に対して開かれている」とされるのに対し[91]，日本人の論者が，ドイツの介護保険制度の検討の中で，基本法が「制度の外枠を確定すると同時にその原則的・構造的なあり方を規定している」と述べるのは[92]，日独における当該領域の現状の違いを如実に物語っている[93]。また，「社会扶助」についていえば，第一次ハルツⅣ判決が，社会国家原理の実現にとって画期的であった。次に，基本法20a条で定められた環境保護は，社会国家原理と比べると規律領域は狭く，そこから環境法を形成する際の部分原則が導出されうる。また気候保護決定では，環境保護および気候保護に特化した様々な要請が基本法から引き出され，基本法と気候保護を具体化する国際協定や国内法が結びついて，審査が展開されている[94]。

　もっともそれも，社会法・環境法が制度として一定程度蓄積され，緻密な実定法解釈を通じて再構造化を受け，さらに憲法学によって適切にその成果が受容されることが前提にある。この注文の多い（anspruchsvoll）規範——国家目標規定としての社会国家原理・環境保護目標——を，憲法学が発展させていくためには，国家論や社会（保障）法学，環境法学等との更なる「協働作業」が求められよう。

---

91) *Hase* (Fn. 55), S. 130 f.

92) 津田小百合「ドイツ介護保険制度の法的構造」社会保障法18号（2003年）104頁以下。

93) 日本の社会保険制度の不透明性と危機的状況につき，品田充儀「社会保険制度の特質と意義」菊池馨実編『社会保険の法原理』（法律文化社, 2012年）9頁。佐藤幸治『日本国憲法論〔第2版〕』（成文堂, 2020年）404頁は，「日本の社会保障制度はいわばつぎはぎ的に積み上げられてきたともいえるものであるが，これからの社会のあり方についての議論を踏まえたトータルビジョンの下で再構築を図るべき時期にきているように思われる」とするが，社会保障制度は，憲法25条2項のもとで，常に合理化が要請されているといえよう（同条項の意味については，本書**補章第4節第3項**参照）。

94) このような憲法内容の法律上の具体化が当該法律がなくならない限り，憲法上の効力を有することを派生的（derivativ）憲法化と呼ぶことができよう。カナダで展開される準憲法論とも類似している。富井幸雄『憲法と制定法』（成文堂, 2024年）127頁以下参照。

第7章

国家目標規定の基本権制約機能

　国家目標規定という規定形式は，近時——特に環境保護条項の選択肢として——憲法改正の議論が具体化していく中で，注目を集めている[1]。その典型例は，いうまでもなくドイツ基本法20a条である。この条項についてはその制定過程を含め日本においても詳しく紹介されており，また国家目標規定についても幾つかの先行業績が存在する[2]。しかし，国家目標規定を導入した場合の効用については，その母国たるドイツにおいても一致した見解があるとは言い難い[3]。国家目標規定の導入にはどのような意義があるのか。国家目標規定という規定形式の採用を真剣に検討している現在の政治状況に鑑みれば，日本国憲法学もこれに無関心ではいられないはずである。

　現行ドイツ基本法上の国家目標規定には，社会国家原理（基本法20条1項および28条1項1文），男女同権の事実上の貫徹（基本法3条2項2文），環境保護（基本法20a条），動物保護（基本法20a条），EUの発展（基本法23条1項1文），総合経済の均衡（基本法109条2項）がある。憲法上の国家目標（Staatsziel）には，これらに加えて，平和の保持（基本法前文，26条1項および9条2項）や各基本権の保護および促進が挙げられる[4]。このような列挙からも分かるように，国家目標規定には

1）ジュリスト1325号（2006年）72頁以下で組まれた特集「憲法における環境規定のあり方」では，国家目標規定が有力な選択肢であった。

2）たとえば，岡田裕光「ドイツの国家目標規定について」関西大学法学論集50巻（2000年）4号34頁，小山剛『基本権の内容形成』（尚学社，2004年）262頁など。本章との関わりでは，浅川千尋『国家目標規定と社会権』（日本評論社，2008年）。

3）*Michael Kloepfer*, Verfassungsrecht, Bd. I, 1. Aufl., 2011, §12, Rn. 84.

4）国家目標規定および国家目標の列挙については，*Reinhold Zippelius/Thomas Würtenberger*, Deutsches Staatsrecht, 33. Aufl., 2018, §13 を参照。不文の国家目標として「文化」が語られることもあるが，これにつき以下を参照。*Karl-Peter Sommermann*, VVDStRL 65 (2006), S. 7. 邦語では，トーマス・オッパーマン（牧野忠則訳）「文化（国家）条項をめぐる基本法の補充〔はなされ

多種多様な内実を有するものがあり，それぞれの憲法上の位置づけも様々であるので，それらを統一的・画一的に把握することは困難である。したがって，国家目標規定は，多くの観点から分類することができる。本章では，ある国家目標規定がいわゆる「実質的意味の憲法」[5]に属するのか，それとも単に「形式的意味の憲法」に属するにすぎないのか，という観点から国家目標規定を区別し，国家目標規定が基本権の憲法内在的制約としてはたらく場合に，その区別がどのような影響を及ぼすのかを検討する。

　なお，ある国家目標規定が実質的意味の憲法，すなわち「国家の根本秩序についての規律」に該当するかどうかを区別するにあたっては，国家目標に関する国家論上の議論が重要な参照要素となる。本章の考察において重要な法素材となるのは，2002年のドイツ基本法改正で国家目標に格上げされた「動物保護」である。スイス憲法旧25条の2にあった，放血前に麻酔なく屠殺することの例外なき禁止は，「例外的に，実質的意味の憲法とはいえない……世界的に有名な事例」であった[6]。では，規定の具体度に違いはあれ同様の方向性を有する，基本法20a条「動物保護」は，どのような事情の下で，何を意図して新たに規定されたのか，結局どの程度機能しているのか。これを検討し，社会国家原理や環境保護といった——実質的意味の憲法に属する——他の国家目標規定との比較にさらすことで，「動物保護」がそれらとは憲法上異なった位置にあることを明らかにする。

第1節　国家目標規定と基本権制約

第1項　基本的機能

　マウラーによれば，国家目標規定は，ドイツの諸州憲法の国家目標規定も含

るべきか）?」北大法学論集36巻3号（1985年）531頁，ミヒャエル・クレプファー（三宅雄彦訳）「文化は国家目標たりうるか?」比較法学41巻2号（2008年）271頁。

5) ここでは，実質的意味の憲法を「国家の根本秩序についての規律」（長谷部恭男『憲法〔第8版〕』〔新世社，2022年〕3頁）としておく。

6) 清宮四郎『憲法I〔第3版〕』（有斐閣，1979年）7頁。野中俊彦ほか『憲法I〔第5版〕』（有斐閣，2012年）8頁，青木人志『動物の比較法文化』（有斐閣，2002年）166頁以下も参照。逆に，実質的意味の憲法に含まれながら，憲法の形式をとっていないものとして，選挙法が定める選挙制度に関する諸規定が挙げられる（野中ほか・8頁）。

め，その機能という観点から，①政治的目標を憲法上拘束力をもって規定するもの（例えば，EUの発展や平和の保持），②個人への目標指向にもかかわらず主観的権利を基礎づけることなく，社会国家的促進を取り上げて規定するもの（例えば，労働場所や適切な住居への配慮に取り組む国家機関の義務），③主に法律の留保なしに保障された基本権の制約に役立つもの（例えば，動物保護）に分類することができ，部分的には各機能が重複するとされる[7]。ここでは，③の機能に着目したい。

第2項　基本権制約機能

憲法規定は必ずしもそれだけで解釈されるわけではなく，他の規定との関係が重要となる場合があるが，国家目標規定を考える際にはそれがとりわけ重要となる[8]。以下では本章のテーマに即して，国家目標規定と基本権との関係——特に基本権制約機能を重点的に——を論じる。

国家目標規定は，一方では基本権を強化するように（grundrechtsverstärkend），他方では基本権を制約するように（grundrechtseinschränkend）作用することがある[9]。本章との関わりでは後者が重要である。国家目標規定は，基本権の保護領域を限定するもの——憲法直接的制約——としてであれ，基本権を法律を通じてまたは法律の根拠に基づいて制約するもの——憲法間接的制約——としてであれ，基本権を制約する憲法内在的原理となる[10]。

第一に，たとえば基本法20a条の環境保護により，「基本権の環境拘束（Umweltpflichtigkeit der Grundrecht）」を語りうるようになる[11]。具体的には，環境保護の要請が所有権の内容規定の際の考慮要素とされ，所有権（基本法14条）と環

---

7) *Hartmut Maurer*, Staatsrecht I, 6. Aufl., 2010, S. 168.

8) 憲法原理レベルの議論ではあるが，基本法制定後の早い時期にフォルストホフが（実質的）法治国家と社会国家の憲法上の止揚不可能性を説いたものがある（*Ernst Forsthoff*, VVDStRL 12 [1954], S. 8 ff.）。その議論の紹介として，影山日出弥「社会的法治国家の概念と法的性格」愛知大学法経論集36号（1961年）117頁。現代的観点から，西原博史『自律と保護』（成文堂，2009年）を参照。

9) *Kloepfer* (Fn. 3), §11, Rn. 92 ff.

10) 憲法直接的制約と憲法間接的制約については，*Klaus Stern*, §Einleitung, in: ders./Becker (Hrsg.), Grundrechte-Kommentar, 4. Aufl., 2024, Rn. 143 f. 工藤達朗『憲法学研究』（尚学社，2009年）80頁以下が，日本における内在的制約と外在的制約の用語法の混乱を整理しているが，日本とドイツではまた用語法が異なる。

11) *Kloepfer* (Fn. 3), §12, Rn. 26.

境保護（基本法20a条）との間に憲法内部での新たな緊張関係が生じるとされた
り[12]，防御権の保護領域を限定する要素となりうる。

　第二に，「基本法20a条の本質的効用のひとつは，形式的には制約することが
できない基本権〔＝留保なき基本権〕の内在的制約が環境・動物保護に基づいて
可能となることにある」[13]とされるように，国家目標規定は法律の留保なしに
保障された基本権を制約するための憲法内在的原理としても位置づけられ
る[14]。

　基本法に規定された基本権には，単純な法律の留保を伴う基本権，特別な法
律の留保を伴う基本権，そして（法律の）留保なき基本権がある[15]。単純な法律
の留保は，単に侵害形式が法律であることないし法律の根拠に基づいているこ
とのみを要求する。これに対し，特別な法律の留保は，侵害的法律が特定の状
況と結びついていること，特定の目的に資するものであること，または特定の
手段を利用することを要求する。つまり，後者の方が許容される侵害が限定的
となる。さらに留保なき基本権は，法律による侵害も，法律の根拠に基づく侵
害も全く規定していない（例えば，基本法5条3項1文の芸術の自由および学問の自
由，基本法4条1項および2項の信仰の自由が代表的である）。とはいえ，法律の留保
の欠如は，その基本権が制約に服さないことを意味するものではない。連邦憲
法裁判所は，「衝突する第三者の基本権および憲法ランクを備えた他の法価値
のみが，憲法の統一性とそれによって保護される価値秩序全体への考慮から，
制約不可能な基本権をも，個別の状況においては限界づけることができる」[16]
と述べ，その後の決定で両者の衡量は「実践的整合の原則により」比例原則の
援用の下で解決されるとしている[17]。これを全体で，基本権制約システムとい
う。この論点は国家目標「動物保護」の導入と大きな関わりを持つところである。

---

12) *Kloepfer* (Fn. 3), §12, Rn. 26. *Karl-Peter Sommermann*, in: Münch/Kunig (Hrsg.), GGK, Bd. 1, 7.
Aufl., 2021, Art. 20a, Rn. 52. 所有権の「社会拘束（Sozialpflichtigkeit）」については，後述する狂犬
病事件を参照。

13) *Kloepfer* (Fn. 3), §12, Rn. 27

14) 社会国家原理のこの作用については，*Hartmut Maurer/Kyrill-Alexander Schwarz*, Staatsrecht I,
7. Aufl., 2023, S. 131.

15) ボード・ピエロートほか（永田秀樹ほか訳）『現代ドイツ基本権〔第2版〕』（法律文化社，2019年）
85頁以下［永田訳］。

16) BVerfGE 28, 243 (261).

17) BVerfGE 81, 278 (292).

第7章　国家目標規定の基本権制約機能　159

連邦憲法裁判所は，留保なき基本権を制約するためのアプローチとして，侵害正当化という手法を採用している。この手法は，留保なき基本権の保護領域を厳格に画定したり，事案ごとに変化させて考えるのではなく，その保護領域を広めにとって正当化段階で解決しようとする[18]。留保なき基本権を制約する場合には，正当化のために持ち出される利益が「憲法ランク」を備える必要があるということが，法律の留保を伴う基本権などとは異なる特殊なポイントである[19]。しかし，妥当な事案の解決という要請を念頭に置いたとき，留保なき基本権の保護領域を広めに設定するということは，畢竟，その侵害を正当化するために持ち出される憲法ランクを備えた利益の拡大につながる。連邦憲法裁判所は，権限規定や組織規定を援用することで留保なき基本権に対する制約を認めており，これが批判の対象ともなっている[20]。とはいえ，連邦憲法裁判所も，単に憲法に書かれているからといってそれを憲法内在的制約原理として承認してきたわけでは必ずしもない。詳しくは後述するが，まさに2002年以前の「動物保護」がそうである。

　第三に，「〔基本法〕20 a条が環境保護および動物保護に憲法ランクを与えたこ

---

18) ピエロートほか・前掲注15) 102頁以下 [永田訳]。

19) 日本における類似の議論としては，宮澤俊義（芦部信喜補訂）『全訂 日本国憲法』（日本評論社，1978年）200頁以下がある。宮澤が，公共の福祉の内容を，自由国家的公共の福祉と社会国家的公共の福祉として説明した背景には，公共の福祉の内容に含まれなければ，基本的人権を制約することはできない，すなわち，その内容については憲法に内在していることを積極的に論証する必要があるという考えがあったように思われる。もっとも今日では，「一般に，憲法を制定するときは，……国民の義務は書く必要がない。国家は法律を制定すればいくらでも義務を作り出すことができるからであり」，「正当な国家の権限は，すべて憲法に（直接かまたは黙示的に）規定されるものに限られる」と日本国憲法が考えているかは疑わしいとされる（工藤達朗「国家の目的と活動範囲」ジュリスト1422号〔2011年〕10頁）。

　　他方で，宮澤が「社会権は，その本質上，国家に対して国民の生活の保障のための立法的および行政的作為を要請するが，その作為は，必然的に各人の自由権——とりわけ財産的な自由権——に対する制約を含む」（宮澤・200頁）としていたのは，（社会国家的公共の福祉の意味での）社会権が新たな制約可能性を開くことを指摘する点で，卓見である。この意味で，宮澤は，人権制約を可能にする原理としても，社会権を捉えていたことがわかる。

20) 「基本法の権限規定の実体的内容」というテーゼを肯定的に立てたのは，*Albert Bleckmann*, Zum materiellrechtlichen Gehalt der Kompetenzbestimmungen des Grundgesetzes, DÖV 1983, 129. それに対する直接の批判として，*Andreas Menzel*, Nochmals: Zum materiellrechtlichen Gehalt der Kompetenzbestimmungen des Grundgesetzes, DÖV 1983, 805. さらに批判的なものとして，*Michael Selk*, Einschränkung von Grundrechten durch Kompetenzregelungen?, JuS 1990, 895.

とで，環境保護および動物保護のために基本権を制約する際の立法者の余地が
拡大した」とか，「〔基本法〕20 a 条の国家目標規定は，環境保護や動物保護に奉
仕する課負荷的措置がより容易に正当化されうるという点で，基本権制約的に
作用しうる」[21] とされるように，基本権に対する制約可能領域の拡大が主張さ
れることがある。このように言われるのは，国家目標規定の導入が形式的憲法
ランクの付与にとどまらず，実質的憲法ランクの付与をも含意していることを
前提としているが，この点は留保が必要である。

　この問題は，公共の福祉の段階理論の観点から言い換えることもできる。人
権の制約原理たる公共の福祉には種々の重要度があり，「①他者の人権に基礎
を持つ法益，②その他の憲法条項に基礎を持つ法益，③立法者が定立した法律
レベルの法益」に区別することができる[22]。そのような区別は，人権，憲法お
よび法律上の利益の三者間に実質的な重要度の差異があること，すなわち，人
権条項にはそれに値する利益が，憲法条項にはそれに相応しい利益が，法律規
定にはそれ相応の利益が備わっていることを前提としている。では，国家目標
規定の導入は，必然的に③から②への移行を意味する問題なのだろうか。この
論点については後述する中で明らかにしていく。

第 2 節　基本権の制約根拠としての国家目標規定

　以下では，国家目標規定の基本権制約機能に着目し，具体的場面の中で国家
目標規定がどのように使われているのかを確認する。

第 1 項　社会国家原理

1　法律の留保を伴う基本権の制約

（1）　契約の自由の制約——価格統制法事件

　1948年価格統制法に基づく罰金と賃料引き下げ決定が合憲とされた決定にお
いて，連邦憲法裁判所は，基本法 2 条 1 項から導かれる一般的行為自由に含ま
れる経済活動の自由と契約の自由を尺度に，価格統制法 2 条の審査を次のよう

---

21) *Sommermann* (Fn. 12), Art. 20a, Rn. 45, 52.
22) 小山剛『「憲法上の権利」の作法〔第 3 版〕』（尚学社，2016年）66頁，クラウス・シュテルン（井上
　典之ほか編訳）『ドイツ憲法Ⅱ』（信山社，2009年）287頁以下［浮田徹訳］も参照。

に行った。一般的行為自由は，「憲法適合的秩序の枠内でのみ保護される」が，
「価格統制法2条は，価格水準全体の危機や重大な障害を除去し，経済生活の一
定領域において公益に資するよう要請される措置だけを可能として」おり，「そ
のように限界づけられた価格統制法2条の授権は，基本法の憲法適合的秩序と
合致する」。なぜなら，「総合経済的および社会的理由から一般利益に資するよ
う要請される価格統制法上の措置を採ることを可能とする法律上の規律は，<u>契
約の自由を実体的に規定して限界づけ</u>，その内容形成を基本的には立法者に義
務づける<u>社会国家原理と一致する</u>」23) からである（下線石塚）。

本件では，社会国家原理は，契約の自由の内容規定の際にそれを限界づける
要素として機能している。

(2) 所有権の制約——狂犬病事件

狂犬病に罹った動物と接触したとみなされうる犬の合法な殺処分への補償の
法律上の除外が合憲とされた決定において，連邦憲法裁判所は，基本法14条1
項の所有権を尺度とする審査において，次のように説示した。「公共の健康に
とって重大な危険をもたらす所有物は，補償なしに，所有者から取り上げられ
る（そして処分される）。それは，特別な法律上の規律なしに基本法14条2項から
直接生じる，所有物に内在する社会拘束である。当該条項は，基本法体系にお
いて——とりわけ社会国家原理の観点から——，以前に比して，所有者により
<u>大きな共同体の責任を課し，それゆえ，自由な処分権限に対するより強力な制
約を課すものである</u>」24) （下線石塚）。

本件では，社会国家原理は，基本法14条2項解釈に取り込まれることにより，
所有権の内容形成にあたって，より強力な基本権制約の可能性を生じさせてい
る。

2 留保なき基本権の制約

(1) 団結権の制約——賃金補償条項事件

労働調達措置の際の賃金補償と賃金基準25) を定めた，1997年連邦社会法規定

---

23) BVerfGE 8, 274 (328 f.).

24) BVerfGE 20, 351 (361).

25) 高失業率時における社会サービスを確保・維持するために，少なくとも被社会扶助給付者と同等
の水準まで賃金を補塡すると同時に，労働場所の確保のために，他の同様の仕事と比して賃金水

——異議申立人は，この規律が労働組合の交渉上の地位を弱めていると主張した——を合憲とした決定で，連邦憲法裁判所は，基本法9条3項の団結の自由を尺度とした審査で，次のように述べる。「基本法9条3項で保障された団結の自由は，留保なしに保障されているが，少なくとも，同じく憲法ランクを与えられた公共の利益の保護のためであれば制約されうる。そのような根拠がある場合には，賃金協約の対象となりうる問題を立法者が規制することは，原則的に禁じられていない」。確かに，「基本法9条3項で保障される保護が重要であるほど，侵害を正当化する根拠は重大なものでなければならない」が，「問題の規律によって追求される目標は，労働場所の追加的供給を促進することにより大量失業を防ぐことであり，それは憲法ランクを有する。その際，立法者は社会国家原理（基本法20条1項）を引用することができる」。社会国家原理は「立法者への形成委託を含んでいる」。その原理は，国家に「社会的矛盾の調整に配慮することを義務づけ」，さらに，「自らの個人的生活条件や社会的な不利益取扱いにより，個人的または社会的発展が妨げられる，個人や集団への国家による配慮を命じる」。ただし，「この委託をどのように充足するかは，社会国家原理の具体化が欠けているために，立法者の事項である」。「失業時の国家による配慮は，失業者の財政的支援に限定されるものではない。それは，例えば，賃金コストの共同出資による労働場所の増加や，この方法で失業それ自体を防ぐことにも向けられうる。そのような努力には，社会国家原理が，協約自治（Tarifautonomie）への制約的作用をも正当化することができる正当な重みを与えているのである。……その規律は，——現下の非常に高い失業率に際し——同時に基本法109条2項に規定された目標である総合経済の均衡にも資する」[26]（下線石塚）。

　本件では，比例原則を適用する際に用いられるJe-desto公式の下，社会国家原理に基づく対抗利益（失業問題の解消）の重要性が強調され，正当化段階での処理がなされた。

（2）芸術の自由の制約——平屋根家屋事件

　1911年に建てられた近代史的な価値のある邸宅——この家は当時建築中であった異議申立人の2階建ての家の一部として考えられていた——に隣接する土

準が高くなりすぎるのを防ぐための規律。

26) BVerfGE 100, 271 (283 f., 285).

地に金属ガラスのファサード付平屋根家屋を建築しようとした許可申請が，バイエルン州建築条例に基づき，建築造形上の (baugestalterisch) 理由から拒否されたことが適法とされた決定で，連邦行政裁判所は，本件建築を建築芸術 (Baukunst) とし，基本法5条3項の芸術の自由の保護領域に含まれるとしたが，「市民の全般的な精神的平穏 (基本法2条2項参照) と，共同体における社会的平和」を援用し，原告の訴えを退けた[27]。後者は，文献上では社会国家原理の援用であるとされている[28] (下線石塚)。

　本件では，社会国家原理は，身体を害されない権利 (基本法2条2項) との関係で補充的に援用されており，論証上の重要な地位を占めていないようにもみえるが，補充的にであれ援用されたのは，そもそもそのような基本法2条2項の解釈が成立するか疑わしいからであると思われる。ここでの正当化根拠 (市民の全般的な精神的平穏と共同体における社会的平和) は，単なる住民感情の保護にすぎないのではないか，現実には環境国家的規制 (景観保護) ないし文化国家的規制 (文化財保護) なのではないかという点で疑義がある。その際，衡量時における社会国家原理の該当性 (Betroffenheit) の低さが問題点として指摘しうる。社会国家原理を持ち出せば何でもよいわけではない。基本権と対抗利益がいずれも原理的優位を持ちえない場合に重要なのは，丁寧な利益衡量である。

第2項　環境保護

1　法律の留保を伴う基本権の制約

（職業の自由・所有権の制約──遺伝子工学法事件）

「遺伝子組換体 (GVO)」と「市場流通 (Inverkehrbringen)」を定義する遺伝子技術法3条3号および6号の規定が他の規範と結びついてもたらす間接的な基本権侵害が合憲とされた判決で，連邦憲法裁判所は，基本法12条1項の職業の自由と，14条1項の所有権を尺度にして行った審査において，次のように説示した。「立法者は，法定立の際に，一方で，遺伝子技術の利用と，他方で，特に生命および身体を害されない権利……，学問の自由……，職業の自由……および所有権保障……によって保護される関係する利益とを調整させるだけではな

---

27) BVerwG, Beschl. vom 27.6.1991, 4 B 138/90.

28) *Andreas Voßkuhle*, Bauordnungsrechtliches Verunstaltungsverbot und Baukunst, BayVBl. 1995, 619 f.

く，同様に，基本法20a条に含まれる，将来世代への責任をも果たすために自然
的生活基盤を保護するという委託を考慮しなければならない。……立法者が不
意の出来事により生じる遺伝子組換体の所産を統制下に置かなければ，立法者
は自然的生活基盤を保護する自らの責任を見誤るという危険を冒すことにな
る」[29]（下線石塚）。

　本件では，基本権制約の場面であるにもかかわらず，憲法目標の実現義務の
方が強調されており，環境保護という国家目標の重要性が示唆されている。

2　留保なき基本権の制約

(1)　芸術の自由の制約——巨大モニュメント像事件

　農業・林業用に利用されている開発制限区域（Außenbereich）で，ナチ時代の
退廃芸術家であるアルノ・ブレッカーが作った巨大な彫刻を巨大な台座に置くこ
との建築申請が，連邦建設法典に基づいて却下されたことを適法とした決定で，
連邦行政裁判所は，本件モニュメント像の設置を芸術の自由の保護領域に含め
るとしつつ，建築法と環境保護との密接な関連性を指摘し，基本法20a条の環
境保護に基づき，自然と景観を保護する措置が憲法ランクを有することを確認
し，原審が本件モニュメント像設置の建築芸術としての性格を見誤っていない
ことをもって原告の訴えを退けた[30]（下線石塚）。

　本件では，行政処分の違憲性が問われており，このような場合にはまず処分
の根拠となる法令が国家目標規定を具体化したものであるとか，国家目標規定
と密接な関連があるといった論証を介して，憲法上の基礎を有することを確認
することにより，留保なき基本権との衡量可能性が開かれる。この事案では，
（建築）芸術の自由が環境保護の前に退けられることとなったが，裁判所は，開
発制限区域に課された「自然豊かな土地利用と保養」という役割を害さないの
であれば，事例によっては原告の主張が認められる余地があることを確認して
いる。

(2)　信仰の自由の制約——自然公園内埋葬地事件

　異議申立人である信仰共同体が，フレンキッシュ・シュヴァイツ自然公園の

---

29) BVerfGE 128, 1 (37 f.). ドイツ憲法判例研究会編『ドイツの憲法判例Ⅳ』（信山社，2018年）164頁
　　以下［王蟲由樹］。

30) BVerwG, Beschl. vom 13.4.1995, 4 B 70/95.

保護地域内に埋葬地を設置するため埋葬法上の認可を申請したが，認可が拒否され，そのことが適法とされた決定で，連邦行政裁判所は次のように述べて原告の主張を退けている。確かに，「信仰の自由の権利の限界は，『憲法それ自体からのみ，すなわち，基本法上の価値秩序の基準に従い，この根本的価値体系の統一体の考慮の下でのみ引かれる』のである」としつつ，「基本法の価値体系においてその明示的な場所を有する基本法上の価値秩序の一部として，ここではすでに基本法20a条によって自然的生活基盤の保護が指摘されなければならない。……<u>自然公園規則の公布による特定の地域の特別の法的保護は疑いなくこの保護に属する</u>。<u>基本法は，自然や景観保護のためのここで語られている州法上の法規則に対する信仰の自由の優位を基礎づけていない</u>」（下線石塚）[31]。

　本件は，信仰の自由が環境保護を前に退けられているが，その理由は，異議申立人の行為が，基本権の周縁的部分の行使であったためであると思われる（平屋根家屋事件とは異なり，ここでは基本権側の該当性の低さを指摘することができる）。

第3項　小括

　基本権と国家目標規定との利益衡量のあり方は，状況に応じて種々様々である。対手としての基本権の構造や性質，あるいは問題状況によって，基本権制約の正当化に課される要求度合は異なる。立法者を通じた相互調整が予定されていない留保なき基本権といっても，保護領域の周縁部が制限されているにすぎなかったり，侵害の程度が低いといった場合には，それほど重要な対抗利益が要請されるわけではない。他方，立法者を通じた相互調整が一般的に予定されている単純な法律の留保を伴う基本権であっても，保護領域の核心部が制限されていたり，強度の侵害がある場合には，重要な対抗利益が要請される。ともあれ重要なのは，社会国家原理や環境保護が基本権の対抗利益として説得力ある形で持ち出される場合には，——対手が法律の留保を伴うものであれ，留保なきものであれ——基本権の原理的優位は想定されていないということである[32]。

---

31) BVerwG, Beschl. vom 7.3.1997, 3 B 173/96.

32) このことは，基本権保護義務が防御権的上限を押し上げるものではないとする言明と矛盾するようにもみえる。小山剛『基本権保護の法理』（成文堂，1998年）63頁は，「基本権保護義務は，上限の伸張を要請ないしは正当化するのではなく，下限という観念を導入する法理である」とするが，

では，国家目標規定と称されるすべての規定が「国家目標」の名を冠するに
相応しい実体を伴っているのであろうか。社会国家原理や環境保護が「国家目
標」としての実質を備え，基本権に十分対抗しうる原理として位置づけられる
ことは確認できたが，国家目標規定のすべてがそうなのであろうか。次節では，
「動物保護」を題材としてこの問題について検討する。

第3節　基本法20a条「動物保護」導入前後の状況 ──動物保護の法的位置づけ

第1項　動物保護が憲法化される以前の状況

2002年以前において「動物保護」は，どのように扱われていたのだろうか。
まず確認されなければならないことは，留保なき基本権の制約のために権限規
定等から実体的な憲法上の価値決定を導くという連邦憲法裁判所の手法が存在
していたにもかかわらず，2002年の国家目標規定導入以前には，動物保護に憲
法ランクが与えられてはいなかったということである。1997年6月18日の連邦
行政裁判所判決によれば，「確かに，動物保護は，動物保護法の諸規定によって

同頁で述べられるように「保護のための立法であっても，それが一方の私人の自由を過度に制限す
るものであってはならない。立法者は，常に彼の防禦権としての基本権を尊重しつつ，比例原則
の枠内で，保護義務を履行すべき」だとすれば，問題となるのは制限が「過度」かどうかであり，対
抗利益が単なる法律上の利益の場合と基本権法益である場合とでは，比例原則の枠づけ，すなわ
ち防御権の上限も変化しうるように思われる。確かに，一旦基本権間でのバランシングが（ある程
度）終了した後に基本権保護義務の考え方が導入されたとしても，事実上，上限は動かないだろう。
また他の基本権の制約を拡張するために，対抗的基本権を導入することも考えづらい。したがっ
て，現行憲法を前提とした静態的分析としても，一般的言明としても妥当といえようが，上限が動
くか動かないかの判断は，いつ上限が定まったと考えるかに依存する。

　この点，新しい問題については事情が異なりうる。厳格な制裁を伴う規制であるGDPR（EU一
般データ保護規則）は，企業活動に対する重大な干渉となるが，この規則が障害なく成立した背後
には，EU基本権憲章8条1項で定められた「個人データの保護に対する権利」の保護義務を具体
化したものであるという事情がうかがえる。この基本権がなくともGDPRが成立しえたかが試
金石となろう。GDPRと基本権との関係については，宮下紘『EU一般データ保護規則』（勁草書房，
2018年）22頁以下参照。

　これに対して，そもそも基本権制約の構図に徹頭徹尾こだわる見解として，西原・前掲注8）125
頁，194頁以下，206頁以下。

第7章　国家目標規定の基本権制約機能　167

特別の保護と法的位置価を獲得している。……しかし，動物保護は，憲法ランクを有していないので，教授の自由と衝突する基本権規範としては，憲法上の緊張関係の解決に含まれない。それに相当する法的地位は，基本法1条1項（人間の尊厳），基本法2条1項（道徳律）からも，あるいは国家目標規定として個人に出訴権を与えない基本法20a条からも，導出されえない。基本法74条20号の権限規範は，その文言とその明らかな目的によれば，考慮されない」[33]。

それゆえ，一方では，動物保護とそれらの基本権とが対立する場面において，両者が同一の基盤で比較衡量されることなく，動物保護に欠けた結論になるとの批判が強くあった（そのような批判に対応して，改正された基本法20a条には，基本権と同等レベルで動物保護を扱い，それにより，動物実験等の規制を強化する作用が期待されたのである[34]）。しかしまた，他方では，両者が同一の基盤で比較衡量されることがないのは，基本法の解釈上当然のことであり，むしろ逆に，基本権制約システムが様々な方法で覆されているとの批判も存在したのである。

では，2002年以前において，裁判所は，どのようにして動物保護と留保なき基本権との衝突問題に取り組んだのか。

1　学問の自由の制約

学問の自由は，基本法5条3項1文で留保なく保障されている。そこには，研究の自由と教授の自由が含まれる（いずれも学問の自由の下位概念である）。ここでは，学問の自由が，動物実験に関する動物保護法上の規律と衝突する。

動物保護法[35]は，第5章（7条〜9a条）を動物実験の規律に，第6章（10条）を教育活動の規律に当てており，前者は研究の自由と，後者は教授の自由と衝突する。これらの規律は，1986年の大改正を経て大幅に強化されており，この分野における学問の自由の行使は，――少なくとも文言上は――かなり厳格に規律されているということができる。動物保護法8条は，動物実験の許認可義務

---

33) BVerwGE 105, 73 (81). 権限規定を通じた動物保護への憲法ランクの付与に否定的なものとして，*Michael Kloepfer*, Tierversuchsbeschränkungen und Verfassungsrecht, JZ 1986, 205 ff.

34) 改正前の経緯については，山口和人「動物保護に関する基本法改正案，連邦議会で否決」ジュリスト1185号（2000年）90頁を参照。

35) ここでは1986年改正版。動物保護法（2001年改正版）の翻訳が，浦川道太郎「ドイツにおける動物保護法の生成と展開」早稲田法学78巻4号（2003年）205頁以下に付されており，本章の訳もこれを参考とする。最新の改正は2024年。

168

を定めており，同8条3項に実体的な許認可要件がある。その要件として，例えば，動物実験の特定的な目的拘束（7条2項）および動物実験の倫理的許容性（7条3項）を学問的に根拠づけて説明すること（8条3項1号a），動物実験以外の方法では知見が得られないことを科学的に根拠づけて説明すること（8条3項1号b），動物実験のための設備・器具や（8b条に規定された）動物実験受託者を含む人的および組織的要件の充足（8条3項3号），動物実験者の獣医学等の学科履修（9条1項）の遵守（8条3項5号），感覚生理学上発達程度の低い動物の優先的利用（9条2項1号）の遵守（8条3項5号），動物実験の際の脊椎動物への麻酔治療（9条2項4号）の遵守（8条3項5号）など，他にも多数の規律がある。さらに，同8a条は，（8条7項に列挙された）許認可を要しない動物実験の届出義務を定めている。届出ですむ場合であっても，実験に必要な要件や措置が充足されないと判断された場合には，主務官庁は動物実験を禁止しなければならない（8a条5項）。

　動物保護法8条3項の許認可義務は，許可留保つきの予防的禁止であり，一定の動物実験は，前述の実体法的基準が遵守されているかを主務官庁が事前に審査するために一旦禁止されるが，従来的な理解では，これは学問の自由に対する侵害に該当する。そうだとすれば，「このような憲法ランクなき動物保護のための動物実験に対する規律が，留保なき基本権である学問の自由に対する制約を構成する場合には，その制約強度，そしてその制約が学問の自由の核心領域に触れているか，周縁領域に触れているかとは無関係に，それらの規定は学問の自由と対立している〔ゆえに基本権制約システムに抵触し違憲である〕」[36]。以下では，具体的にどのような対立があったのか，その経過をみていく。

(1)　研究の自由の制約

　裁判ではまず，動物保護法8条3項1号aに規定された「動物実験の倫理的許容性を学問的に根拠づけて説明すること」の解釈・適用が問題となった[37]。ベルリン行政裁判所は，動物実験の倫理的許容性（7条3項1号）と，それを基準とする動物実験計画の許認可（8条3項1号a）の合憲性を巡って，連邦憲法裁判所

---

36) *Rico Faller*, Staatsziel „Tierschutz", 2005, S. 78.

37) この問題が，国家目標「動物保護」導入の主たる契機のひとつだったとされる。*Thomas Cirsovi-us*, Der lange Weg von der qualifizierten Plausibilitätskontrolle zur materiellen Prüfung tierexperimenteller Forschungsvorhaben, NuR 2009, 544.

第7章　国家目標規定の基本権制約機能　169

に裁判官呈示を行ったが[38]，連邦憲法裁判所はその呈示を却下し，その理由づけとして以下の2つを挙げた[39]。第一に，行政裁判所が憲法違反と考える規定の適用の下であっても，許認可請求が認められるかどうかを議論しなければならなかったこと，第二に，裁判官呈示によってではなく，特に許認可手続の形成を通じて憲法的思考が考慮されうるかどうかについて行政裁判所が取り組んでいないこと，である。連邦憲法裁判所によれば，行政裁判所は，8条3項1号aの憲法適合的解釈という「すぐに想起される方法」へと進まなければならなかったのである。学問の自由に適合するように解釈を施せば，8条3項1号aは，次のように解釈される。すなわち，動物実験の倫理的許容性は，実験遂行者の相応の証明によってではなく，主務官庁に対する倫理的許容性の「学問的な根拠づけ」によってのみ決せられる。8条3項1号aは，7条3項1号の倫理的許容性そのものではなく，倫理的許容性を「学問的に根拠づけて説明する」ことを要件としているにすぎない。その点について，主務官庁は，自らの評価を，申請者である研究者の評価に取って替えることはできないとされた。このような事前審査決定を受けて，ベルリン行政裁判所は，主務官庁がなしうる審査を，許認可要件の形式審査（いわゆる「限定的な妥当性の統制（qualifizierte Plausibilitätskontrolle)」）に限定する旨の判決を下した[40]。

　そのような解釈に対しては，憲法適合的解釈の枠を超えているという批判がある[41]。1986年改正で動物保護を強化した立法者の意思は，主務官庁に対して，形式的審査権にとどまらず，まさに実体的審査権を与えることにあったというのである。確かに，動物保護法15条1項2文以下は，次のように規定している。

　　州の法律に基づく主務官庁が，動物実験の認可に関する決定をする際に同官庁を支援する1又は2以上の委員会を任命する。委員会の委員の過半数は，動物実験の判定のために必要な獣医学，医学又は大学の自然科学の学科の専門的知識を有していなければならない。委員会には，動物保護団体の推薦リストから選ばれ，かつ，その経験に基づいて動物保護の問題を判定するのに適任である委員も任命されなければならず，

---

38) VG Berlin, Beschl. vom 20.4.1994, 1 A 232/92, NVwZ-RR 1994, 506 ff.

39) BVerfG, Beschl. vom 20.6.1994, 1 BvL 12/94, NVwZ 1994, 894 ff.

40) VG Berlin, Urteil vom 7.12.1994, 1 A 232/92, ZUR 1995, 201 ff.

41) *Faller* (Fn. 36), S. 82 f.

当該委員の数は，委員会構成員の3分の1でなければならない。主務官庁は，遅滞なく実験計画の許可申請について委員会に報告し，かつ，妥当な期間内に意見表明のための機会を与える。

主務官庁が形式審査しかしえないのであれば，そもそもこのような委員会は不要であるし，「合理的な理由なしに，動物に対して痛み，苦痛又は傷害」を加えることが避けられるべきという動物保護法1条の指導的思考を追求するならば，主務官庁は形式審査にとどまることができないというのにも頷ける。ここでの動物保護と学問の自由との調整は，立法段階で失敗しており，その再調整としての合憲限定解釈も失敗に終わらざるを得ず，そのような裁判所の判断は，結果的にどちらの側からも非難される中途半端な状況が作り出された，とひとまず評価することができよう。基本権制約システムを重視する立場からは，そのような憲法適合的解釈がもたらしたのは，憲法適合的状況ではなく，違憲性の程度の低減にすぎない――すなわち，なお違憲である――という非難を受けることになる[42]。

(2) 教授の自由の制約

教授の自由との関係では，動物保護法10条1項2文における「限定的な妥当性の統制」が問題となる。カッセル上級行政裁判所で扱われた事案[43]では，大学教員が教授活動の枠内で大学生の教育のために行おうとした，マウスの手術と処置の実施が差し止められた。10条1項2文によれば，「手術または処置は，その目的が他の方法，特に映像による表現によっては達せられない場合にのみ，行うことができる」。上級行政裁判所は，この規定を憲法適合的に解釈し，代替的教授手段が，教授活動の目的を達成し得るかどうかは，最終的に大学教員の評価に基づくとした。本件決定では，主務官庁の判断ではなく，大学教員の判断が重視されることになった。このような解釈は，上級行政裁判所によれば，教授の自由が留保なく保障されていること，動物保護が憲法ランクを伴わずに内在的制約として援用しえないことから生じる。同裁判所はこの判決で連邦憲法裁判所の既存の判例を継承し，動物実験の実施に対する主務官庁による統制を著しく縮減した。しかしここでも，そのような憲法適合的解釈が違憲性の低

---

42) *Faller* (Fn. 36), S. 83.

43) VGH Kassel, Beschl. vom 29.12.1993, 11 TH 2796/93, DÖV 1994, 392 f.

減をもたらすにすぎないという，前述の批判が妥当するだろう。

2　芸術の自由の制約

芸術の自由は，基本法5条3項1文で留保なく保障されている。芸術の自由と動物保護との対立は，芸術活動に動物を用いる場合に生じる。

動物保護法3条6号によれば，「動物に痛み，苦痛または傷害を伴うにもかかわらず，当該動物を撮影，ショー出演，広告又は類似の催しに関与させること」は，禁じられている。「類似の活動」には，パフォーマンス・上演・劇場興行も含まれ，そのような活動の際に動物に苦痛を与える行為が禁止されることは，場合によっては，芸術の自由に対する制約となる。これについては，2つの裁判例がある。

カッセル区裁判所で扱われた事例[44]では，ある芸術家が，動物保護法3条6号と結びついた同18条1項1号に基づく動物に苦痛を与える秩序違反（同18条3項によって2万5千ユーロ以下の過料が科される）に問われた。芸術家は，上演中に，舞台上で，粉々になった卵とソーセージの泥濘でガラス容器を満たし，インコをその中に沈める（その際，インコの足と下半身は，ほとんど完全に覆われている）。そして，国歌が鳴り響く中で，ガラス容器が5秒から10秒あっちこっちに振られ，インコは，不安感を被り，その血液循環が害された。芸術家の意図は，ネオファシズムの危険とファシズム的観念の後味の悪さを体験可能とすることにあった。本件では，芸術の自由が留保なき基本権であるのに対し，動物保護が法律上の規律でしかないことを理由に，芸術家に過料は課されなかった。

もうひとつの事例は，ケルン州裁判所で扱われた，鶏の殺害を伴う劇場興行の事例[45]である。演者は，鶏の頭を斧で切り落とし，血だらけの動物のむき出しの上半身の皮をはぐ。その意図は，人権侵害に抗議することであった。州裁判所は，被告を，動物保護法3条6項と結びついた17条1号（合理的な理由なしに脊椎動物を殺害した場合には，3年以下の自由刑または罰金に処せられる）に違反し，有罪とした。決定では，芸術の自由が，憲法内在的制約にのみ服することが確認されたが，州裁判所は，基本法2条1項の「道徳律」を引き合いに出して，そこに動物保護の憲法ランクのための基礎を見出した。しかし，本件の帰結は，極

---

44) AG Kassel, Urteil vom 5.10.1990, 99 OWi 626 Js 15932.8/90, NStZ 1991, 443.

45) LG Köln, Beschl. vom 2.2.1989, 104 QS 2/89, NuR 1991, 42.

端な事例状況に依存した例外的なものだと思われる。

3　信仰の自由の制約

　信仰の自由と動物保護の関係は，基本法20a条への動物保護条項の挿入にとって非常に重要である。幾度かの挫折を繰り返した基本法への動物保護条項導入のきっかけとなったのも，イスラム教徒の店主が経営する肉屋の畜殺に関する事例であるとされている[46]。しかし，基本的に，儀礼畜殺事例と呼ばれる一連の事例群は，基本権ドグマーティク側の操作によって解決されてきている。合憲とされるときには，一定の儀礼畜殺が信仰の自由の保護領域から外れるとか，信仰の自由が基本法140条と結びついたワイマール憲法136条１項の留保に服するなどという理由づけにより，違憲とされるときには，儀礼畜殺が信仰の自由と結びついた「一般的行為自由」によって保護されるという理由づけによってである。したがって，このテーマは，動物保護の国家目標規定の追加に対して非常に大きな影響力を持ったにもかかわらず，挿入後の状況にそれほど違いをもたらさない論点でもあった。とはいえ，状況整理のために，このテーマについてもみておく必要があろう。

　信仰の自由も，基本法４条１項および２項で，留保なく保障された基本権である。基本法４条１項および２項において保障される基本権は，信仰・良心の自由，および信仰告白・世界観の告白の自由，ならびに信仰行為の自由を保障している。

　動物保護法４条２項２号によれば，主務官庁が儀礼畜殺の許可を与える場合には，血抜き前の気絶を要することなく，温血動物を屠殺することができる。主務官庁が例外的許認可を与えることができるのは，この法律の施行区域内において，強制力ある教令により典令に従う畜殺を定め，又は典礼に従って畜殺されていない動物の肉の食用を禁止している特定の信仰団体構成員の要求に応じる必要性があるときに限られる。問題は，この規定が信仰の自由を制約しているかどうかである。

　1995年６月15日の連邦行政裁判所判決[47]は，儀礼畜殺もそれにより得られた

---

46) 渡邉斉志「ドイツ連邦共和国基本法の改正」外国の立法214号（2002年）177頁以下。

47) BVerwGE 99, 1. 第一審のハンブルク行政裁判所では，動物保護に憲法ランクを与えるために，基本法１条１項（個人の尊厳）が，控訴審のハンブルク上級行政裁判所では，それに加えて基本法

肉の飲食も，信仰的に命じられたものではないとして，儀礼畜殺を，信仰の自由の保護領域から外した。本判決は次のように要約できる。儀礼畜殺されていない動物に由来する肉の飲食は，――信仰の自由によって保護されるという意味で――信仰的に要請されたものではない。仮に国家によって儀礼畜殺が禁止されるとしても，ユダヤ教の信者もイスラム教の信者もその信仰に対応した生活形成を妨げられることはない。なぜなら，彼らは，そのような信仰上の戒律に違反することなく，儀礼畜殺とそれによって可能となる肉食を放棄し得る。彼らは植物由来の食物や魚を食べたり，食肉輸入に頼ればよいのである。確かに，肉は今日我々の社会で一般的に食物かもしれないが，この食物の放棄は，要求しえないような，個人の発展可能性に対する制約ではない。それは，献立を考えるのを困難にするにすぎず，信仰の自由によってではなく，一般的行為自由に即して審査されるべきである。

2000年11月23日の連邦行政裁判所判決[48]は，ヘッセンイスラム信仰共同体に属するイスラム教徒の構成員が，犠牲祭において温血動物を気絶させることなく屠殺することに対する不許可処分を容認した。原告は1999年の犠牲祭に際して許認可を申請したが，主務官庁は，権威あるイスラム教の機関によれば，そのような拘束力ある信仰上の戒律は存在しないとしてその申請を却下した。これに対し，ダルムシュタット行政裁判所は，主務官庁に許認可付与義務があるとしたが，連邦行政裁判所はこれを覆した。

2002年1月15日の連邦憲法裁判所判決[49]は，儀礼畜殺の不許可処分を（適用）違憲とした。本判決の要約は次の通りである。確かに，信仰の自由は，独立した基本権としては審査されない。しかし，儀礼畜殺自体が（信仰の自由の保護領域に含まれる）信仰的行為として理解されないとしても，信仰の自由は尊重されなければならない。そのような行為は信仰的な基本的態度の表出でもあり，敬虔なスンニ派ムスリムである異議申立人は，信仰上のルールに従って儀礼畜殺を行う義務を拘束的であると感じている。儀礼畜殺によって得られた肉を買う客達の観点からしても，彼らが儀礼畜殺された動物の肉を買い求める場合には，

74条1項20号（競合的立法権限）が引き合いに出されている。

48) BVerwGE 112, 227.

49) BVerfGE 104, 337. ドイツ憲法判例研究会編『ドイツの憲法判例Ⅲ』（信山社，2008年）285頁以下［近藤敦］。

それは明らかに彼らの信仰の拘束力の確信にも基づいている。また，基本的に肉食を諦めることを要求するのは，ドイツ連邦共和国における食習慣を十分に考慮していない。肉は広く行き渡っている食物であり，それを不本意にも諦めさせるということを要求可能とみることは難しい。確かに，輸入肉を食べれば，そのように諦める必要はないが，畜殺者との人的接触とそれによって得られる信頼の基礎の欠缺という観点からは，肉が実際にイスラムの戒律に適っていたかは不確実となる。

　この連邦憲法裁判所判決は，中々成功しなかった動物保護に関する基本法改正にとって境界石であったともいわれている。しかし，ここでは，留保なき基本権としての信仰の自由が，独立の基本権として審査の物差しとなっているのではなく，あくまでも，一般的行為自由が審査の物差しである。それゆえここで，動物保護に憲法内在性が要求されていたわけではなかった。儀礼畜殺問題は，連邦行政裁判所判決以来，基本権ドグマーティク上の処理を通じて片づけられてきたのである。他の場合と同じように，ここでも留保なき基本権の対抗利益に求められる憲法内在性は，すでに幾つかの方法で迂回されていた。

4　「動物保護」の法的位置をめぐる交錯

　連邦憲法裁判所は，動物保護条項の導入以前においては，動物保護に対する国民のポジティブな感情に配慮し，一般法律上の法的保護にすぎない動物保護を，留保なき基本権と直接対決させることを避けてきた。それにより，動物保護法上の規定が違憲無効となるような事態は生じなかった。しかし，他方で，動物保護法上の規律が，留保なき基本権の直接および間接の圧力によって一定程度無力化されたことも確かである。学問の自由との関係では，動物保護のために敷かれた許認可制は，連邦憲法裁判所の憲法適合的解釈の指示により形式的審査と化し，動物に痛みを与えるパフォーマンスに対する過料も州レベルの判決では一部芸術の自由に基づいて覆されている。信仰の自由との関係では，信仰の自由によって強化された一般的行為自由により，儀礼畜殺の不許可が連邦憲法裁判所レベルで覆された。

　そのような連邦憲法裁判所の態度は，動物保護を重視する側からも，基本権制約システムを重視する側からも非難を受けることとなった。そこで，そのような「大岡裁き」的態度に対する不満を一挙に解消してくれるものとして期待

されたのが，幾度かの挫折を乗り越えて2002年に導入された基本法20a条の「動物保護」だったのである[50]。

第2項 「動物保護」が憲法化された後の状況

基本法20a条への「動物保護」の導入の際の議会レベルでの議論については詳細な検討があるため[51]，ここであえて取り上げることはしない。本項では，「動物保護」が憲法化された直後の学説がどのような展望を持っていたのか，実際にはどのように状況は推移したのか，その理由は何かについて検討する。

1 2002年導入直後の学説状況

国家目標「動物保護」が導入されてすぐの諸論文は，「動物保護」の明るい未来，楽観的な展望を示していたように見受けられる[52]。ある論者は，「国家目標『動物保護』の採用は，倫理的−道徳的観点からだけではなく，法技術的観点からも必要不可欠であった」という，法学的観点からはトリビアルな重要性を指摘しつつ，「議論の核心点は，一般法律上保護された倫理的動物保護と，例えば学問の自由のような憲法の保護の下にある基本的価値との法的不均衡であった」という[53]。そして，その採用のとりわけ明らかな帰結は，行政実務や裁判において，動物保護が今や原理的に同格の憲法利益として信仰の自由，学問の自由および芸術の自由との衡量過程に持ち込まれる点にあるとする。つまり，それらの基本権も動物保護も優位原理とはならないし，職業の自由との衝突事

---

50) ここで注意する必要があるのは，基本権制約システムに関わる動物保護法上の規律の違憲性の解消は，動物保護の「不足の解消」に必ずしもつながるわけではないことである。

51) これまで挙げた文献の他に，岡田俊幸「動物保護と憲法」小林弘明／岡本喜裕編『東アジアの経済発展と環境』（日本経済評論社，2005年）207頁。

52) 先行研究として，浅川・前掲注2）184頁以下。特に，動物実験と学問の自由の衝突については，同188頁以下参照。

53) *Eva Inés Obergfell*, Ethischer Tierschutz mit Verfassungsrang, NJW 2002, 2296 f.
　ちなみに，導入推進派の意図からすれば副次的作用かもしれないが，国家目標規定の導入は，規範統制における憲法裁判所の管轄権を拡大させるという効果をもつ。動物保護法に関する法規命令の法律適合性が問題となった事案で，連邦憲法裁判所は，同法が基本法20a条の具体化法であり，同法違反はひいては基本法違反となるとして，審査を行った事例がある（BVerfGE 127, 293）。ドイツ憲法判例研究会編・前掲注29）229頁［藤井康博］参照。類似の問題は，日本においても，上告理由（民事訴訟法312条1項，刑事訴訟法405条）となるかどうかという問題として現れる。

例でも，動物保護を単なる公益として分類することはもはや正当ではない。憲法ランクを備えた動物保護を「優越的に重要な共同体の利益」として扱わないことは説得的ではないとされるのである。さらに，畜殺事例でも，異議申立人の純粋に主観的な評価——主務官庁はこれを内容的に審査することができない——により動物保護を自動的に退かせるような憲法適合的解釈は，「動物保護」の基本法への導入によりもはや維持しえず，基本法20a条の憲法上の根拠は，それ以降，明らかにより多くの重みを動物保護に与え，主務官庁に包括的な統制権および統制義務を割当てているとされる。また，前述した動物実験の際の「限定的な妥当性の統制」についても，将来的には，学問の自由と動物保護という２つの憲法的価値の可能な限り調和的な均衡が探られなければならず，許認可官庁は包括的かつ実体的な審査権を有することになるとされる[54]。また，ほぼ同趣旨を述べる論者も，「国家目標『動物保護』の憲法レベルへの導入は，将来的に，留保なき基本権の保護領域内においても，動物保護諸規定の官庁による執行や裁判所の解釈権限を強化するだろう」としている[55]。

　要するにこれらの論者は，2002年以前に裁判所によって引かれた，基本権——特に留保なき基本権——と動物保護との均衡線を，新たに引き直すことを主張しているのである。それはつまり，法律上の利益にすぎなかった「動物保護」が，憲法上の利益として実質的に格上げされたこと（「公共の福祉」内での位置づけの変化）を意味する。では，その展望は現実のものとなっているのであろうか。

2　裁判所の動向

　結論から言えば，裁判所の動向に大きな変化はない。潜在的には，正当化されない留保なき基本権への制約の違憲性が，動物保護の挿入によって事後的に治癒したとされる[56]。それによれば，違憲性の治癒は，憲法規範に合致しない下位規範を無効にするということのみによってではなく，上位規範である憲法規範を変えることによっても，可能である。動物保護が憲法ランクを得たこと

---

54) *Obergfell* (Fn. 53), 2297 ff. 国家目標規定の導入前からそのことを主張していたものは，*Clemens Christoph Hillmer,* Auswirkungen einer Staatszielbestimmung „Tierschutz" im Grundgesetz, insbesondere auf die Forschungsfreiheit, 2000, S. 205.

55) *Johannes Caspar/Martin Geissen,* Das neue Staatsziel „Tierschutz" in Art. 20a GG, NVwZ 2002, 913.

56) *Faller* (Fn. 36), S. 129 f.

の効果としては，動物保護法上の規律を留保なき基本権に対して貫徹すること
を試みる際に，従来のような回りくどい理由づけや疑わしい手法を採用する必
要がなくなったことがある。なお問題として残るのは，裁判所が留保なき基本
権と動物保護との間の線を新たに引き直すのか，ということである。

(1) 学問の自由の制約——その後

当初裁判所は，ほとんど基本法改正を考慮していなかった。例えば，2003年
のカッセル上級行政裁判所決定は，20a条に言及することなく，申請者の学問
の自由の観点から，（限定的な）妥当性の統制が，主務官庁の権限であるとして
いる[57]。他方，同年のギーセン行政裁判所判決は，動物保護という国家目標の
基本法への採用の観点が十分に考慮されなければならないこと，主務官庁は学
問的な動物実験の領域でも独自の実体的審査権を備えていること，特に動物保
護法7条3項1号によって要請される学問的根拠を事柄に即して審査する権限
が与えられていると判示した[58]。そのうえで，主務官庁が（限定的な）妥当性の
統制しかできないという見解は，基本法20a条の下では，一律には，もはや維持
しえないとした。これに対し，カッセル上級行政裁判所決定は，ギーセン行政
裁判所の見解を端的に否定している[59]。

(2) 信仰の自由の制約——その後

儀礼畜殺事例について，基本法改正後も2002年の連邦憲法裁判所判決と同様
の結論になるという見解があったが[60]，今のところその通りになっている。
2004年のカッセル上級行政裁判所判決[61]は，改正された基本法20a条が，動物
保護法4a条2項2号の「信仰団体」の解釈に変更をもたらすものではなく，同
号の適用領域を変更するのは司法ではなく立法者の権限であるとした。また，
2006年の連邦行政裁判所判決[62]も，基本法20a条が儀礼畜殺の許認可を不可能
にするものではないとしている。

---

57) VGH Kassel, Beschl. vom 29.1.2003, 11 TG 3210/02, NuR 2003, 433 f.; *Cirsovius* (Fn. 37), 543.

58) VG Gießen, Urteil vom 13.8.2003, 10 E 1409/03, NuR 2004, 64 ff.

59) VGH Kassel, Beschl. vom 16.6.2004, 11 UZ 3040/03, juris.

60) *Karl-Eberhard Hain/Peter Unruh*, Neue Wege in der Grundrechtsdogmatik?, DÖV 2003, 149 f.

61) VGH Kassel, Urteil vom 24.11.2004, 11 UE 317/03, NJOZ 2006, 953. Vgl. *Hans-Georg Kluge*, Das Schächten als Testfall des Staatszieles Tierschutz, NVwZ 2006, 650.

62) BVerwG, Urteil vom 23.11.2006, 3 C 30/05, NVwZ 2007, 461.

3 なぜこのような状況が生じたのか？

このような状況が生じた理由は，幾つか想定されうる。結論に異同が生じないという点についていえば，連邦憲法裁判所が，2002年以前においても，実際には基本権制約システムを相対的に理解し，「動物保護」の位置づけが法律上であれ，憲法上であれ，この程度は動物保護法上の規律を維持しうるというところで線を引いていたということができよう。とすれば，2002年前後において，「動物保護」の法的位置づけは，実質的な意味では変わっていなかったがゆえに，基本権と「動物保護」との間で線の引き直しは必要なかったのだ，ということになる[63]。

そこでの問題は，なぜ，「動物保護」はそうだったのか，ということである。「環境保護」は，「国家」と結びついても違和感のないところまで到達している。「社会的法治国家から社会的・環境的法治国家へ」[64]という流れは，「動物保護」にも当てはまりうるのだろうか。その可否を判断する基準は何なのであろうか。

第4節　国家目標規定と国家目標秩序

ある憲法規定が実質的意味の憲法，すなわち「国家の根本秩序についての規律」に属するかどうかを判断することはできるだろうか。この点，ドイツでは国家論上の国家目標秩序が参照されていると思われる[65]。その判断の一般的な基準があるかは別として，ある国家目標規定が実質的意味の憲法に属するかどうかは，国家目標に関する考察からある程度明らかにすることができよう。すなわち，（少なくとも）国家論上の基本的国家目標を憲法化した国家目標規定は，実質的意味の憲法に属するということである。

ゾンマーマンによれば，基本的国家目標として，（実質的）法治国家性，社会国家性，文化国家性，平和国家性，環境国家性が挙げられる[66]。基本権が実質的法治国家性の憲法上の具体化の一形態だとすれば，それに対抗しうる国家目標規

---

63) 立法者が動物保護に有利に線を引き直すという選択肢も考えられるが，動物保護法上の厳格な規律を憲法適合的解釈によって緩めたのは裁判所であり，この場合，線の引き直しの任務を負っているのは，第一に裁判所であろう。

64) *Sommermann* (Fn. 12), Art. 20a, Rn. 14.

65) Vgl. *Karl-Peter Sommermann*, Staatsziele und Staatszielbestimmungen, 1997, S. 297 ff.

66) *Sommermann* (Fn. 65), S. 4.

第7章　国家目標規定の基本権制約機能　179

定もそれと同等のものでなければならないと考えるのは自然な帰結である[67]。

第1項　国家目的と国家目標

　ドイツで国家の目的に関する議論といえば，国家目的と国家目標に触れないでおくことはできない。メラースによれば，国家目的が国家理論上の概念であるのに対し，国家目標は実定憲法上の概念である[68]。国家目的は，主に一般国家学においてメタ法的正当化連関の構成をする。国家行為は国家目的の遂行という大義名分によって正当化されるが，反対にその不履行は国家からその正当性を奪うことになる。「国家目的という概念がある国家秩序の正当化を国家理論的に表現する唯一の方法ではないとしても，それがなお一般に国家理論的に把握される限り，正当化の議論はとりわけ国家目的の使用を通じてなされる」。これに対して，国家目標は「社会全体の秩序にとっての，実定法上の理想像」であり，この目標は，個々の国家任務の定式化によって具体化される。国家目標は，国家理論上のカテゴリーではなく，実定憲法上のカテゴリーに属する。そのため，「国家目的が法秩序を正統化するのに対して，国家目標と国家任務が法秩序から取り出されるのであれば，国家目標と国家任務を国家目的の具体化であるとするのは正確ではない」ということになる。

第2項　基本法における国家目標秩序

　しかし，国家目的と国家目標を全く切断して考えるというのは，適切ではな

---

67) これについては，国家論を直接に参照しているようにもみえるため，本書**第4章**で示した批判的視線が自らに向けられるかに思われる。この点，国家論上の基本的国家目標は，核心的な憲法価値との関係でなぜそれらの目標が重要であるかについての議論が練られ，それが多くの国で受容されたために憲法化されたものといえ，それに基づいて国家目標秩序が形成されている（本書**第5章**参照）。したがって，同様の憲法価値を標榜する現代立憲主義国家の実定憲法においては，ある国家目標が重要かを判断する――それが憲法外のものであっても――実質的論拠については，実定憲法内においても同様の論理は成立するはずである。つまり，憲法と国家論との視線の往復を通じて得られる，当該国家の憲法における国家目標秩序も，基本的にはその論拠に依拠しうると思われる。もっとも，当該憲法に幾つかの基本的国家目標が条文上も解釈論上も存在しない場合や，国家論上は基本的とされていないが，当該国においては非常に重要視される基本的国家目標が存在する場合（またはその逆の場合）もありえよう。その際には，なぜ当該目標が重視されるのか，あるいは重視されないかについての論証が必要となろう。

68) *Christoph Möllers,* Staat als Argument, 1999, S. 192 f.

いと思われる。今や国家目的という概念すら，規範性を持とうとしている[69]。おそらく両者は，規範的意味でも，メタ法的意味でも，国家の目的論的秩序連関から連続的に理解されるべきものである。結局，「国家目的がなしうるのは，国家目標という中間的な省察の次元において，不変なるものを変わりうる物から区別すること以上でも以下でもない」[70]。そのように考えるならば，メタ法的正当化連関を構成するのは，国家目的だけではなく，部分的には国家目標もそうである。違いをいうとすれば，国家目的に挙げられるものの実現に失敗すれば即失敗国家の烙印を押される，すなわち国家ないし国法秩序のメタ法的正当性が失われるのに対し，国家目標の実現の失敗が即失敗国家の烙印にはつながるわけではない，すなわち国家のメタ法的正当性がかなり低下することが帰結されるという程度である。または，国家目的が捨てられないものであるのに対し，国家目標は必ずしもそうではないという点である（その点では，国家目標は国家目的よりも個別具体的であるので，憲法上の規定することの要請は国家目的よりも強い）。

　では，「動物保護」は，国家ないし国法秩序の正当化に何がしかの影響を及ぼすものといえるだろうか。そういえないとすれば，そのことが基本権制約の局面で「動物保護」が十分に——何をもって十分とするか，それが問題であるが——基本権に対抗しえない理由である[71]。実質的意味の憲法の観点からみれば，（形式的に）国家目標規定になったから（重要な）国家目標になるのではなく，本来的には，（重要な）国家目標だから（実質的意味の）国家目標規定になるのである[72]。

---

69) これについての紹介は，小山剛「陰画としての国家」法学研究80巻12号（2007年）143頁。日本での最近の議論として，工藤・前掲注19）8頁。もっとも，国家目的という概念に規範性を持たせることの実益はほとんどない。むしろ法的議論については国家目標次元で捉えるのが適切である（本書**第3章**参照）。

70) *Christoph Link*, VVDStRL 48 (1990), S. 47.

71) 前掲注67) 参照。

72) 通常，国目標規定の導入に際しては，第一に，社会問題が存在し，これに対する認識が必要となる（社会問題の存在とその認識）。第二に，その問題の解決を国家が解決すべきかどうかが判断される（国家任務か否か）。第三に，それを憲法レベルで規律するか否か，すなわち一般法律レベルの規律では不十分か否かが判断される（憲法任務か否か）。第四に，憲法上の規律方法が判断される（例えば，基本権か国家目標規定か）。「動物保護」の場合には，各段階における検討が不十分なまま，「小さな解決」によって第三段階がスキップされてしまったことが問題であったと思われる。

第5節　中間総括

　国家目標規定の法的機能の考察にあたっては，他の憲法規範との関係が殊更重要である。本章では，国家目標規定と基本権との関係，特にその基本権制約の場面におけるはたらきをみてきた。その関係性の違いからみえてきたのは，現在，国家目標「動物保護」が，社会国家原理や環境保護と同等の重みを有しているとは言い難いということである[73]。

　ある国家目標規定が，実質的意味の憲法（国家の根本秩序についての規律）に属するかどうかを判断する際には，国家論が参照に値する。というのも，国家目標規定は，本来的に国家論上の国家目標を憲法に規定したものと考えられるからである。今日，社会的な安全の確保や環境保護は，実質的な人権保障および人の生存にとって決定的に重要であることが承認されるであろうが，動物保護も同様にそうであるということはできないように思われる。国家論上，ひいては憲法上の位置づけの違いが，基本権と対峙した際に決定的な差異を生じさせるのである。国家目標規定は，基本権を憲法内在的に制約する機能を有しているが，それが実質的に基本権と同等の地位で衡量されるかどうかは，国家目標規定によって異なる。

　とはいえ，本章の射程は，基本権制約局面に限定されている。国家目標規定の法的機能全体（国家目標の実現を含む）としてみれば，その十全な機能発揮のためには，①国家目標規定の法的取扱いへの馴染みやすさ，②その原理としての強さ[74]，③それを下支えする国家論上の理論の浸透，④それをめぐる議論の蓄積，⑤さらにそれについての公衆の共通了解が必要と思われる。「動物保護」には，多くの要素が欠けている。これにつき一言すれば，③および④の欠缺に関して，動物保護条項の挿入が違憲の憲法改正の疑いをかけられたことも，それと無関係ではない。動物保護を基本法の従来の基本思想と整合させる理屈が十分に練られておらず[75]，その議論の蓄積も社会国家原理や環境保護と比べ少な

---

73) Vgl. *Kloepfer* (Fn. 3), §12, Rn. 88.

74) それと衝突する基本権の側は，すでにその成立要件として，少なくとも公共の福祉を覆す可能性を留保する程度には，原理としての強さを要求されているはずである。

75) 両者の関係につき，藤井康博「動物保護のドイツ憲法改正（基本法20a条）前後の裁判例」早稲田

いといえる。社会国家原理は人権保障を実質化させるものとして承認され，環境保護が人間の生存基盤にとって重要であることが承認されている一方で，動物保護にはまだそのような理論的基盤とそれに対する共通了解が欠けているといえる。他方で，基本権，特に基本権カタログに数えられるものは，特に重要で基本的な権利として承認を受けており，これに対抗するには，それなりの実体を備えている必要がある。動物保護条項の機能不全は，すでに制定以前からの規定路線であったといえるかもしれない。「動物保護」が基本権との関係で十分に考慮されるためには，従来的な憲法思想，その核心なるものとの対話が必要とされるのである[76]。

【追記】

ドイツ連邦食糧・農業省は，2024年2月に動物保護法を包括的に強化する法案（Referentenentwurf des Bundesministeriums für Ernährung und Landwirtschaft, Entwurf eines Gesetzes zur Änderung des Tierschutzgesetzes und des Tiererzeugnisse-Handels-Verbotsgesetzes）を公表した。法案中の一般的理由づけでは，以下のように述べられている。

「動物保護の国家目標規定を基本法に導入したことにより，ドイツにおける動物保護には，明らかにより強い重みが与えられた。基本法20a条の『及び動物』の導入により，保護委託は2002年以来，動物にまで拡張されている。それにより，倫理的な動物保護には憲法ランクが与えられた。それ以来，動物保護もそれと競合する憲法法益も一般的な優位を持つものではない。……しかし過去20年のバランス全体をみると，動物を取り扱う様々な分野で，依然欠陥があることが分かる。したがって，動物保護を改善することは，高い優先度を有する。」

法学会誌60巻1号（2009年）473頁以下を参照。動物保護が人間の尊厳に適うのだ，というテーゼは，万人にとって受容可能なものとは言い難いであろう。

[76] ここでは，「各人の人権の享有およびその主張に対して，なんらかの制約が要請されるとすれば，それは，つねに他人の人権との関係においてでなくてはならない」という宮沢の主張が，検討対象国およびコンテクストを異にするにもかかわらず，リアリティを獲得するように思われる（宮沢俊義『憲法Ⅱ〔新版再版〕』〔有斐閣，1974年〕229頁以下）。

これを乗り越えるためには，メタ法的正当性（国法秩序にとっての重要性）を獲得するような論理が求められる。もっともそれは，一般国家学レベルで必要なわけでは必ずしもなく，当該憲法秩序における重要性，他の基本的国家目標との整合性・調和を示せばよい。

もっとも本法案には，他の基本権との深刻な衝突を生じさせる内容は含まれていないように思われる。なお本法案は，「信号機連立」が崩壊したことに伴い頓挫している。

第4部

国家目標の基本権による実現

第8章

「生存権」——最低限度の生存を保障する権利

　近年，ドイツではいわゆる「生存権」を中心として，社会的基本権の再構成が行われている。これは，ドイツ基本法において自覚的に排除されてきた社会的基本権という構成（法的類型）を，——少なくとも部分的に——復活させようとする試みである。それが「生存権」分野に限定して遂行されている試みなのか，あるいは社会的基本権という法的類型それ自体を復権せしめんとする試みなのかは定かではない。ドイツ連邦憲法裁判所が2010年2月9日の（第一次）ハルツⅣ判決[1]で承認した「人間に値する生存最低限度の保障を求める基本権」（以下，生存最低限度保障への基本権）は，条文上の根拠として人間の尊厳（基本法1条1項）が重要な役割を果たしている点で，ひとまず「生存権」分野に限定された例外的なものと考えるべきであるが[2]，その権利構造が，社会的基本権という法的類型にとって重要な示唆を与えるものであることも否定できない[3]。

　ともあれ本章では，この現象を社会的基本権という法的類型復活の嚆矢と捉えるのではなく，人間の尊厳と結びついたことによる——国家目標規定としての——社会国家原理からの例外的離脱（基本権化）として捉えつつも，そこで構成された基本権も結局は国家目標規定の考え方を部分的に引き継いだ——国家目標規定との連続性を有する——特殊なものであることを示す[4]。

---

1) BVerfGE 125, 175. 同判決は，その後改正法を合憲とした2014年7月23日の連邦憲法裁判所決定（BVerfGE 137, 34）との区別において，第一次ハルツⅣ判決とする。

2) *Tobias Aubel*, Das Gewährleistungsrecht auf ein menschenwürdiges Existenzminimum, in: Emmenegger/Wiedmann (Hrsg.), Linien der Rechtsprechung des Bundesverfassungsgerichts, Bd. 2, 2011, S. 295.

3) *Karl-Peter Sommermann*, Soziale Rechte in Stufen, in: Calliess/Kahl/Schmalenbach (Hrsg.), Rechtsstaatlichkeit, Freiheit und soziale Rechte in der Europäischen Union, 2014, S. 125.

4) Vgl. *Aubel* (Fn. 2), S. 278 ff., 286 ff.

第1節 「生存権」の輪郭

　本節では，ドイツ連邦憲法裁判所が「生存権」を承認した第一次ハルツⅣ判決[5]で，同権利をどのようなものとして素描したのかを示し，この権利の性質に関する玉蟲の所論を手掛かりとして，同権利の主観的権利としての困難性を明らかにしつつも，それでもなお同裁判所が「生存権」をあえて主観的権利として成立させようとしたことの意義を探る。

第1項　第一次ハルツⅣ判決

　2005年1月1日に成立した，労働市場での現代的サービスに関する法律（通称ハルツ・フィーア［以下ハルツⅣ法］）により，社会扶助法は大きく転換した。従来の失業扶助と社会扶助の二重システムは，社会法典第2編（求職者のための基礎給付［以下，SGB Ⅱ］）および第12編（社会扶助）に統合され，稼得可能な者および生計を共にする者（配偶者・パートナーや子供）は前者，稼得可能でない者は後者による給付を受ける。本件で問題となったのは，同法典第2編の規定である。SGB Ⅱ（旧）20条2項前段は，単身者への基礎給付（以下，基準基礎給付）を月額345ユーロとした。同法（旧）20条3項1文は，18歳以上のパートナーがいる場合には，基礎給付を2人合計で基準基礎給付の180％とした。同法（旧）28条1項3文1号は，14歳までの子に対する基礎給付を基準基礎給付の60％，15歳以上18歳未満の子に対しては80％とした。社会扶助法の規定とは異なり，給付は原則一律化され，特別な需要に対しては，例外的にのみ1回的給付がなされる。判決が下るまでの間，2009年7月1日に創設された同法（旧）74条は，6歳以上14歳未満の子に対する基礎給付を，基準基礎給付の70％とした。また，2009年8月1日に創設された同法（旧）24a条は，就学義務のある子に対し，年額100ユーロの追加給付を定めた。

　基準基礎給付額の算定は，所得・消費抽出調査に基づく統計モデルによる。同調査で判明した単身世帯下位20％（社会扶助受給者を除く）の支出が，同給付

---

5) BVerfGE 125, 175. 邦訳として，嶋田佳広訳「2010年2月9日ドイツ連邦憲法裁判所違憲判決」賃金と社会保障1539号（2011年）71頁を参考とした。同判決の評釈として，ドイツ憲法判例研究会編『ドイツの憲法判例Ⅳ』（信山社，2018年）238頁以下［工藤達朗］。

額（月345ユーロ）の最初の端緒となる。支出は項目ごとに割り振られ，そのうち幾つかの項目については，割合上カットされて，最終的な給付額が算出される。例えば，教育項目は100％カット，衣料品項目では仕立服，毛皮製品等が除外されて89％計上となっている。このように算出された単身者への給付額を元に，パートナーや子供の給付額が算定される。

SGB II 20条2項前段，20条3項1文および28条1項3文1号（すべて旧条文）の合憲性が，連邦憲法裁判所で問われた。同裁判所は，2010年2月9日の判決（第一次ハルツIV判決）で，まず，単身者への規準基礎給付額を定める同法20条2項前段を，生存最低限度保障への基本権に反して違憲とし，それを元にパートナーと子供への給付額を定める20条3項1文および28条1項3文1号も違憲とした。さらに，SGB IIが，「単に一時的でない不可避で恒常的な特別の需要を保障するための給付請求権」を欠いていることも違憲とされた。同基本権に関する説示を，以下要約する。

人間に値する生存最低限度の保障を求める基本権は，基本法20条1項〔社会国家原理〕と結びついた基本法1条1項〔人間の尊厳〕から生じる。……基本法1条1項から生じるこの基本権は，基本法20条1項と結びつくことにより，保障権として，独自の意義を有する。同基本権は，その根拠に関しては任意に処分しえず，履行されなければならず，立法者による具体化と恒常的な更新作業を必要とする。立法者は，提供されるべき諸給付を，公共体のその都度の発展状況および既存の生活状況に適合させなければならず，その際，立法者には形成の余地が認められる（Rn. 133）。

直接憲法から生じる，人間に値する生存最低限度の保障を求める給付請求権は，人間に値する生存の維持に絶対的に必要不可欠な手段に対してのみ及ぶ。同請求権が基本権の一体的保障を通じて保障するのは，生存最低限度の全体である。そのような基本権の一体的保障は，人間の肉体的生存，すなわち食事，衣服，家具，住居，暖房，衛生および健康をも，人間関係を営むための可能性ならびに社会的，文化的および政治的生活に最低限参加する可能性の確保をも含んでいる。一個人としての人間は，不可避的に，社会的連関の中で存在するからである（Rn. 135）。

人間に値する生存最低限度の保障は，法律上の請求権を通じて確保されなければならない。……要扶助者には，国家または第三者による任意の給付が宛てがわれてはならない。人間に値する生存最低限度は，主務官庁に対する市民の具体的な給付請求権を含んだ議会法によって，憲法上保障されなければならない（Rn. 136）。

法律上の給付請求権は，それが常に個々の基本権享有者の，生存に必要不可欠な需

第8章　「生存権」——最低限度の生存を保障する権利　189

要全体を充足するように形成されなければならない (Rn. 137)。

　基本法 1 条 1 項から生じる給付請求権は，その根拠に関しては憲法上所与である。しかし，この請求権の範囲は，需要の種類やそのために必要不可欠となる手段という観点からして，直接憲法からは導かれえない。その範囲は，人間に値する最低限度の生存に必要不可欠なものに関する社会的見解，要扶助者の具体的な生活状況ならびにその都度の経済的・技術的な実情に依存し，したがって立法者によって具体的に定められなければならない。…… 立法者には，給付請求権を要件と効果の中で具体化することが課せられる。立法者が，金銭，現物またはサービスのうちどの給付で，生存最低限度を確保するかは，基本的に立法者に委ねられている (Rn. 138)。

　請求権の具体化について，立法者は，生存に必要不可欠なすべての消費を，首尾一貫した形で，透明かつ事柄の性質に適した手続で，実際の需要に基づいて，すなわち現実適合的に算定しなければならない。これにつき，立法者はまず，需要の種類とそれに使われる費用を調査し，この基礎に基づいて，需要全体の額を規定しなければならない。基本法は，立法者に対し，そのための特定の手法を規定していない。立法者は，むしろ有用性と事項適合性の枠内で，その手法を自ら選ぶことが許される。もっとも，選択された手法からの逸脱は，事柄の性質に即した正当化を要する (Rn. 139)。

　さらに，そのようにして得られた結果は，継続的に審査され，さらに発展させられなければならない。なぜなら，人間の基礎的な生活需要は，原則的としてそれが存在するわずかの間でのみ満たされるにすぎないからである。したがって，立法者は，その時々の実際の需要の充足を確保するために，例えば物価上昇や消費増税のような経済的枠条件の変化に迅速に対応する予防措置を講じなければならない……(Rn. 140)。

第 2 項　「生存権」をめぐる議論

　第一次ハルツIV判決は，更なる審査に関する説示で，一方では，全体の給付額を問う実体・内容論を補完するために，如何にして「最低限度」を評価・測定したかという観点から手続・説明責任論を展開し，他方では，実体・内容論と並立するものとして，如何にして「最低限度」を満たすべきかという観点から方法・仕組論を発展させている。

　以上について考察する前提として，同基本権の特徴を把握しておく必要がある。日本でも，この基本権については比較的詳細に論じられている。例えば，人間の尊厳を専門とする玉蟲由樹は以下のように述べる[6]。

---

6) 玉蟲由樹『人間の尊厳保障の法理』(尚学社，2013年) 223-229頁。

第一次ハルツⅣ判決においては、「具体的規範統制手続が問題となっている以上、少なくとも訴訟技術的には個人の憲法異議を提起する権限を承認する必要はなかった」ため、「これは訴訟技術上の理由にもとづく手続的権利としての承認というよりは、純粋に給付請求権としての性格をもったものである」。

　「しかし、最低限度の生活の保障を求める基本権が本当の意味で『基本権』として機能しうるものであるか否かは、この権利が憲法上どこまで具体化可能であるかという問題に依存する。……権利としての具体化ないし実現が憲法レベルにおいてはほとんど期待できないときにまで、これを『権利』と呼ぶことにどれだけの意味があるかは疑問である」。この点、「あらゆる社会的給付請求権は生活財やサービスの分与に関連した権利とならざるをえない」が、「その分与の程度や範囲は、国家による計画可能性および実現可能性によって限定されるため、社会的な給付請求権は『可能性の留保（Vorbehalt des Möglichen）』の下でのみ憲法上保障されるといわれる。このような可能性を適切に判断しうるのは、通常は立法者であると考えられており、それゆえ、この権利の司法的貫徹はほとんど期待しえない。考えられるのは、あくまで立法不作為および明らかな義務の懈怠に対する司法的統制のみである。このように『権利』とされているものが、その実態として、立法者の形成に依存し、その形成内容に対する司法的統制を期待できないものだとするのであれば、それは権利というより国家目標と理解するほうがふさわしい」。

　そこで、「問題は、最低限度の生活の保障を求める権利が『基本権』としての内実をもつか否か」だが、第一次ハルツⅣ判決は、この権利を「憲法によってあらかじめ定められたものとしながらも、この請求権の範囲は直接に憲法から導かれうるものではない」としているため、「結果的に、この権利は『法律上の請求権によって保障』される。このとき、立法者に憲法上要求されるのは、請求権の具体化のために、あらゆる生存に不可欠な出費を矛盾なく、現実的な需要にもとづいた透明かつ事実に即した手続において、すなわち現実適合的に評価することに限られる。具体的な給付額について、この基本権は定量化された基準値を提示しえない」。「最低限度の生活の保障を求める権利は、最低限度の生活の維持に必要な財やサービスの給付を直接に要求する権利というよりも、最低限度の生活を国家が実現するよう要求する権利である。請求が最低限度の生活そのものではなく、その実現に向けられている以上、権利としてはいまだ抽象的である。このような意味での請求権は、国家権力を直接に拘束するとはいい難く、また裁判によって貫徹可能なものでもない。保障の範囲や程度の決定には、常に立法者による関与が要求されるのである。したがって、最低限度の生活の保障を求める権利を社会的給付請求権として見る限りにおいては、それは基本権としての内実をもたないというべき」であり、「本判決での最低限度の生活の保障を求める基本権の承認は、

その革新的な外観にもかかわらず，最低限度の生活の内容的決定に際して多くのことを成し遂げているとはいえない」。

　「この基本権は，第一次的には，立法者による最低限度の生活の保障に関する客観法的義務の指導原理として，さらには主観的権利としての実現委託として理解するのが適切である。その意味では，この基本権の本質は国家目標規定に近い」。

　玉蟲の分析は，多くの重要な指摘を含んでいる。①この基本権が，訴訟技術上の理由に基づく手続的権利というよりは，純粋に給付請求権としての性格をもったものであること，②本当の意味での「基本権」においては，憲法レベルでの具体化およびそれに基づく司法的貫徹が期待できなければならず，そうでなければ基本権と呼ぶに相応しくないこと，③この権利が内容的には法律上保障されるにすぎず，常に立法者の関与を必要とすること，④請求は生存最低限度そのものではなく，その実現に向けられており，権利としてはいまだ抽象的であること，⑤そのような意味での請求権は，国家権力を直接に拘束するとはいい難く，また裁判によって貫徹可能なものでもないこと，⑥それは基本権としての内実をもたないというべきであり，むしろ本質において国家目標規定に近いということである。

1　基本権か，国家目標規定か

　まず憲法レベルでの客観法と主観的権利との区別の問題は，権利関係の存否の問題と，司法適合性（Justitiabilität）と執行・貫徹可能性（Vollziehbarkeit und Durchsetzbarkeit）の問題とに分けて論じた方が有益である。というのも，両者は異なる問題群とつながるからである。前者は憲法異議の出訴可能性の問題と接続し，後者は規範的拘束力の違いに起因する憲法裁判所による統制の限界問題および権力分立原則から生じる判決形式問題[7]に接続する。

(1)　憲法異議の出訴可能性

　同基本権が基本権として承認されたことのひとつの帰結は，生存最低限度を保障する給付法律が不十分だとする個人が，一般裁判所の呈示決定に依存することなく，直接に憲法異議を申し立てることができるようになった点である[8]。

---

7) 判決形式のあり方につき，入井凡乃「事後的是正義務と新規律義務」法学政治学論究101号（2014年）104頁以下参照。

8) *Sommermann* (Fn. 3), S. 123. 実際に，第二次ハルツIV決定（BVerfGE 137, 34）では，憲法異議を

ドイツにおける基本権の訴訟手続上の意義（憲法異議出訴権および憲法異議における規準としての機能）を考えると，それだけでも基本権として構成することの利益は非常に大きい。

(2) 異なる規範的拘束力と裁判所による統制の限界

他方で，真の「基本権」という言葉で玉蟲が指摘するのは，権利の憲法レベルでの具体性と，それに基づく司法的貫徹への期待である。「基本権か，それとも国家目標かという二者択一は，憲法生活及び政治課題をどこまで法化し，どれだけ強く法化すべきかについての決断を含んでいる」というライナー・ヴァールの言明は，まさにここで妥当する[9]。

真正の基本権（echtes Grundrecht）として想定されているのは，第一に，個人の自由領域ないし消極的地位（status negativus）を保護する防御権ないし基本権の防御機能であろう。確かに，この基本権類型（Grundrechtstypus）は，結果的に，「直接に適用される法として，立法，執行権および裁判を拘束する（基本法1条3項）」基本権である。この点，本源的給付請求権（originärer Leistungsanspruch）ないし積極的地位（status positivus）を基本権として承認することは，ドイツにおいて自明のものではなく，その程度や内容が確定しない積極的な給付請求権は，基本法3条1項の規準と一致しないとか，そのような「不完全な権利（leges imperfectae）」の具体化は，基本法の権力分立的・民主的秩序に従えば，立法者の事項であり，裁判所のものではないという批判がある[10]。もっとも，このような権利の具体化の必要不可欠性が，真正の基本権としての性格を排除すると考えなければならないわけでは，必ずしもない[11]。これについて，連邦憲法裁判所は，「この規範〔基本法1条1項〕は，基本権として，国家に対する防御権であるだけではない。国家は人間の尊厳を積極的に保護しなければならない」と述

通じた申し立てがあった。

9) ライナー・ヴァール（小山剛／中野雅紀訳）「日本とドイツの比較憲法」ドイツ憲法判例研究会編『人間・科学技術・環境』（信山社，1999年）17頁。

10) Vgl. *Thomas Mayen*, Das Grundrecht auf Gewährleistung eines menschenwürdigen Existenzminimums, in: FS Klaus Stern, 2012, S. 1457 f.

11) *Aubel* (Fn. 2), S. 277. とはいえ，その成立範囲は問題となる。憲法上の給付請求権の承認に対する一般的な反対論拠として，*Wolfgang Rüfner*, Leistungsrechte, in: Merten/Papier (Hrsg.), HdbGR, Bd. 2, 2006, §40, Rn. 11 ff.

べて[12]，基本権としての性格を認めている[13]）。

　玉蟲は，《権利内容が憲法上未確定→立法者の関与の必要→裁判による貫徹が困難→国家目標規定》という論理を採用しているが，この点説明が困難となるのは，第一次ハルツⅣ判決では，かなり詳細な審査が展開されているという事実である[14]。そもそも，連邦憲法裁判所自身が，基本権化という選択を憲法解釈によって導いた以上，仮に憲法レベルでの具体性が欠けていたとしても，何らかの形で，権利保護の名に相応しい司法的統制を遂行することが期待される[15]。また，連邦憲法裁判所が「基本権」という言葉の持つ意味に鈍感であるということは，それまで頑なに主観的権利性を認めてこなかった経緯[16]やドイツにおける議論の経過[17]からすると考え難い。連邦憲法裁判所は，具体的な給付内容が憲法上未確定であること，したがって立法者の関与が必要であることを前提とした上で，これを基本権であると認め，それに適した審査[18]を行うことを決定し，それを実行したと考えられる。とはいえ，《具体的な給付内容が憲法上未確定→立法者の関与の必要⇔裁判による貫徹が可能→基本権》という論理になる以上，「立法者の関与が必要であるにもかかわらず裁判による貫徹が可能となる」という部分がどのように実現しえたかについては説明が必要となろう。

---

12) BVerfGE 125, 175 (222). 連邦憲法裁判所は，1951年の時点では，人間の尊厳の保護が，積極的行為義務を含むとしながらも，それは物質的困窮に及ばないとしていた（BVerfGE 1, 97 [104]）。玉蟲・前掲注6）194頁以下参照。

13) *Mayen* (Fn. 10), S. 1454 f. が指摘するように，憲法上の国家の義務が，主観的権利化されたことに関する連邦憲法裁判所の説明は，実はあまり説得的ではない。

14) *Mayen* (Fn. 10), S. 1462 は，連邦憲法裁判所がここで「前へと勇敢な一歩を踏み出した」と評し，*Sommermann* (Fn. 3), S. 125 は，以前から用いられてきた明白性の統制に比して「明らかな逸脱」がみられるとする。

15) *Sommermann* (Fn. 3), S. 123 f.

16) *Mayen* (Fn. 10), S. 1453 ff.; *Aubel* (Fn. 2), S. 278 ff.; *Sommermann* (Fn. 3), S. 119. これに対して，*Jakob Julius Nolte*, Rationale Rechtsfindung im Sozialrecht, Der Staat 52 (2013), S. 245.

17) ヴィンフリート・ブローム（大橋洋一訳）「社会的基本権と憲法における国家目標規定 (1)」自治研究70巻5号（1994年）65頁。

18) *Aubel* (Fn. 2), S. 286 によれば，同基本権は，「自由権的基本権で用いられる基本権適用モデル（保護領域－介入－憲法的正当化）には統合されえない。連邦憲法裁判所は『直接の憲法上の給付請求権』を問題としていたので，給付条件と給付内容への区分けが――一般法律上の給付請求権に用いられる審査図式に従い――適していた」（下線石塚）。

194

2 基本権への立法者の関与

　主観的権利の内容への立法者の関与については，幾つかの場面が想定しうる。財産権や選挙権，プレスの基本権の内容形成は，保護領域を画定する作業と考えることができる。これは，ある法律が，権利内容を形成するものなのか，侵害するものなのかという判断に際して重要である。なお，内容形成それ自体に対しては，防御権型の三段階審査は及ばないが，自由が適切に行使されうるように内容形成がなされなければならないとされている[19]。

　他方で，生存最低限度保障への基本権の場合には，権利内容それ自体を立法者が具体化することになるため，内容形成の場合とは性質が異なる[20]。内容形成が基本権的自由の内容確定，すなわち，自由な活動およびそれに対する侵害に備えた前提作業であるのに対し，同基本権の具体化は，基本権そのものの具体化であり，それ以上でもそれ以下でもない。重要なのは，基本権それ自体について，立法者の形成の余地が認められているという点である。それは，生存最低限度保障への基本権の規範的根拠の半分を形成している，国家目標規定とされる社会国家原理から流入している論理であり[21]，一般的な基本権とは異なる。玉蟲もこの点をもって，同基本権が「その本質において国家目標規定に近い」と論じたわけだが，確かに，一般的な基本権と異なるという限りにおいてその指摘は正しい。とはいえ，すでに述べたように，このような権利の具体化の必要不可欠性が，真正の基本権としての性格を排除すると考えなければならないわけでは必ずしもない。この点が重要なのは，それにより司法的統制が困難になるからではなく，そのことを踏まえたうえで，どのような統制が可能になるかということを，連邦憲法裁判所が検討したからである。

第2節　「生存権」の構造および内容

　前節で明らかとなったのは，裁判所による統制が可能であれば，本当の意味での基本権として「生存権」を認める意味が生じうるということである。どのような権利構成であれば，それが可能となるかということが次に問題となる。

---

19)　小山剛『基本権の内容形成』（尚学社，2004年）66頁，114頁，153頁以下。

20)　小山剛「演習 憲法2」法学教室272号（2003年）121頁。

21)　*Aubel* (Fn. 2), S. 278 f.

第8章　「生存権」——最低限度の生存を保障する権利　195

もちろん，それに対する回答は容易ではない[22]。連邦憲法裁判所は，第一次ハルツIV判決において，「基本権としての給付請求権の司法適合性の欠如と，（拘束力ある給付権の承認の際の）議会の権限の憲法裁判所への移転とのジレンマ」に直面した[23]。そのようなジレンマを解消するために，連邦憲法裁判所が見出したのが，「枠組み基本権」ないし「保障権」という構成である。

第1項　主観的権利としての構造

1　「枠組み基本権（Rahmengrundrecht）」という構成

　国家目標規定の研究を専門とするカール＝ペーター・ゾンマーマンは，「段階的な社会的諸権利（Soziale Recchte in Stufen）」というタイトルで，第一次ハルツIV判決を素材に，社会的基本権の独自の存在形態を探究している。「結局のところ，社会的基本権は，国家目標規定から……これを区別することが殆どできない」[24]とされるように，社会的基本権は，伝統的に，独自の存在形態を持つものではないと考えられてきた。では，第一次ハルツIV判決で承認された新たな基本権，すなわち「人間に値する生存最低限度の保障を求める基本権」は，鋭くも玉蟲が指摘するように，国家目標（規定）として把握するべきであろうか。

(1)　社会的基本権への3つのアプローチ

　ゾンマーマンによれば，「一方では，社会的基本権に主観法的側面を付与する試みは，──公共体の経済的給付能力の限界が克服されえないとしても──個人に社会的な保証（soziale Verbürgung）を行いたいという願いによって説明されうる。他方で，社会的基本権によって優遇される者を，憲法上命じられた客観的な国家の行為義務により単に反射として優遇されるにすぎない受給者の地位から解放することが重要」である。それを目指してなされる社会的諸権利の主観的権利化（Subjektivierung）には，3つのアプローチが存在する[25]。

　第一に，伝統的な「主観的権利としての社会的基本権」というアプローチがある。「労働を求める権利または社会的安全（soziale Sicherheit）を求める権利の

---

22)「社会的基本権を，自由権と同じように，直接に執行可能な規範として憲法に挿入するのは，実践的な理由から実行不能である」からである（*Rüfner* [Fn. 11], Rn. 52）。

23) *Mayen* (Fn. 10), S. 1458.

24) コンラート・ヘッセ（初宿正典／赤坂幸一訳）『ドイツ憲法の基本的特質』（成文堂，2006年）132頁。

25) *Sommermann* (Fn. 3), S. 112-118.

196

ような社会的給付権が，行為・給付条件ならびに場合によっては組織や手続を規定する法律上の具体化を必要とするという事実からすると，少なくとも具体的な給付の請求可能性を視野に入れる場合には，憲法上の社会的保証に対して直接の請求可能性を創設することは，不可能なことをせよというのに等しい。権力分立からしても，裁判官のルール形成には限界がある。このような理解から，憲法上の社会的保証は，通常，たとえそれが『……を求める権利（Das Recht auf ...）』と定式化されていても，純粋に客観法的に作用する立法委託ないし国家目標規定として解される」。

　また，「少なくとも給付の核心を直接の請求可能性を目指す，法解釈的アプローチに，いわゆる『極限事例的手法（Extremfallmethode）』がある」。これによれば，「差し迫った困窮性がある場合には，官庁が，場合によっては裁判官の指示に基づいて，現実の困窮状態（Notlage）を回避するための適切な措置を取りうることになる。幾つかの憲法は，憲法上直接的な主観的給付権を，少なくとも困窮状態について規定している」。例えば，1999年スイス連邦憲法12条は，「困窮状態に陥り，自活することができない者は，扶助および世話，ならびに人間に値する生存に不可欠な手段を請求する権利を有する」と規定している。

　全体としては確認されうるのは，具体的な給付請求権を社会的基本権から直接に導出することは例外であるが，少なくとも核心領域については主観的権利化の傾向が認められうるということである。

　第二に，自由権や平等権と結びつくことによる主観的権利化というアプローチがある。「例えば，社会国家原理のような国家目標規定と結びついた自由権や平等権から，または生命への権利および身体を害されないことへの権利との結合や，給付法上創設された健康を求める権利から，追加的な主観法的地位が生じうる。もっともここでも，具体化規定なしでの履行可能性は限定されている」。このアプローチで，「平等権と社会的保証との結びつきから，比較的広い主観法的射程が生じうるのは，特定の人的集団への具体化された給付規定がすでに存在し，他の集団が正当な細分化根拠なしに給付から締め出されている場合である。連邦憲法裁判所の判例では，平等違反の優遇排除の確認が，何度も，既存の給付体制の更なる人的集団への拡張を導いてきた。その際，社会的な憲法委託の具体化がよく問題となるにもかかわらず，本源的な結合点は，既存の一般法律上の規定である」。

第8章　「生存権」——最低限度の生存を保障する権利　197

第三に，主観的権利化委託つきの国家目標規定としての社会的基本権という
アプローチがある。「主観的権利化の次元をさらに把握するなら，社会的基本
権から取り出されうる，立法者への主観的権利化委託が考慮に入れられるべき
である。憲法上の社会的保証は，部分的には国家の作用・促進義務として，部
分的には基本権として定式化されている」。基本権として定式化されていても，
「例えば，社会的安全に配慮する国家の義務だけでなく，『社会的安全を求める
権利』が規定されている場合には，この定式は規範的には，供給されるべき社
会給付を，相応する潜在的給付受給者の主観法的地位と結びつける，立法者の
義務を承認することにより，遂行される」。

　王蟲が指摘した「生存最低限度保障への基本権」の法的性質および構造が，
まさに第三のアプローチである。もっとも，第一次ハルツⅣ判決は，同基本権
を客観法上の「主観的権利化委託」とするだけではなく，その規範的要求およ
び実際の審査の内容からしても，遥か先へと進んでいる。これは，どのように
して可能となったのか。

(2) 枠組み基本権

　第一次ハルツⅣ判決が承認した憲法上の給付請求権は，「まず考えられるよ
うな意味で，直接的なわけではない」[26]。同権利は，「第一に，『規範給付を求め
る請求権』である」（下線石塚）。なぜなら，「人間に値する生存最低限度の保障は，
法律上の請求権を通じて確保されていなければならない」からであり，「ここで
第二段階，つまり一般法律上での生存最低限度を求める権利の主観的権利化段
階が論じられる」（下線石塚）。これに「以前の判例に依拠して維持される実体的
な明白性の統制を付け加えれば，枠組的権利の像が現れる。その角の各頂点に
おいて連邦憲法裁判所によって統制されうる枠組みは，具体化する一般法律上
の一定の給付権を通じて充填されなければならない。この意味で，2段階の主
観的権利化，ないし——ハンナ・アーレントの定式に依拠して——『権利を求
める権利』が語られうる」[27]（下線石塚）。

　ゾンマーマンによれば，この2段階構造は，権利保護に重大な影響を及ぼす。
なぜなら，連邦憲法裁判所は，具体化する給付法律に対して，新たな審査の標
識を設定するからである。この点，彼は，連邦憲法裁判所が第一次ハルツⅣ判

---

26) *Sommermann* (Fn. 3), S. 120.

27) *Sommermann* (Fn. 3), S. 122.

決で，給付法律への審査に際し，結果に対する実体的な明白性の統制にとどまらず，立法者の評価根拠の観点からの，手続に関する実効的な統制を行使しようとする点を指摘する。

2 「枠組み基本権」という構成の検討

(1) 枠組的権利 (Rahmenrecht) の特徴

社会的基本権の主観的権利としての在り方を考える上で，「枠組み基本権」という構成が興味深いのは，次の2点である。

いずれも明示的に書かれてはいないが，第一に，憲法上枠組みが示されたそれだけでは不完全な権利は，一般法律上の給付権を通じて充填され，一個の権利として完成する。それゆえ，生存最低限度保障への基本権は，第一に，「規範的給付を求める請求権」なのであり，最終的な到達地点は，「完全な権利 (Vollrecht)」としての形態の獲得である。その意味で，生存最低限度保障への基本権は，その完成形としては，——平穏な言い方をすれば——憲法（制定者）と一般法律（制定者）との協働作業により獲得されると考えられている[28]。これは，日本の抽象的権利説の給付法一体化（憲法化）論[29]と似ているように思われるが，次の点で決定的に異なる。枠組的権利の補充にあたっては，立法者に形成の余地が与えられているため，憲法上の枠組みを満たしうる給付請求権は多数存在することになる。したがって，同基本権の枠組みに適合する一般法律上の給付請求権の行使が，同時に憲法上の生存最低限度保障への基本権の行使でもある一方で，同基本権は，他の「枠組み適合的」な一般法律上の給付請求権への変更に対して，抵抗力を持たない。このことは，基本権自体の具体化に，立法者の形成の余地が認められていることの帰結である。憲法上示されているのは，権利の枠組みにすぎない。たかが枠組み，されど枠組みである。

また第二に，このようなゾンマーマンの段階的思考は，国家目標規定の構造およびその具体化プロセスを反映させているように思われる。国家目標規定は，憲法上は目標を規定するのみであり，その実現の手段や程度については確定し

---

28) 日本では，尾形健『福祉国家と憲法構造』(有斐閣，2011年) 145頁以下。

29) 例えば，芦部信喜（高橋和之補訂）『憲法〔第8版〕』(岩波書店，2023年) 292頁，棟居快行『憲法学の可能性』(信山社，2012年) 389頁以下参照。

ない[30]。そのため，少なくともその本質的な部分は，立法者によって具体化されなければならず，その残余については立法者および執行府によって更なる具体化がなされる[31]。枠組み基本権は，そのアナロジーとして，憲法上の「基本権」としては，枠組みのみが規定され，その充塡は，立法者による「給付権」の形成を通じてなされる。明示されてはいないが，このように考えているものと思われる。国家目標規定との違いは，枠組み基本権が，各段階（ここでは憲法および一般法律）における主観的権利の連関の中でのみ，捉えられる点だろう。

(2) 枠組的権利の淵源

実は，「枠組的権利」の語が用いられたのは，公的疾病保険領域が先である（連邦社会裁判所判例において使われている）。ドイツの公的疾病保険は，社会法典第5編により規律されているが，疾病保険給付は，以下の給付準則に従うものとされている[32]。すなわち，経済性原則（＝十分性，目的適合性，狭義の経済性，必要不可欠性），専門性原則（一般に承認された医学的知見への合致，医学の進歩の考慮），良質性原則である。これらの諸原則に従って，連邦合同委員会が指針を作成し，給付範囲・給付カタログを具体化する（笠木・85頁以下）。連邦社会裁判所は当初，指針の被保険者に対する拘束力を認めておらず，被保険者の保険給付請求権を指針に優位させてきたが，1993年に判例変更（BSGE 73, 271）を行い，保険給付請求権は，「その一つ一つをとっても，全体としてみても，被保険者の特定の療養手段の調達を求める法律上の請求権について，構成要件的な，すなわち内容的に（解釈によって）一般的に特定することのできる（「当てはめ可能な」）前提を具体化していない」とし，諸請求権は，「社会法典第5編に特定されている他の前提条件の包含の下で初めて，具体的な請求権が導かれ得るような，公法上の枠組的権利」にすぎないとした。この枠組的権利について判旨では，「法律上の授権を受けた連邦委員会の指針が，抽象的・一般的な基準を作成し，この指針をはじめとした様々な法律上の枠組みの中で活動する医師が，被保険者の請求権を個別事案において具体化するという理解」が示されたとされる（笠木・96頁）。すなわち，「被保険者に対して保障される給付の範囲は，給付法によっては枠組み

---

30) 詳しくは，小山・前掲注19）264頁以下。

31) *Karl-Peter Sommermann*, Staatsziele und Staatszielbestimmungen, 1997, S. 383 ff.

32) 笠木映里『公的医療保険の給付範囲』（有斐閣，2008年）61頁以下。以下，本文中の「笠木・○○頁」は同書の引用頁を指す。

200

としてしか示されておらず，実際の給付範囲は，給付提供法の規律の下で給付を提供する医師の治療上の判断を経て具体的に決定される」という（笠木・97頁）。

1993年判決で被保険者の請求権が枠組的権利とされたことにより，連邦合同委員会の指針に対する裁判所の統制は後退したとされる。同判決は，指針が「高次の法の誤った解釈に依拠している」か，「その内容が事実との関係で支持できない」場合を除き，社会裁判所は指針を審査できないとしている（笠木・106頁）。また1997年判決（BSGE 81, 54）は，「手続の開始あるいは実施が，恣意的にまたは事実と異なる考慮から，妨げられたり，遅れたりしており，それゆえ治療のために必要な新しい治療方法が利用されない」場合であって，「新しい検査・治療方法をめぐり，その効果について裁判所が確信させれたと評価すべき場合」には，当該治療方法にかかる費用請求権が認められるとした。笠木によれば，「被保険者の法律上の給付請求権が枠組的なものである以上，指針の作成手続や考慮事項等に一般的な瑕疵がなければ，その指針が被保険者の給付請求権を具体化したと考えることになる。それゆえ，被保険者が法律上有する請求権を根拠として指針の内容を審査したり，個別事案ごとの例外を裁判所が認めることについては，消極的態度がとられてきた」（笠木・107頁）。

もっとも，例外的な場合には審査が及ぶと考えられるし，1997年判決は，その後の訴訟経過において，連邦憲法裁判所で違憲決定（いわゆる「ニコラウス決定」）が下されている[33]。生命に対する国家の保護義務が問われるような例外的な場合では，憲法上の要請を背景に，審査は踏み込んだものとなる。人間の尊厳と結びつく「生存権」の問題については同じことが常に妥当しよう。枠組的権利は，公的疾病保険の領域では，司法審査を緩める形で機能しているが，「生存権」の領域では，逆に強める方向で作用している。このことは，審査基準の出発地点の違いに由来するものであり，着地点は異なるものではない。また，いずれの権利に基づく審査も，給付準則（＝諸原則）に拘束されているという点で共通している。

3 「保障権（Gewährleistungsrecht）」という構成

生存最低限度保障への基本権を構成する方法として，枠組み基本権のほかに，

---

33) 本書**第9章**参照。

「保障権（Gewährleistungsrecht）」という有力な見解がある。第一次ハルツIV判決も，「基本法1条1項から生じるこの基本権は，基本法20条1項と結びつくことにより，保障権として……独自の意義を有する」として，この術語を用いている[34]。

　この見解の基本となるテーゼは，「保障権は，根拠に関してのみ（nur dem Grunde nach）確保されている」（強調原著者）ということである[35]。憲法は国家に，生存最低限度を保障する義務を課すが，その請求権の範囲は憲法から直接には導かれえない。その具体化は立法者に命じられ，立法者は，給付請求権の要件と効果を具体化する義務がある。「憲法（および憲法解釈）の過剰要求は，こうして回避される」[36]。連邦憲法裁判所は，憲法上直接の給付請求権を断念する代わりに，給付請求権を憲法上その根拠に関してのみ与えた。この点で，つまり，根拠に関しては，生存最低限度保障への基本権は，「任意に処分しえず（unverfügbar），履行されなければならない」（BVerfGE 125, 175 [255]）。これが意味するのは，立法者が何もしないでいることは許されず，権限ある給付官庁に対する市民の，具体的な（一般法律上の）給付請求権を含み，議会法を制定しなければならないということであり，さらに立法者がそれを十分に履行しない場合には，一般法律はその形成の欠缺の範囲において違憲となるということである。

　この見解にとって参考とされるのは，1977年においてすでにユルゲン・シュヴァーベが述べていたように，要件と効果における給付請求権の憲法上の未確定性は，主観的権利にとって不利な結論を導くのであって，国家の給付義務に対してではないということである[37]。つまり，両者を区別すれば，国家の給付義務は成立するということだが，連邦憲法裁判所はさらに進んで，憲法上の確定性を断念し，最初から憲法上未確定な権利として，この権利を構成することにより，新たな可能性／第3の道を開拓した。また，「保障権」は，用語法としては，ハンス・ハインリヒ・ルップが，1972年に提唱した「保障原理」が主観的

---

34) BVerfGE 125, 175 (222). 用語法につき，*Aubel* (Fn. 2), S. 276 は，同用語が，単に防御権との区別のために用いられたと考えており，「保障国家（Gewährleistungsstaat）」との，概念上の結びつきは疑わしいとするが，一定の関連性もみられるように思われる。保障国家につき，三宅雄彦『保障国家論と憲法学』（尚学社，2013年）17頁以下。

35) *Mayen* (Fn. 10), S. 1459.

36) *Mayen* (Fn. 10), S. 1459.

37) *Jürgen Schwabe*, Problem der Grundrechtsdogmatik, 1977, S. 255 ff. Vgl. *Mayen* (Fn. 10), S. 1459.

権利化したものと考えることもできるとされている[38]。

「保障権」の規範的性質は，規範的根拠の観点からも説明されうる（以下要約）[39]。

この基本権のそのような性質は，「基本法20条1項と結びついた基本法1条1項」という法的根拠からも説明されうる。同基本権は，基本法1条1項に規定された人間の尊厳とも，基本法20条1項に規定された社会国家原理とも，性質・内容それぞれにおいて異なり，同時にそれぞれを部分的に継受している。その意味で，両規範は分かち難く結びついている。人間の尊厳の保障が，請求権の憲法上の根拠と，その内容上の基準を与えるのに対し，社会国家原理は人間の尊厳を補完すると同時に，そこに「ヤヌスの双面的機能」を与える。

一方では，同基本権は，基本法1条1項の保護領域を拡大する。1951年の決定（BVerfGE 1, 97）では，人間の尊厳は，第三者による人間の尊厳に違反する行為からの保護を求める権利を含むが，これは物質的困窮からの保護を含むものではないとされたところ，第一次ハルツⅣ判決は，社会国家原理を通じて，人間の尊厳に，狭義の給付請求権的・社会国家的次元を付け加えた。

他方で，社会国家原理には，形成的・動態的要素が本来備わっている。基本法20条1項は，社会給付に関する特定の水準を規定しておらず，むしろその都度の発展状況や生活状況に合わせて，社会的公共体を発展させるよう国家に求めている。生存最低限度の確定も，社会の枠条件に合わせて繰り返し新たに規定されなければならない，（社会政治的）評価と不可避的に結びついた形成的行為であるという点で変わりない。では一体誰が，基本法の権限秩序において，このような形成的行為をなしうるか，またなさねばならないか，という問題になる。連邦憲法裁判所は，すでに何度も社会国家原理の具体化は，立法者の任務であると述べている。また，基本権実現にとって重要な規律は立法者が自らしなければならないということが，法治国家原理および民主政原理（基本法20条1項および3項）から導かれる。このことは，社会政治的決定が常に歳出と関連し，したがって予算法立法者の権限（基本法110条2項1文参照）に基づく限りで，いっそう妥当する。連邦憲法裁判所は，社会国家原理の具体化について，常に広範な形成の余地を立法者に認めてきた。したがって，立法者だけが生存最低限度の額（Höhe）を決めることができ，憲法裁判上審査することができない形成の余地が立法者に与えられなければならないというのは，正しい。

つまり，社会国家原理は，この点で，ある程度，基本法1条1項の規範力を相対化している。人間に値する生存最低限度への保障権は，その性質上，——人間の尊厳保障の絶対的な尊重請求権とは異なり——相対的である。

---

38) *Hans Heinrich Rupp*, VVDStRL 30 (1972), S. 181. Vgl. *Mayen* (Fn. 10), S. 1459.

39) *Aubel* (Fn. 2), S. 278 ff.

4 「保障権」という構成の検討

　この見解は，枠組的権利説と比べて，主観的権利としての「構造」をそれほど意識したものではない。むしろ，その主眼は，憲法上の本源的給付請求権の成立可能性，つまり「基本権としての給付請求権の司法適合性の欠如と，（拘束力ある給付権の承認の際の）議会の権限の憲法裁判所への移転とのジレンマ」の解消のために，「本源的給付請求権の支持者と反対者との間での妥協（Kompromiss）」点を探ることにある[40]。この見解が「第3の道」とされる所以である。もっとも，保障権説を防御権的構成とは異なるという程度の意味で捉えれば，枠組的権利説の間に実践的に大きな違いはない[41]。

第2項　2段階の内容

　両説の構成は，権利内容のあり方にも影響を及ぼし，また，従来あまり意識されてこなかった憲法上の「生存権」と一般法律上の社会扶助請求権との連続性にも注意を喚起する。さらに，枠組的権利説を参照すれば，規範性を発揮する基礎となる枠組み部分と，給付要件および給付内容からなる抽象的な給付請求権部分という，2段階の権利内容が明らかとなる。

1　生存最低限度とその「保障」

　玉蟲は，「最低限度の生活の保障を求める権利は，最低限度の生活の維持に必要な財やサービスの給付を直接に要求する権利というよりも，最低限度の生活を国家が実現するように要求する権利である。請求が最低限度の生活そのものではなく，その実現に向けられている」と分析している[42]。これは部分的には，極めて正しい認識である。もっとも，玉蟲の場合，したがって「権利としてはいまだ抽象的」であり，同権利は「その革新的な外観にもかかわらず，最低限度の生活の内容的決定に際して多くのことを成し遂げているとはいえない」とつながっていくわけだが，実はこの点は，日本における議論とドイツにおける議

---

40) *Mayen* (Fn. 10), S. 1458, 1473.

41) むしろ判決が用いた「保障権」という語に注目するものとして，西村枝美「経済的社会的権利」憲法問題29号（2018年）103頁以下。今のところ本書筆者は，「保障権」という語に，防御権的構成とは異なるという程度の意味しか見出せていない。

42) 玉蟲・前掲注6) 227頁以下。

論との大きな違いを示している。日本における生存権は，基本的に，「必要な財やサービスの給付を直接に要求する権利」として理解されている。それに対し，ドイツにおける「生存権」は，第一に「生存最低限度を国家が保障することを要求する権利」であり，その限りで，給付の対象は規範にまで広がる。これが，「枠組み基本権」および「保障権」の前提となる認識である。

　この点について，ドイツの論者の間でも幾つかの見解があるが，ひとつの見方は，「生存権」は，事実上の給付ではなく，規範的給付に向けられているとするものである[43]。同基本権に基づき主張できるのは，もっぱら一般法律上の給付規定の形式での立法者の行為だけであり，具体的な給付それ自体の確保ではないという見解である。この見解は，「立法上の形成裁量により，連邦憲法裁判所は，独自の評価および価値づけに基づき形成的に自ら一定の給付額を定める権限を有しない」という同判決の説示（BVerfGE 125, 175 [256]）——もっとも，同判示部分の記述は，判決形式に関わるものであったことに注意すべきである——を根拠としている。このことは，同基本権が，直接憲法からは，その範囲について（dem Umfang nach）ではなく，その根拠について（dem Grunde nach）しか導かれないことから生じる必然的帰結であるとされる。もし憲法が，どのような種類の需要をどの額で満たされるべきかについての定量化された規準を提供できないのであれば，司法権が必要不可欠な給付範囲に関する独自の決定を行うことができるような，法的規準は欠けていることになる。したがって，もし裁判所がそのような規準なしに自ら給付を具体化すれば，政治的形成のための限界を踏み越えることになる。これを示したものとして，「ここで（種類と範囲について一定の給付を定める際に〔挿入Mayen〕）必要不可欠な価値づけは，議会の立法者に与えられる。（裁判所ではなく〔挿入Mayen〕）立法者には，給付請求権を要件と効果の中で具体化することが課せられる」という第一次ハルツⅣ判決の判示（BVerfGE 125, 175 [224]）が引用されている[44]。この価値づけの枠内では，立法者は給付の財政的根拠をも考慮することが許されるとされる。というのも，立法者による給付請求権の具体化の必要不可欠性は，とりわけ，そのような給付請求権の基礎づけが公的予算に対する重大な財政的影響と結びつくことから

---

43) *Mayen* (Fn. 10), S. 1460 f.

44) *Mayen* (Fn. 10), S. 1461.

導かれるからである[45]。これにより，従来学説で主張されていた給付請求権と比べ，「保障権」は明らかに弱められているという。

これに対し，ゾンマーマンの「枠組み基本権」論は，第一段階で憲法上の枠組的権利を創出し，その補充として，第二段階で一般法律上の給付権が求められる。第一に，枠組みが権利内容であり，第二に，そこで要求される一般法律上の給付権の抽象的内容も，同基本権の権利内容と解することができるだろう。

私見でも，「生存最低限度」を求める権利ではなく，「生存最低限度の保障」を求める権利と定式化されていることにやはり注目すべきである。これは，確かに最初の見解が述べるように，事実上の給付を保障内容から排除し，給付権の給付に舵を切ったようにもみえるが，そうではなく，最低限度の「保障」を国家に求める権利であると読むべきで，つまり，立法者による給付権の給付は，原則的な「保障」の一形態にすぎない。例外的には，裁判所による事実上の給付や給付権の給付（どういう形をとるべきかは考慮する必要がある）の余地も残されているとみるべきである。同判決で，社会法典の規定にない過酷事例に際しての給付が例外的に認められたことは，少なくとも裁判所による具体的な給付が一切排除されていると解することに対する反証になりうる。そして，「保障」という言葉が挿入されたことのもうひとつの意味として，裁判所がこの分野で役割を果たしうることを自ら示したと考えることができる。同基本権が，基本法1条3項に適合する「基本権」であり，裁判所も一定の役割を果たすためには，「生存最低限度」を求める権利では狭すぎると連邦憲法裁判所は考えたのではないか。

2　給付根拠・給付範囲・給付額

仮にゾンマーマンの考えを敷衍して，同基本権が一般法律上の社会扶助請求権と一体であり，単に規範ヒエラルキーの都合上，多層的に設定されているのだと考えると，その権利構造は，社会扶助請求権の構造を当然に引き継ぐことになる。すなわち，給付条件と給付内容（それぞれ要件と効果に対応する）という

---

45) BVerfGE 125, 175 (224). それに対して，*Ralf Rothkegel*, Ein Danaergeschenk für den Gesetzgeber, ZfSH/SGB 2010, 144. 生存権に基づく財政的抗弁の禁止につき，宍戸常寿ほか編『憲法学のゆくえ』（日本評論社，2016年）401頁以下［山本龍彦］，山本龍彦「『生存権』の財政統制機能に関する覚書」法学研究91巻1号（2018年）123頁以下。棟居・前掲注29) 392頁も参照。

構成である。社会扶助請求権の性質からしても，それを引き継いだ連邦憲法裁判所の判示からしても，給付要件は要扶助性の存在であり，給付内容は，人間に値する生存の維持に必要不可欠な手段である。このようにみると，抽象的レベルではあるが，憲法上の給付請求権も形は整っていることに気づく。より単純に同基本権の構造を考察すると，社会扶助請求権を構成する給付条件と給付内容が，抽象的なレベルでのみ，憲法上規定されているとみることも可能である。連邦憲法裁判所が「基本法1条1項の給付請求権は，根拠については (dem Grunde nach)，憲法上規定されたものである」が，「請求権の範囲は，需要の種類やそれに必要な手段の観点から，直接憲法から導かれうるものではない」とするとき，前者により意図されているのは，Anspruch dem Grunde nach（給付根拠に関する請求権），後者ではAnspruch dem Umfang und der Höhe nach（給付範囲と額に関する請求権）である。

　そもそも一般法律上の給付請求権の構成とは何か。例えば，社会法典第12編の「社会扶助への法的請求権は，通常，根拠に関する請求権である。つまりそれは，社会扶助の担い手が活動し，扶助を給付することを狙いとしている。これに対して，扶助の種類と程度に関する決定は，社会法典第12編が裁量を排除しない限り，社会扶助の担い手の義務的裁量の中にある（社会法典第12編17条2項）」[46]。とすれば，実際には，扶助と種類と程度について，行政による更なる決定（裁量権行使）が必要となる。ここでの「根拠に関する請求権」は，「額に関する請求権（Anspruch der Höhe nach）」との対比として使用されている。一般的な給付条件が満たされただけではまだ，その給付金額は決まらない。その状態を指して，「根拠に関する請求権」を有するといい，給付金額を決定する段階で初めて「額に関する請求権」が問題となる。また，「根拠に関する請求権」は，一般的な給付条件として，個人的な給付条件と区別して用いられることもある。

　Anspruch dem Umfang nach（範囲に関する請求権）という用語は一般的ではないが，どこまでが給付の対象となるか，どのような方法で給付が行われるべきかを示すものとして，憲法レベルでの給付請求権の設定に際して，必要となった概念区分と考えられる。

　給付条件と給付内容との関係で考えると，給付条件に関しては憲法で定めら

---

46) *Stefan Muckel／Markus Ogorek／Stephan Rixen*, Sozialrecht, 5. Aufl., 2019, S. 430. 宍戸ほか・前掲注45) 399頁以下 [山本] は，生存権形成の立法裁量と行政裁量の差異に着目する。

第8章　「生存権」──最低限度の生存を保障する権利　207

れており，給付内容に関しては直接憲法からは導かれない。請求権の側から換
言すると，「人は，憲法上，Anspruch dem Grunde nach を有するが，Anspruch
dem Umfang nach を有しない，したがって，Anspruch der Höhe nach も有し
ない」となる。

もっとも，「Anspruch der Höhe nach を有しない」ことは確かだとしても，
実際に「Anspruch dem Umfang nach」について，判決は――なお抽象的では
あるが――比較的具体的に述べている。すなわち，基本権的「保障」の対象と
なる「生存最低限度」を求める請求権が，「基本権の一体的保障を通じて保障す
るのは，生存最低限度の全体である。そのような基本権の一体的保障は，人間
の肉体的生存，すなわち食事，衣服，家具，住居，暖房，衛生および健康をも，
人間関係を営むための可能性ならびに社会的，文化的および政治的生活に最低
限参加する可能性の確保をも含んでいる」という点である。とはいえ，給付提
供の種類と方法（金銭給付，現物給付またはサービス給付か）に関して立法者は完全
に自由であるし[47]，また，例えば具体的に，衣料品項目で仕立服や毛皮製品が
計上されないのはおかしいと憲法上主張することは難しいであろう。

3　保障権か，枠組み基本権か

以上の点を踏まえると，同基本権を説明するのに，保障権と，枠組み基本権
と，どちらが適しているだろうか。なお，連邦憲法裁判所は「保障権」という言
葉を使っているが，それ自体の説明は一切ないので，保障権とは学説で説明さ
れるそれを指すものとする。両者は多くの部分で主張が重なっているが，違い
があるとすれば，保障権が，一定の要請を満たす一般法律上の給付請求権を求
める権利であるのに対し（峻別指向），枠組み基本権が，憲法上の枠組的権利と
それを満たす一般法律上の給付請求権という2段構え[48]で，同基本権を把握し

---

47) *Aubel* (Fn. 2), S. 291.

48) このような発想は，選挙権の構成に最も近いといえるかもしれない。選挙権は，選挙に関する基
　本原則（普通選挙，平等選挙，自由選挙，秘密選挙，直接選挙）を遵守する形で構成されなければな
　らない（芦部・前掲注29）285頁以下参照）。これらの原則は，憲法上の選挙権の内容といえるし，
　諸原則を遵守した形で選挙法により形成された具体的な選挙権の行使も，憲法上の選挙権の行使
　といえる。両者が異なるのは，内容形成的権利か給付請求権かという点である（本章**第1節第2項**
　参照）。他方で，疾病保険給付請求権の説明で用いられた枠組的権利は，連邦社会裁判所判例が，
　当該権利を行政に裁量のない権利から，衡量原理間での裁量権行使を前提とした権利へと変化さ

ている点であろう（非峻別指向）。社会扶助請求権（の給付条件と給付内容という構成）から一直線で説明するには後者の方が適している。連邦憲法裁判所の同基本権に関する記述は，一般法律上の権利の抽象的内容も，憲法上の権利の内容としている節がある。とすれば，憲法上の保障権とその給付内容としての一般法律上の給付請求権を区別する「保障権」説よりも，枠組みが満たされるという形で憲法上の枠組的権利と一般法律上の給付請求権が一体化する「枠組み基本権」説の方が，この点を上手く説明できている。

4　憲法上の枠組み

では一体，憲法上の枠組みとして何があるのか。第一次ハルツ IV 判決によれば，第一に，主観的権利原則，すなわち一般法律上での権利形式の憲法上の保障である（あえて書けば Anspruch der Form nach）。第二に，需要充足の原則（Bedarfdeckungsprinzip）[49]，第三に，需要充足のための（透明かつ適正な）手続の保障，第四に，予防措置の設置である。

第3節　「生存権」に基づく審査

同判決は，前節までで説明された権利構造，より具体的には「連邦憲法裁判所によって統制されうる枠組み」を前提に，ハルツ IV 法に対する詳細な統制を展開したと考えられる。そのことが「生存権」が本当の基本権である意義だとすれば，最後にこれも確認しておく必要がある。審査図式は，全体として以下のようなものである。①実体審査（給付額の妥当性に関する明白性のコントロール），

せた過程で生じたものである（本章**第2節第1項**，本書**第9章**参照）。「生存権」の枠組みは，相互に衝突して調整されるものではなく，それぞれ別個に遵守されるべきものであることを考えると，その内的構造は選挙権に近い。

49) なお，連邦憲法裁判所は，憲法上，個別事例における需要審査に基づく給付の確保を肯定していない。Vgl. *Aubel* (Fn. 2), S. 291. 日本では，駒村圭吾『憲法訴訟の現代的転回』（日本評論社，2013年）177頁以下が，個別的な生活実態の考慮を主張する。さらに，宍戸ほか・前掲注45) 439頁以下〔宍戸発言，山本発言および笠木映里発言〕も参照。同原理を取り巻く現状につき，嶋田佳広『住宅扶助と最低生活保障』（法律文化社，2018年）247頁以下。

　この判決において，個別化の原則も，需要充足の原則を満たすうえで必要となる部分原則となっていることを示唆するものとして，嶋田佳広「ドイツの保護基準における最低生活需要の充足」賃金と社会保障1539号（2011年）21頁以下参照。

②給付算定の基礎と手法（調査手続を含む）の審査（細かくは，ⓐ立法目的の妥当性，ⓑ有用な計算手法の選択の有無，ⓒ適切な調査の有無，ⓓ選択した手続とその構造原理からの逸脱の有無），③生存最低限度決定のために立法手続で導入した手法および算定過程を追証可能なよう明らかにする責務（Obligation）を果たしたかどうかの審査である。

第1項　目的審査──審査対象の同定

　第一に，立法目的の妥当性を含め，同基本権を基本的に実現する法が同定される。SGB Ⅱがどの範囲で何を規律した法か分からなければ話が始まらないからである[50]。

　この点，連邦憲法裁判所は，同法典が同基本権の実体的規準に即して生存最低限度を社会的に保障する補足的システムを創設しており，その目的は，肉体面および社会面での生存最低限度の充足にあるとされる。生存最低限度に関わるが，そこに含まれないその他の社会給付の存在も確認され，ここで基礎給付のカバー範囲がある程度明確となる。

第2項　給付額の妥当性──実体・内容論

　〔審査強度の決定要因〕「請求権の範囲は，需要の種類やそれに必要不可欠な手段という観点からして，直接憲法からは導びかれえ」ず，「立法者によって具体的に定められなければならない」。もっとも，立法者には「時代や実態に即して社会の現実を把握する」ことが課され，「ここで必要不可欠な価値判断は議会の立法者に与えられる」。「立法者には，給付請求権を要件と効果の中で具体化することが課せられる」。

　〔審査図式〕「生存最低限度の算定に際しての立法者の形成の余地には，連邦憲法裁判所を通じた一般法律上の規定の抑制された統制が対応する。基本法自体は，請求権の正確な見積もりを許していないので，──結果に関わる──実体審査は，諸給付が明らかに不十分かに限定される」。

　〔審査結果〕　基礎給付の345ユーロ，需要共同体の成人パートナーに対する311ユーロ，14歳未満の子に適用される207ユーロは，明らかに不十分とはいえ

---

50) 財源との関わりだが「隠れ社会保障」の指摘として，宍戸ほか・前掲注45) 407頁以下［山本］。

ない。

【コメント】 ここでは，立法者の広い形成の余地が強調され，いわゆる「明白性の統制」がなされる。これは，異議申立人が，憲法上，額に関する請求権（Anspruch der Höhe nach）を有しないことから生じる真っ当な帰結である。

とはいえ，形成の余地が広いことは，法律の違憲性を導かないことを意味しているわけではない。確かに，数値的な規準をもたらすような，一般的調査や他の法制度上の水準（訴訟費用扶助法上の所得制限や差押制限，所得税法上の扶養控除額）が比較の対象となっているが，一般的調査はむしろ，明らかに不十分ではないことの一定程度の根拠となり，他の法制度上の水準との比較は，その都度の法の本質が異なりうることを理由に排除されている。しかし，一般的調査からして明らかに不十分な場合，あるいは他の法制度の本質が異ならない場合の比較が排除されていないことには注目する必要がある[51]。

第3項 手続的・方法論的妥当性

1 「最低限度」の測定・評価──手続・説明責任論

②給付算定の基礎と手法（調査手続を含む）の審査（ⓑ有用な計算手法の選択の有無，ⓒ適切な調査の有無，ⓓ選択した手続とその構造原理からの逸脱の有無）がなされる。

(1) 有用な計算手法が選択されたか（ⓑ）

〔**審査結果**〕 「立法者は，人間に値する生存最低限度の保障に必要不可欠な給付を，現実適合的に算定するという原則に適した方法に依拠している」。マーケットバスケット方式を憲法上優先させる必要はない。「現行の統計モデルは妥当な経験上のデータを根拠としている」。また，下位20％という参照グループの選択は適切な考慮に基づいているうえに，そこから社会扶助受給者を除外することで，循環論法を適切に避けている。

(2) 統計モデルの構造原理からの逸脱の正当化（ⓓ）

〔**統計モデルからの逸脱**〕 統計上算出された支出から項目ごとに一定の割合でカットを行うことは許されるが，このカットは，生存最低限度に不要と認められるか，他の社会給付や他の法律での免除への請求権で賄われている場合には正当化される。また，カット率も納得のいく収集データから導かれるものでな

---

51) Vgl. *Christoph Görisch*, Asylbewerberleistungsrechtliches Existenzminimum und gesetzgeberischer Gestaltungsspielraum, NZS 2011, 648.

ければならない。すなわち「でたらめの見積もり」は許されない。

〔審査結果①〕　345ユーロという基礎給付は，立法者が自ら選択した統計モデルの構造原理から実体的正当化なく逸脱しており，憲法適合的な方法で算出されたものとはいえない。幾つかの項目の控除は，所得消費抽出調査の評価から説明するのは不可能である。例えば，暖房費は他の給付で賄われるという理由でカットされた電気支出の15％（幾つかの家庭では電気で暖房している）は，なぜ節約すれば電気需要が充足されうるのか説明されえない。また，教育関連費用や，娯楽・文化関連費用は100％カットされているが，その理由も明らかではない。

したがって，そこから導かれるパートナーおよび子供に対する給付額も，自動的に同基本権に違反することになる。

また，基礎給付額は，実質年金価額の変動と連動することになっていたが，実質年金価額は，「生存最低限度の保障に必要不可欠な給付を量的に示したり，需要の変動に応じて毎年更新したりすることを目的としていない」ため，統計調査手法の構造原理から妥当でない方法で逸脱している。

【コメント】　実質年金価額との連動に理由がないとされたことは，予防措置が適切に設置されているかという内容の審査である。

(3)　適切な調査の有無（ⓒ）

〔審査結果①〕　パートナーに適用される311ユーロが，単身者と合わせて180％に設定されていることは，十分な経験的基礎に基づいている。算出基礎となったドイツ公私扶助連盟の調査は，適切な方法で行われていた。

〔審査結果②〕　14歳未満の子供に適用される207ユーロ（60％）の決定は，妥当でない方法に基づいている。子供の特殊需要は，日常経験からも明らかであるにもかかわらず，調査を行っていない。とりわけ，就学義務を果たすために必要な支出がこれに当たる。子供は小さな大人ではない。40％控除は，何らかの経験的方法的基礎を欠く，フリーハンドの設定に基づいている。例えば，同法の子供の区分（14歳未満か，14歳以上18歳未満）が2段階であるのに対し，参照した調査では，3段階の設定がなされている。

(4)　立法者の修正措置に対する評価

〔審査結果①〕　2007年基準額法令は，娯楽・文化関連費用を100％で見積もるなどの変更を行ったが，なお説明されえない控除は残されている。

〔審査結果②〕　この間子供の区分は3段階になり，6歳以上14歳未満の子供の

社会手当は70％となったが，この規定がなお成人単身者の需要と関連づけられている点で，子供特有の需要調査にかかる要請に適しているとはいえない。

　また，この間新設されたSGBⅡ24a条の年額100ユーロの給付も，就学需要が，生存最低限度に含まれないというイメージを元にしている点で，同基本権と一致しない。就学需要の調査も欠けており，100ユーロというのもフリーハンドの見積もりである。

2　「最低限度」を充足する構造・枠組み──実体・方法仕組論

　〔審査結果〕「単に一時的でない不可避で恒常的な特別の需要を保障するための給付請求権を予定する規定がSGBⅡに欠けている点は，同基本権に違反する。その種の規定は，SGBⅡ20条以下では充足されない需要のためには必要不可欠であり，というのも基準給付の依拠する統計が反映するのは，単に通常の需要状態における平均的需要にすぎず，それを超える，非典型的な需要状態に基づく特別の需要ではないからである」。SGBⅡの規定全体で認められる個々の特殊な需要の充足は十分ではない。「特殊な状況で平均を超える高額の需要が生じた場合，基礎給付は不十分となる」。「この追加請求権は，実体的要件の狭さと厳格さからして，滅多なケースでは発生しないだろう」。

　【コメント】　実は，統計モデルを選択したことに伴い，一律化が促進され特殊需要への対応が難しくなっていた。この点は，社会扶助法上の個別化原理が，需要充足原理を満たす上で，過度な一律化に対抗するないしその補完的措置を求める形成原理として働いていることを示しているかもしれない[52]。

3　立法過程の統制の前提？

　生存最低限度決定のために立法手続の中で導入した手法および算定過程を追証可能なよう明らかにする責務（Obligation）[53]は，大きなインパクトを持つが，

---

[52]　Vgl. *Maximilian Wallerath*, Zur Dogmatik eines Rechts auf Sicherung des Existenzminimums, JZ 2008, 166 f. 嶋田・前掲注49）「ドイツの保護基準における最低生活需要の充足」21頁以下参照。

[53]「責務」の意義につき，*Sommermann* (Fn. 3), S. 124, Fn. 64; *Anne Sanders/Damian Preisner*, Begründungspflicht des Gesetzgebers und Sachverhaltsaufklärung im Verfassungsprozess, DÖV 2015, 763. その後の判例における展開も含め，宮村教平「立法過程の構造と解釈（1）」自治研究99巻2号（2023年）138頁以下参照。後続の判例では，この立法の内的手続を規律する「責務」は言及されなくなっている。判例の修正とその意義については，石塚壮太郎「生存権」小山剛ほか編『ド

これに関して違反したという説示はない。基準額法令を通じて，SGB Ⅱの規定で，基礎給付額が定まるという構造に問題がなかったということだろう。これは，立法過程を統制するのに必要となる前提として示されたものだろう[54]。

第4項　審査全体の評価

ゾンマーマンは，従来までとの違いとして，合理的で説得的な給付算定のための立法者の論証負担の増加と，手続・手法・透明性の統制により実体的な明白性の統制が補完されたことを挙げている[55]。新たな審査プログラム全体が，明白性の統制の枠内にとどまるのかが議論されるという。この点，マティアス・クラットは，手続に関わる審査には，異なる——比較的高められた——規準が使われているとしている[56]。

この手続に関わる審査が，どのような性質のものでどこまで及ぶのかについては議論がある。第二次ハルツⅣ決定に至るまでの，下級審の判断が割れたのは，その点に関する理解に相違があったためである[57]。審査の中で問題となる根拠づけ義務についても，どの時点で（立法時か口頭弁論か）果たさなければなら

イツ基本権裁判の展開』（信山社，2025年刊行予定）参照。

54) この前提につき，宍戸ほか・前掲注45) 434頁［曽我部真裕発言］，441頁以下［笠木発言］。アメリカの事情につき，小林祐紀「アメリカにおける立法記録審査の展開」法学政治学論究93号（2012年）199頁以下。

　そもそも，——日本ではほとんど考慮されないが——給付が法律で規定される必要性も指摘すべきだろう。高田篤「生存権の省察」高田敏古稀記念『法治国家の展開と現代的構成』（法律文化社，2007年）137頁以下。他方で，住居費給付との関係だが「条例による解決」という新たな展開につき，嶋田・前掲注49)「ドイツの保護基準における最低生活需要の充足」164頁以下。

　ドイツでは，議会留保の要請の帰結として，生活保護基準の計算方式や基準の見直し方法まで「法律」で規定されている。日本の生活保護法は，生存権という極めて重要な権利を具体化するものであるにもかかわらず，大部分の決定を厚生労働大臣の裁量に委ねている点で，憲法上疑義がある。他方で現状には，立法裁量に対するよりも，行政裁量に対する方が裁判上の統制がかかり易いという偶発的利点も存する。生活保護に基づく行政裁量への統制の精緻化を進めつつ，「法律」による規定化も同時進行させ，最終的には行政裁量統制の手法を立法裁量の統制にも応用する戦略が取られるべきであろう。石塚壮太郎「ドイツにおける社会国家の変容と憲法の応答」比較憲法学研究33号（2021年）69頁注73参照。

55) *Sommermann* (Fn. 3), S. 125.

56) *Matthias Klatt*, Positive rights, I·CON Vol. 13 No. 2 (2015), at 377-381.

57) *Nolte* (Fn. 16), S. 253 ff. 判断過程への統制は，ドイツにおいても例外的である。Vgl. *Christian Bumke／Andreas Voßkuhle*, Casebook Verfassungsrecht, 8. Aufl., 2020, S. 48.

ない義務なのかについても議論がある[58]。また，手続に関わる審査（「最低限度」の測定・評価）の中で，首尾一貫性審査が用いられているという評価がある[59]。

第4節　中間総括

　本章の考察で明らかとなったのは，ドイツで発見された「生存権」が2つの顔を持っているということである。それは，2つの規範的根拠の側面から受け継がれている。第一に，絶対的保障を享受する人間の尊厳。それによる基本権化で，より突っ込んだ審査が可能になった。この点は，従来からすると貫徹可能性が高まった，基本権たるに足る保障の水準に達したとも評価できる。とすれば，これを基本権と呼ぶ意味も十分にある。第二に，国家目標規定たる社会国家原理。広義の社会法によって実現されるという同原理の性質を，「生存権」は引き継いでいる。そして同基本権は，一般法律上の社会給付請求権の構造たる，給付条件と給付内容という構成から説明できる。もっとも，憲法上の枠組みから生じる規範的要請は，これとは別に考える必要があり，この点で，ゾンマーマンの「枠組的権利」の考え方が参考になる。「枠組み基本権」には，憲法上の枠組みとしての第一段階，それを補充する形で形成される一般法律上の給付請求権という第二段階がある。生存最低限度保障への基本権は，第一段階により，憲法の規範性を発揮することができ，第二段階により，本源的給付請求権の構造（給付条件と給付内容）を維持することができる。それは，憲法上の要請を上位に掲げつつ，根拠から範囲・内容を経て額に至る，社会給付請求権の諸段階を前提としており，かなり難解な連邦憲法裁判所の説明——給付請求権の保障を求める権利でありながら，保障される給付請求権の内容が基本権の内容でもあるということ——とも相当程度適合する。

---

58) *Sanders/Preisner* (Fn. 53), 761 ff.

59) 手続的な体系的一貫性の要請（Das Gebot prozeduraler Systemkonsistenz）につき，*Thorsten Kingreen*, Schätzungen „ins Blaue hinein", NVwZ 2010, 560. 首尾一貫性の要請一般については，高橋和也「ドイツ連邦憲法裁判所が活用する首尾一貫性の要請の機能について」一橋法学13巻3号（2014年）1065頁参照。第一次ハルツⅣ判決との関係では，西村枝美「ドイツにおける社会権の法的性質と審査基準」関西大学法学論集62巻4・5号（2013年）1334頁以下，1347頁以下参照。それ以降の判例も含め，松本奈津希「生存権保障における立法・行政裁量と手続的統制」一橋法学20巻2号（2021年）147頁参照。

以上の議論は，日本の生存権を考える際にも，大いに参考となろう。また，ドイツの「生存権」論は，その主観的権利化により大きく転換し，その後の判例においても発展を続けている点にも言及しておきたい[60]。

---

60) ①庇護申請者給付法違憲判決（BVerfGE 132, 134）につき，ドイツ憲法判例研究会編・前掲注5）242頁［大西楠テア］，山本響子「外国人の『人間の尊厳に値する最低生活保障を求める基本権』をめぐる現況と可能性」早稲田法学会誌70巻2号（2020年）295頁以下。②需要共同体決定（BVerfGE 141, 82）につき，柴田憲司「求職者のための最低生活保障の算定の際に家族の成員の収入を考慮することと，最低限度の生存保障を求める基本権」自治研究94巻9号（2018年）142頁。③社会法における制裁判決（BVerfGE 152, 68）につき，石塚壮太郎「求職者のための基礎保障における制裁とその比例的限界」自治研究97巻2号（2021年）151頁，柴田憲司「生活保護の制裁的な減額と比例原則」法学新報127巻7-8号（2021年）253頁以下。同判決の日本への応用として，同「生活保護・制裁・費用徴収」片桐直人／上田健介編『ミクロ憲法学の可能性』（日本評論社，2023年）128頁以下。④特別需要等級決定（BVerfGE 163, 254）につき，石塚壮太郎「庇護申請者に対する社会扶助における特別需要等級の違憲性」自治研究100巻7号（2024年）148頁。①～④について日本の判例との対比も含め，石塚・前掲注54）59頁以下，石塚・前掲注53）参照。

第9章

「健康権」——疾病保険給付請求権

　日本の憲法学では，健康というテーマに照準があてられたことはほとんどない[1]。ましてや，それが個人の主観的権利として成立することが本格的に主張されたこともない[2]。憲法学における健康というトポスへのアクセスは偶発的でしかなかったし，今のところ健康権という言葉も国民全体の健康利益の実現という願いが込められた標語にすぎない[3]。

　しかしそのことは，健康が憲法上のテーマとならないことを意味するものではない。一方では公共の福祉の観点から，薬事法違憲判決は，「国民の生命及び健康に対する危険の防止」を「重要な公共の利益」と捉えているし[4]，平成元年の公衆浴場法合憲判決は，国民の保健福祉の維持が「まさに公共の福祉に適合する」ことを再確認している[5]。他方で人権の観点からは，広義の環境権とし

1）近年このテーマに着目する所論として，大沢秀介「アメリカの農業政策と憲法」武蔵野大学政治経済研究所年報14号（2017年）37頁以下，大林啓吾『憲法とリスク』（弘文堂，2015年）250頁以下参照。ほかにも，土屋仁美「EUとフランスの食品安全分野における予防原則の適用」比較法研究78号（2016年）292頁以下，同「食品安全分野における消費者の生命・健康権の保障の優先性」法政法学29・30号（2018年）1頁以下。

2）健康権に関する国際人権レベルの議論として，棟居徳子「『健康権（the right to health）』の国際社会における現代的意義」社会環境研究10号（2005年）61頁以下。もっともそれも，高度な社会保障・医療・公衆衛生の水準を持つ先進諸国を対象とした議論であるようには思われない。

3）同様の認識に立つものとして，下山瑛二『健康権と国の法的責任』（岩波書店，1979年）77頁以下。下山は，広く医療制度一般の包摂している諸問題を既成の法律学の枠にはめて，健康に関する社会大衆の要求をたち切ってしまうのか，「あるいは，かかる社会的要求を基盤として，一体どこまで現在の憲法体制の下で規範化しうるのかを検討してみるか」という二者択一を示して後者を選び取る。本書筆者も基本的には同じ立場に立つが，健康を主観的権利として成立させる範囲については限定する立場をとる。

4）最大判昭和50年4月30日民集29巻4号572頁。

5）最判平成元年1月20日刑集43巻1号1頁。

て論じられる内容に，健康権と呼びうる内容が含まれている。環境権は，「最も広くは大気・水・光・音・臭いなどの自然環境に加え，医療・上下水道などの生活環境，さらには景観・図書館などの文化環境，遺跡などの歴史環境などを含めて観念される」が[6]，このうち大阪空港公害訴訟高裁判決は，「個人の生命，身体，精神および生活に関する利益は，各人の人格に本質的なものであって，その総体を人格権ということができ」るとして[7]，憲法13条の人格権でカバーできる範囲があることを認めている。もっとも，環境権を主張する意義が本来的に人格権を超えたところにある[8]のだとすれば，人格権の一内容としての「個人の生命，身体，精神および生活に関する利益」に基づく訴訟が環境訴訟になりうるからといって，それらの利益が「環境」権の一内容であると言わなければならないわけではない[9]。むしろ，ここでその本質として論じられているのは，公害等によって損なわれるべきでない「個人の生命，身体，精神および生活に関する利益」であり，人格権の一内容としての各人の健康上の利益であるともいえよう。

　以上のような問題意識を前提とすれば，日本国憲法（学）も「健康」というテーマとは決して無縁ではない。しかし，日本では健康権として主張されるものの内実や方向性が必ずしも明らかではない。また，さほど直接的な条文上の端緒を持たない日本国憲法で，直截にこれを論じるのは難しい。本章では，憲法上のテーマとしての「健康」の構造を理解するために，ドイツ基本法およびその学説・判例を参考に，「健康権」の成立範囲とその限界を検討したい。なお考察範囲は，主に主観的権利として成立しうる範囲に限定する。

6）佐藤幸治『日本国憲法論〔第2版〕』（成文堂，2020年）210頁。

7）大阪高判昭和50年11月27日判時797号36頁。これに対し，最大判昭和56年12月16日民集35巻10号1369頁は，「身体に対する侵害，睡眠妨害，静穏な日常生活の営みに対する妨害等の被害及びこれに伴う精神的苦痛」への賠償請求が成立しうるとしつつも，憲法13条で基礎づけることはしなかった。他方で近時，健康権の防御作用の核心部分の憲法的保障は，最高裁判例において明らかとなった。性別変更規定違憲決定（最大決令和5年10月25日民集77巻7号1792頁）は，「自己の意思に反して身体への侵襲を受けない自由」が，「人格的生存に関わる重要な権利として，同〔憲法13〕条によって保障されていることは明らか」とした。旧優生保護法違憲判決（最大判令和6年7月3日LEX/DB25573621）も同旨。

8）奥平康弘『憲法Ⅲ』（有斐閣，1993年）32頁参照。

9）下山・前掲注3）78頁以下参照。

第1節 「健康権」の法的性質

仮に憲法に「健康権（Recht auf Gesundheit）」が書かれているとして，それはどのような法的性質を持つだろうか。2つの選択肢がある。実質的な国家目標規定か，主観的権利かである。後者である場合には，さらに防御作用，防御請求（＝保護義務）作用，給付請求作用の存否が問題となる。

ドイツ基本法には，「健康権」に直接該当する基本権も，「健康」国家目標規定も存在しないが[10]，「健康権または国家目標としての健康」という形で論じられ，再構成されている[11]。

第1項 国家目標としての「健康」

国家目標規定とは，あらためて言えば，国家が目指すべき目標を定めた憲法規定であり，その具体例としては，ドイツ基本法（連邦憲法）20条1項の社会国家原理（社会的安全および社会的正義の追求）や，同20a条の環境・動物保護条項がある。権利として構成するよりも，より広範に規律を及ぼせるのが利点である[12]。

実はドイツにおいて，国家目標の次元では，「健康」はすでに規律対象となっている。とりわけ，社会国家原理の一内容としての「健康」は，少なくとも基本権制約の正当化事由としては，連邦憲法裁判所によっても重視されている。それを超えて立法・解釈指針として「健康」を十全に機能させたければ，社会国家原理の一内容として，または環境保護条項の関連事項としてだけではなく，「健康」それ自体を国家目標として規定する必要があろう。その際，「健康の保護・促進」という観点の固有性が問題となるが，「健康」が行政法，社会法，環

---

10) 多くのドイツ諸州の憲法には，該当する規定が存在する。例えば，ベルリン憲法22条2項やブレーメン憲法57条2項等。

11) Vgl. *Paul Kirchhof*, Ein Recht auf Gesundheit?, in: Schumpelick/Vogel (Hrsg.), Volkskrankheiten, 2009, S. 33 ff.; *Herbert Landau*, Gesundheit als Staatsziel?, in: Schumpelick/Vogel (Hrsg.), Volkskrankheiten, 2009, S. 589 ff.; *Christian Pestalozza*, Das Recht auf Gesundheit, Bundesgesundheitsblatt 2007, S. 1113 ff. Vgl. *Eberhard Schmidt-Aßmann*, Grundrechtspositionen und Legitimationsfragen im öffentlichen Gesundheitswesen, 2013, S. 1 ff.

12) 大沢秀介のフード・ポリシーに関する所論（同・前掲注1）），大林啓吾の公衆衛生に関するリスク論（同・前掲注1））は，ここに属する。

境法，医事法——公衆衛生，疾病保険，生活環境，公害対策，食品安全など——様々な分野に跨ることを考えると，「健康」というトポスの設定には一定の意味があるように思われる。

第2項　権利としての「健康」

　他方で，「健康」は権利として成立するだろうか。ドイツでは，「健康権（Recht auf Gesundheit）は，憲法上粗っぽい形象（verfassungsflüchtiges Gebilde）」であるとか[13]，「健康権は存在しない」とされる[14]。もっとも，一般的にそのように呼ばれていないだけで，「健康権」の規範内容を形成する候補は存在する。基本法2条2項1文で定められた，「生命および身体を害されない権利」である。さらに近時では，ニコラウス決定（詳しくは後述）を通じて，社会国家原理と結びついた一般的行為自由から，疾病保険給付の給付請求権が認められたとの見解も存在する。これらの候補を検討するにあたって重要なのは，それらがどのような作用（権利内容）を有しているかである。

1　生命および身体を害されない権利の発展段階
——防御作用から請求作用へ

　基本法2条2項1文は，「何人も，生命への権利および身体を害されない権利を有する」と定める。これは，ナチ時代の残虐行為への対処として規定されたものと考えられており，国家は原則的に生命および身体に侵襲してはならず，個人はそれと対応する権利を有する。生命および身体は，国家による強制アクセスから保護されなければならない。身体の不可侵性は，他のすべての基本権とその享受の基礎である。当初，その権利は，国家が個人の生命および身体に危害を加える状況を前提として，防御作用の発揮を期待されていたが，時の経過の中で，同権利は防御権から出発して，テーマ的および構造的に，3つの発展を遂げたとされている[15]。

　第一に，「身体を害されないこと（körperliche Unversehrtheit）」の意味のテーマ

---

13) *Pestalozza* (Fn. 11), S. 1113.

14) *Kirchhof* (Fn. 11), S. 36.

15) *Pestalozza* (Fn. 11), S. 1114.

的拡張である[16]。連邦憲法裁判所は，1981年航空機騒音決定で，WHO憲章の健康の定義と結びつけて，「身体を害されないこと」には，心理的に（psychisch）かつ感情面において（seelisch）傷つけられないこと，さらに「社会的に満たされた状態（soziale Wohlbefindung = social well-being）」も含まれるとした[17]。さらに同裁判所は，移植待機が問題になった1999年の事例で，「医学研究の水準によれば原理的にアクセス可能な治療——それにより延命や少なくとも痛みの軽減がもたらされる——が拒否されていることが，国家の規律によって生じている場合には」，基本法2条2項1文の保障と抵触するとした[18]。さらに後述するニコラウス決定においても，基本法2条2項1文違反が指摘されている[19]。

　第二に，基本法2条2項1文の構造的変化がある[20]。連邦憲法裁判所は，早くから防御作用を超えて，国家による基本権法益保護の義務づけを発展させてきた。国家は，他者，私人または状況が法益に干渉している場合には，当該法益の保護を義務づけられる。もっとも，保護義務による国家に向けられた防御請求は，基本法2条2項1文から従来の防御機能を奪い去るものではなく，これを補充するものにすぎない。ちなみに，保護義務は，保護請求権と同一ではないが，連邦憲法裁判所は，特に理由づけなく，保護義務違反は基本権侵害として主張されうるとしている。さらに，保護義務には促進義務，保護請求には促進請求が付け加えられれば，もはや社会的基本権との区別は難しくなる[21]。

　第三に，基本法2条2項1文の更なる構造的変化がある[22]。それは基本権保護の前倒しである。そこでは，基本権は侵害があって初めて対応するのではなく，すでに行われた侵害の排除と将来的な侵害の予防の両方に対応することになる。連邦憲法裁判所は，明らかに他の基本権とは異なり，すでに危険からの保護を定式化しており，その限りで真正の防御権を超えている。健康の保護と

---

16) Vgl. *Pestalozza* (Fn. 11), S. 1115.

17) BVerfGE 56, 54 (73 ff.). ドイツ憲法判例研究会編『ドイツの憲法判例〔第2版〕』（信山社，2003年）78頁以下［松本和彦］参照。

18) BVerfG, Beschl. vom 11.8.1999, 1 BvR 2181/98, NJW 1999, 3399 (3400). ドイツ憲法判例研究会編『ドイツの憲法判例Ⅲ』（信山社，2008年）63頁以下［柏﨑敏義］参照。

19) BVerfGE 115, 25 (49). ドイツ憲法判例研究会編・前掲注18) 390頁以下［斎藤孝］参照。

20) Vgl. *Pestalozza* (Fn. 11), S. 1115 f.

21) このことは，篠原永明『秩序形成の基本権論』（成文堂，2021年）231頁以下が指摘する「指導原理」実現モデルを選択した結果でもある。

22) Vgl. *Pestalozza* (Fn. 11), S. 1116.

促進のための国家の予防措置への請求権がそこに含まれることになろう。

2　社会保険給付を求める権利？──給付請求作用

ニコラウス決定で主たる審査の規準となったのは、社会国家原理と結びついた基本法2条1項（契約の自由）である。確かに、社会保険の強制は、一般的行為自由に抵触するものとされており、これを契機として権限審査がなされてきた。本決定では、しかし公的疾病保険の「拠出と給付」の比例的関係が審査されることになった。また、国民の健康維持は、社会国家原理上の重要な任務であるため、審査は慎重を要することとされた。本決定が定立した規範は、「治癒の見通しが全く立たないわけではない、または病状経過に対して認識可能な積極的効果がある場合には、法律上の疾病保険の被保険者──その生命を脅かすまたは通常死に至る病理に対して一般的に承認された、医学上の基準に合致した治療を用いることができない者──が、自ら選び、医者により用いられた治療方法の給付から除外されることは」違憲であるというものである。

問題は、これが憲法上の本源的給付請求権に当たるのかである[23]。考え方の選択肢は3つである。第一に、疾病保険の強制を契約の自由に対する制約と捉えて、疾病保険の合理性を審査した（防御権的構成）という見方、第二に、防御権的構成にもかかわらず、当該疾病保険が存在する限りは実質的に憲法上の給付請求権（派生的給付請求権）が存在するという見方、第三に、疾病保険制度とは無関係に、憲法上の給付請求権（本源的給付請求権）が存在する──つまり特定の状況下で、国は個人の治療費の一部または全部を肩代わりしなければならない──という見方である。

第3項　「健康権」とは何でありうるか？

1　「健康権」の諸相

このようにみてくると、「健康権」がありうるとして、それがどのようなものなのかが徐々にみえてくる。一方で、それが実質的には国家目標規定として解釈されるのであれば、社会国家原理の具体的な一内容として位置づけられるこ

---

23) 2005年ニコラウス決定以前だが、社会保険給付の引き下げを扱った論考として、斎藤孝「『社会保険給付請求権』の法的作用（1）～（3・完）」聖徳学園岐阜教育大学紀要32巻（1996年）377頁、34巻（1997年）201頁、35巻（1998年）153頁参照。

とになる。ドイツでは，連邦憲法裁判所の判例上，「健康」はすでに非常に重要な地位を占めているが，仮にそれが憲法上規定されれば，「健康」が公共の福祉として基本権に対抗する強い力を持つことが再確認されよう。また，健康を促進するような法制度の実現や健康指向的解釈が求められることになる。日本国憲法は，すでにその25条2項で，「国は，すべての生活部面について，社会福祉，社会保障及び公衆衛生の向上及び増進に努めなければならない」と規定しているが，その意味があらためて問われることになろう[24]。

　他方で，もちろん「健康権」を個人の主観的権利と捉えることも可能である。日本で，「各人の人格に本質的なもの」，人格権の前提として憲法13条に読み込まれる「個人の生命，身体，精神および生活に関する利益」は，ドイツでは，基本法2条2項1文で「生命および身体を害されない権利」として明文化されている。この基本権は当初，国家による侵襲への防御をその内実としていたが，私人による侵襲に対する保護請求としても機能するようになった。その中で，「生命および身体」の意味も拡張されていった。

　また，「生命および身体」という法益の促進——生命・身体の正常な状態の回復・維持または痛みの軽減など——にとっては，結局，医療が重要となる。その意味では，基本法2条2項1文の保護は，部分的には医療制度にまで及ぶことになる。もっとも，国民の健康維持のための医療制度それ自体は，社会国家原理の規律領域に属する。少なくとも基本法2条2項1文が個人の主観的権利として，健康を促進するための医療給付（または医療費の肩代わり）を国家に求めているとは考え難い。というのも，基本法2条2項1文の核心的内容は，国家の医療給付を目指すものではないからである[25]。「生命および身体の防御」と「健康」との間にはなお相当の距離が存在する。したがって，「健康権」という形であえて定式化を行う場合には，基本法2条2項1文がその拡張的内容として取り込むか取り込まないかの瀬戸際にある，国家による医療制度の創設を前

---

24) 同条項の解釈については，本書**補章第4節第3項**を参照。同条項は，「国」を主語としている点で，民営化に対して限界を設定する「国家任務」とも解されうる（本書**序章第2節**参照）。そのように解した場合，例えば，近時取り上げられる下水道（「公衆衛生」に該当）の民営化に対する歯止めとなりうるが，本書はそのような狭い解釈をとらない。

25) Vgl. *Schmidt-Aßmann* (Fn. 11), S. 15 f. 健康と疾病は，すぐれて個人的なもので，人生のプロセス（例えば「老齢は病か?」）に関連し，社会的にも規定されることが特徴とされ，その判断主題としては，基本権主体，医療専門職，国家機関があるとされる。

提とした，医療給付（または医療費の肩代わり）をむしろその中心的内容として捉えるべきと思われる。

なお，健康に関わる基礎的な社会インフラ（上下水道を含む），医療，公衆衛生などは，社会国家原理によって規律されているが，これらを主観的権利として構想することは，「安全を求める基本権（Recht auf Sicherheit）」と同様の困難性[26]を持つ。他方で仮に最低限の水準に照準を絞るとすると，先進国においてはそのような議論自体が実践的意義を持たなくなってしまう。ひとまず本章では，ドイツで議論の対象として成立している公的疾病保険給付を，狭義の「健康権」として捉えてみたい。

2 「健康権」の限界

以上のように「健康権」を医療との関係で狭く捉える場合には，《国家・医療・コスト》のトリアーデが重要となってくる。「健康権」には，そこからみえてくる幾つかの内在的および外在的限界がある。

第一に，「可能性の留保（Vorbehalt des Möglichen）」である[27]。国家の財源は限られており，国家は優先順位を設定しなければならない。この点では「健康権」も，社会国家原理や「生存権」と同じ性質を引き継いでいる。また，健康はほんの少しだけ改善することもでき，そのために疾病の際の扶助が用いられれば，需要が供給を上回ることになる。支出の優先度とコスト・ベネフィットの均衡が問題となる。

第二に，基本権制約的な連帯要請である[28]。我々は，健康な人と病気の人の連帯共同体に生きている。自己や家族に対してだけではなく，より大きな連帯共同体に，様々な立場で——納税者，被保険者，諸世代など——参加し，義務や責務を負っている。確かに，各人は健康でいることも，将来健康であることも義務づけられてはないが，もし健康のために何もしないでいる場合には，健康は積極的にリスクにさらされていることになる。その場合には，国家は，給付を保留したり，医療給付の価格を高く設定したりすることがありうるとされる。

---

26) Vgl. *Oliver Lepsius*, Das Verhältnis von Sicherheit und Freiheitsrechten in der Bundesrepublik Deutschland nach dem 11. September 2001, 2002, S. 16 ff.

27) Vgl. *Pestalozza* (Fn. 11), S. 1117.

28) Vgl. *Pestalozza* (Fn. 11), S. 1117.

第三に，他者の基本権である[29]。とりわけ「健康権」を広く捉えた場合——基本法2条2項1文の拡張部分——には，他者の基本権と衝突することがしばしばある。基本法2条2項1文は，公共の福祉の一内容として，職業の自由や学問の自由を制約する規制の正当化事由として登場したり，私人間の基本権衝突——より正確には国家を含めた三極関係——においても役割を得る。「健康権」は，他者の自由との関係では規制事由となるが，同時に「健康権」の側も一定の制約を被る。

第2節　狭義の「健康権」の発見？——ニコラウス決定

仮に，国家による医療制度の創設を前提とした，医療給付（または医療費の肩代わり）を，健康権の中心的内容として捉えるとすれば，2005年にドイツ連邦憲法裁判所が下した，いわゆるニコラウス決定以上に重要なものはない。以下で詳しくみていこう。

なお同決定は，日本との関係では，公的医療保険の給付範囲の設定方法および混合診療禁止の合憲性との関係で重要である[30]。すでにここで，狭義の「健康権」が，医療保険制度と深く関わることが伺われよう。

第1項　ニコラウス決定[31]

1　事実の概要

憲法異議申立人は1987年に生まれ，1992年から1994年の間，バーマー代替金庫（公的疾病保険機関のひとつ）で家族構成員として保険にかかっていた。彼は，デュシェンヌ型筋ジストロフィー（英語略称はDMD）を患った。DMDは，進行性筋ジストロフィーの大部分を占める重症の型である。同型は，男性にのみ発

---

29) Vgl. *Pestalozza* (Fn. 11), S. 1117 f.

30) 笠木映里『公的医療保険の給付範囲』（有斐閣，2008年）9頁以下，同「日本の医療保険制度における『混合診療禁止原則』の機能」新世代法政策学研究19号（2013年）221頁以下，小山剛ほか編『判例から考える憲法』（法学書院，2014年）217頁以下［畑尻剛］参照。

31) BVerfGE 115, 25. 要約として，JZ 2006, 463 ff. を参照。ニコラウス決定の通称は，同決定が下された12月6日が聖ニコラウスの日であったことに由来する。*Thorsten Kingreen*, Verfassungsrechtliche Grenzen der Rechtssetzungsbefugnis des Gemeinsamen Bundesausschusses im Gesundheitsrecht, NJW 2006, 880.

症し，発症率は3500分の1とされている。1歳時に症状が明らかとなり，筋力低下に伴い，通常10歳から12歳の間に歩行困難になる。徐々に呼吸不全になる。余命は非常に限られている。同疾患は，今日の知見では，ジストロフィン遺伝子の変異によるものと考えられており，これまで，治癒させるまたは病状経過を持続的に遅らせる，学術的に認められた治療法はない。通常，理学療法などの対症療法のみが行われる。

異議申立人は，1992年9月から一般医学の専門医B博士——公的疾病保険の嘱託医ではない——の下で治療を受けた。そこでは，高周波振動（「バイオレゾナンス療法」）が適用された。1994年末までに，両親はその治療に1万ドイツマルクを費やした。A工科大学の整形外科クリニックの医師らは，それまでの病状経過を良好（günstig）とした。歩行困難性はあったものの，共同で担当していた医師は，彼の健康状態を，他の患者と比べて良い（gut）と格づけていた。

B博士の下での治療費の引き受け申請は，疾病金庫により拒否された。異議手続では，疾病金庫は，ニーダーザクセン疾病保険医療部門の意見（Stellungnahme）を求めた。そこで，小児科医のF博士は，筋ジストロフィーは治癒しえないが，治療は可能であること，B博士により適用された手法の治療成果は，学術的に証明されていないことを主張した。

リューネブルク社会裁判所は請求棄却の判決を下し，異議申立人は控訴した。ニーダーザクセン州社会裁判所は，リューネブルク社会裁判所の判決を破棄し，1993年以降決定された，B博士による治療のための費用を異議申立人に支給するよう，疾病金庫に判決を下した。疾病金庫は上告し，連邦社会裁判所は州社会裁判所の判決を破棄し，リューネブルク社会裁判所の判決に対する控訴を差し戻した。この判決に対し，異議申立人は，連邦憲法裁判所に憲法異議を申し立てた。

2　判旨

破棄差し戻し。憲法異議には理由がある。連邦社会裁判所の判決は，社会国家原理（基本法20条1項および28条1項1文）と結びついた基本法2条1項，ならびに基本法2条2項と矛盾する，社会法典の給付権規定の解釈に基づいている。

（1）　規範定立

〔**第一の審査基準＝社会国家原理と結びついた一般的行為自由**〕　憲法上の主たる審

査の規準となるのは，社会国家原理と結びついた一般的行為自由である。立法者が社会的安全のシステムにおいて義務的保険を強制する場合には，一般的行為自由に抵触する。これは公的疾病保険にも当てはまる。公法上の社会保険関係，とりわけ被保険者の拠出と保険主体の給付の関係を，詳細に形成する規律も，基本法2条1項によって測られなければならない。その保護領域に抵触するのは，立法者が，強制団体の設置と拠出義務により，経済状況の制限を通じた個人の活動の自由を少なからず狭める場合である。そのような介入は，十分かつ連帯的な支給——それは被保険者にその拠出のためにシステムの保障目的の枠内で提供されなければならない——の内容形成を通じた正当化を要する。

　社会保険システムの被保険者は，典型的には，拠出額および給付の種類や範囲への直接の影響を持たない。法律および法律に基づく給付具体化の法行為により保険関係に参加する者の権利および義務が一方的に形成されるような状況では，基本法2条1項は，拠出を義務づけられた被保険者を，拠出と給付の比例的でない関係から保護する。そこから，公的疾病保険において，特定の疾病処置の給付を求める憲法上の請求権は導かれない。しかし，法律上のまたは法律に基づく給付の除外や限定は，基本法2条1項の枠内で正当化されるか審査されなければならない。本件のように法律上の給付規定が専門裁判所により被保険者に不利に解釈・適用される場合も，同じことが当てはまる。

　〔社会保険給付の必須性〕　基本法2条1項の保護機能の詳しい規定と展開の際には，社会国家原理が重要な意味を持つ。社会国家原理の具体化に際して，立法者は，拠出を，個々のリスクにではなく，被保険者の——ふつう給与や年金によって規定される——経済的給付能力に合わせており（社会法典第5編226条），さらに保険料率の安定性を考慮し（社会法典第5編71条），拠出の減少を目指し（社会法典第5編220条），法律上の給付に関する追加払いの提供に関する義務づけの形成の際にも（社会法典第5編61条参照），個人の社会状況に配慮することとしている（社会法典第5編62条）。そこで立法者が前提としているのは，被保険者には，通常，公的疾病保険の給付システムの外側で，疾病時における，とりわけ疾病治療の必要不可欠な給付の調達のための，追加的な独力の事前配慮をする相当の財政的手段はないということである。したがって，疾病治療およびとりわけ(insbesondere) 生命を脅かすまたは通常死に至る病の治療に対する給付が，法律上の規定または専門裁判所によるその解釈・適用により，被保険者に渡されな

第9章　「健康権」——疾病保険給付請求権　227

い場合には，社会国家原理と結びついた基本法2条1項の前で特別の正当化を要する（下線および圏点石塚）。

〔第二の審査規準＝生命および身体を害されない権利〕　基本法2条2項1文から導かれる生命および身体を害されない権利は，法律上の疾病保険の給付権および専門裁判所の解釈・適用の合憲性を判定する規準となる。確かに，通常，そこから一定の，とりわけ特別の健康給付の調達を疾病金庫に対して求める憲法上の請求権は生じないが，給付権の形成は，保護的および促進的に同条項の法益と向き合う，国家の客観法的義務に準拠しなければならない。このことは，生命を脅かすまたは通常死に至る病の治療に際して，特に当てはまる。生命は，基本法秩序において最高の価値を有しているからである。

〔様々な給付条件の許容性〕　公的疾病保険給付が被保険者の自己責任に帰するものでない限り（社会法典第5編2条1項1文），公的疾病保険が，一般的給付カタログの基準に基づいて（社会法典第5編11条），経済性要請の考慮の下でのみ（社会法典第5編12条）被保険者に給付を認めることは，憲法上非難されえない。また，不確定法律概念により規定された給付義務の詳細な具体化が，個別事例においては，保険嘱託員の基準，特に嘱託医の契約の枠内でなされること（社会法典第5編82条以下，87条など），とりわけ保険嘱託医による世話に参加している医師に留保されていること（社会法典第5編95条）も，憲法上非難されえない。公的疾病保険の給付が十分で，目的に適っていて，経済的でなければならないこと，および必要不可欠の程度を超えてはならないこと（社会法典第5編12条1項1文）を立法者が規定しても，憲法に反するものではない。

〔経済性の要請〕　公的疾病保険の給付カタログは，財政経済的な考慮によって，共同決定されてもよい。まさに健康に関する制度において，コストという観点は，立法者の決定にとって非常に重要である。また，公的疾病金庫は，憲法上，健康の維持と回復のための手段に用いることができるすべてのものを提供することを命じられてはいない。

(2)　当てはめ

連邦社会裁判所の判決は，規準となる基本権から導かれる諸要請を満たさない。

〔連邦合同委員会の合憲性は不問〕　その際決定されないのは，社会法典第5編135条の一義的文言によれば，公的疾病保険のシステムにおける給付提供者に

よる新たな治療方法の適用は連邦合同委員会（Gemeinsamer Bundesausschuss）による従来の承認に依存しているという連邦社会裁判所の想定が，このような諸事例——医学的知見が，生命を脅かすまたは通常死に至る病の特性により，統計的証明，場合によっては珍しい疾患の際の低い証明段階の観点に準拠した，学問的に確認された治療を，医療的またはその他の研究に基づいて利用しえない，またはなお利用しえていない場合——においても，基本法と一致するかどうかである。なぜなら，連邦社会裁判所は，本件のようにそのような承認がない場合には，当該手法が医学実務において用いられているかという基準に依拠するからである。そうではない場合——本件がそうだが——には，同裁判所は，法律上の「提供の欠缺」の想定を拒否する。それにより，公的疾病金庫による費用の引き受けは，生命を脅かすまたは死に至る病——そのために，一般的に承認された，医学的水準に治療方法が存在しないが，担当した医師が自らの所見では個別事例において病状経過にポジティブな影響がある治療法を適用する——の場合にも，排除される。

〔連邦社会裁判所判決の違憲性〕　このことは，基本法と適合しない。

第一に，社会法典第5編の前提条件の下で，個人に公的疾病保険における保険義務に服させ，経済的給付能力に合わせた拠出のために必要不可欠な疾病治療を法律上約束するが，他方で，彼が生命を脅かすまたは通常死に至る病を患い，そのための医学的な治療方法が存在しない場合に，疾病金庫により特定の治療方法の給付から除外されること，そして公的疾病保険の外で，治療の支払いを命じることは，基本法の社会国家原理と結びついた基本法2条1項と適合しない。もっとも，被保険者によって選択された他の治療方法は，治癒，または少なくとも病状経過に対して認識可能な積極的効果に対する，兆候（Indizien）に依拠する，全く立たないわけではない見通しを期待させるものでなければならない。本件はそのような事例である。デュシェンヌ型筋ジストロフィーの治療にとって，現在，対症療法リスト——手術的措置もそこに含まれる——のみが利用可能となっている。確かめられた学問的方法を伴う，当該疾病およびその経過への直接の作用は，また不可能である。

非難されている，社会法典第5編の給付権規定の連邦社会裁判所による解釈は，疾病により限界づけられた生命の危機という極限状況においては，基本法2条2項1文から生じる生命に対する国家の保護義務とも適合しえない。国家

が，公的疾病保険システムにより，被保険者の生命および身体を害されないことに対する責任を負う場合には，諸要件の下で，生命を脅かすまたは通常死に至る病の事例における事前配慮は，給付義務の核心領域および，基本法2条2項1文により促進される最低限の措置（Mindestversorgung）に属する。

社会裁判所は，そのような事例においては，場合によっては専門家の助けを借りて，誠実かつ専門的な評価に基づいて医師により採られた治療または医師により計画された治療に関して，個別事例における，完全に（因果関係上）離れているわけではない治癒の成功または病状経過に対して認識可能な積極的効果に対する真剣な指摘があるかを，審査しなければならない。

第2項　憲法上の給付請求権としての「健康権」?

本決定は，「これまで支配的だった常識（common sense）からして，注目に値する」とされる[32]。基本法下における社会国家に詳しいハイニヒによれば，社会国家は，（論文が刊行された2006年当時の）20年以上前から構造変化を促されており，連帯的に出資される給付は全体的に後退し，これまでは社会保険化されていた大きなリスクの克服に際しては，自己配慮がより大きな意味を持つ。専門家の間では，社会国家の再編に際して，数年来，特に健康制度における給付権への制約が許されるか，許されるとしてどの給付権なのかが議論されてきたとされる。基本的な論調としては，基本法には社会的基本権はなく，社会国家原理の具体化は民主的な自己了解に委ねられ，立法者は広範な評価・形成の余地を有するが，客観法的な最小限度の社会的保護を下回ってはならず，また基本法14条および法治国家原理から生じる信頼保護原則を尊重しなければならず，しかし現状保障や一定の社会給付を求める憲法上直接の請求権は基本法からは取り出されえない，というものである。

このハイニヒ論文は2006年のものだが，連邦憲法裁判所の判例はその後も動いている。2010年第一次ハルツⅣ判決では，日本でいうところの「生存権」が，本源的請求権として解釈上承認されている[33]（ただし，その審査手法は，特定の給付額よりも，その確定プロセスに焦点が当てられている[34]）。したがって，確かに基

---

32) *Hans Michael Heinig*, Hüter der Wohltaten?, NVwZ 2006, 771.

33) BVerfGE 125, 175. 詳しくは，本書**第8章**参照。

34) ペーター・M・フーバー（石塚壮太郎訳）「国民発案と憲法裁判権との間の議会制」日本法学83

本となる論調がいまだに支配的であるとしても，それが今日でも完全に当てはまるとは言いきれない。

　ここではニコラウス決定の基本権解釈論上の構造を整理しておきたい。

1　防御権か給付請求権か

　公的な社会保険は，従来から基本法2条1項から生じる一般的行為自由に基づいて審査されてきた。連邦の立法権限の問題として扱われることもあれば，保険分担金支払いの強制の問題として扱われることもあったが[35]，連邦憲法裁判所が，社会保険における拠出と給付の比例的関係をここまで踏み込んで決定したことはない。そもそも，「『社会保険』は結局抽象的にも定義されえず，その概念は『保険原理』と『社会的調整』との間で，多彩な形成に対して開かれている」とされ[36]，その具体化は，基本的には立法者に委ねられている。それが一般的行為自由（契約の自由）に反すると結論づけられるのは，よほど不合理な形成がなされた場合だと考えられる。本決定で，給付権の給付要件にまで踏み込んで，実質的に給付権を拡大させた背景には，明らかに社会国家原理によるテコ入れがある。強制保険それ自体との関係では審査は緩やかであるようにみえるが，逆にそこを入口として論理を展開している。すなわち，強制までして疾病保険を創設するのは，個人で負いきれない健康リスクの回避という重要な目的があって，そうであれば○○という場合（以下詳述）に給付を拒否することは，社会国家原理の委託を受けて疾病保険を創設した意味を没却する，というような論理の流れである。これは明らかに裁量縮減型の審査[37]であり，疾病保険制度の仕組みに踏み込むために，社会国家原理が援用されている。

　そもそも，社会保険の強制を合憲する根拠も，給付排除を違憲とした根拠（の一部）も，社会国家原理である。この論理は一見理解し難いが，実は首尾一貫している。一方では，社会国家原理を具体化する社会保険が重要であるから，その強制によって契約の自由が制約されてもやむを得ないが，他方では，社会保

　　巻2号（2017年）255頁は，「実体法的規準が結局役立たないところでは，プロセス化へと転調する。それも，立法者への圧力が大きくなりすぎないようにするものである」と説明する。

35) 石塚壮太郎「社会国家・社会国家原理・社会法」法学政治学論究101号（2014年）214頁以下参照。

36) *Friedhelm Hase*, Sozialrecht, in: Vesting/Korioth (Hrsg.), Der Eigenwert des Verfassungsrechts, 2011, S. 130 f.

37) 小山剛『「憲法上の権利」の作法〔第3版〕』（尚学社，2016年）178頁参照。

険──ここでは疾病保険──が被保険者の健康にとって決定的に重要であるからこそ，ある状況下で給付を拒否されることは契約の自由（あるいは契約目的の根幹）に反する。確かに，契約を強制される，つまり契約内容の決定に原則として参加できないのであれば，その契約内容が合理的であってほしいというのは理解可能である。他方で，疾病保険制度の形成について，立法者には広い形成の余地があり，内容形成においては様々なことを考慮できる。とすれば，契約の自由を解釈論上の突破口として，社会国家原理をテコに疾病保険制度の中に踏み込めるとして，最後に立法者の形成の余地を縮減する強い動機が必要となる。そこで持ち出されたのが，基本法2条2項1文から生じる「生命に対する国家の保護義務」である。ニコラウス決定は，生命という基本法秩序において最も高い価値を有する法益を引き合いに出すことで，次のような論理を完成させた。すなわち，強制までして疾病保険を創設するのは，個人で負いきれない健康リスクの回避という重要な目的があって，そうであればとりわけ生命という基本法上最も価値のある法益が疾病により危険にさらされている場合に給付を拒否することは，社会国家原理の委託を受けて公的疾病保険を創設した意味を没却する，というような論理である。

　解釈論上の入り口は，社会保険の強制に対する契約の自由に対する審査なので，防御権事案であるようにも読める。しかし，実質的に問題となっているのは，契約の自由ではなく，契約の中身の合理性，すなわち公的疾病保険の給付要件またはその解釈の合理性である。防御権も，介入や介入の根拠となる法律が合理的であることを求めるが，それが合理的ではないとされた場合に認められるのは，介入の排除（＝自由の回復）である。これに対し，公的疾病保険給付からの除外が不合理だとして除外が排された結果は，給付である。その点では，ニコラウス決定が新たに給付請求権を認めた，あるいは給付請求権を拡張したと言われるのも，理由のないことではない。

2　本源的給付請求権か派生的給付請求権か

　もっとも，それが本源的給付請求権なのか，派生的給付請求権なのかについては，一考を要する。同決定において，既存の公的疾病保険制度から離れて自立した憲法上の給付請求権（本源的給付請求権）が成立したかは疑問である。少なくとも解釈論上の形式としては，公的医療保険（具体的にはそこにおける拠出と

給付の比例的でない関係性）が一般的行為自由に対する制約となり，それを正当化できるかという形で審査は進められているし，生命および身体を害されない権利との関係でも，「通常，そこから一定の，とりわけ特別の健康給付の調達を疾病金庫に対して求める憲法上の請求権は生じない」とされている。したがって，本決定において成立したのは，契約の自由に対する制約と正当化という形をまとってはいるが，（前述の通り）結論においては給付範囲を拡張しているので，既存の公的疾病保険制度に依存した，派生的給付請求権と（外在的には）みることができる。

　もっとも，連邦憲法裁判所自身は，この点についてあまり自覚的に論じてはおらず，2015年決定（詳しくは後述）で，「憲法上直接の給付請求権は，病による生命の危機という極限的な状況に限られる」と述べており[38]，これは逆にそのような状況においては憲法上直接の給付請求権が認められたようにも読める。連邦憲法裁判所がどのように考えているかについては，基本権ドグマーティク上，判例内在的に整理することが難しい[39]。

第3項　その後の展開

　ニコラウス決定が下されたのち，社会裁判所は，多くの個別事例において——連邦合同委員会（以下，G-BA）や公的疾病保険の評価手続の助けを借りることなく——給付請求権を具体化することを求められることになった[40]。同時に，同決定が「疾病治療およびとりわけ（insbesondere）生命を脅かすまたは通常死に至る病の治療に対する給付」（圏点石塚）を問題としたため，請求が「生命を脅かす病」を超えて，「評価として同等の疾病（wertungsmäßig vergleichbare Erkrankungen）」に対する給付に拡張されるのかも判断を求められることとなった。立法者もこれに応え，2011年12月22日の改正で，広い意味での「ニコラウス請求権」を連邦社会法典第5編2条1a項に規定した。それ以来，G-BAによる治療方法の評価以前に，またはそれと並んで，給付を求める多くの訴訟が社会裁判所に提起されており，G-BAが合理的かつ正統に決定したかは，「ニコラウス」

---

38) BVerfG, Beschl. vom 10.11.2015, 1 BvR 2056/12, Rn. 18.

39) 批判として，*Stefan Huster*, JZ 2006, 467; *Heinig* (Fn. 32), 771.

40) G-BAによる給付範囲の決定については，笠木・前掲注30）『公的医療保険の給付範囲』85頁以下参照。

バルブの開放以来，もはやほとんどテーマではなくなったと言われている[41]。

　連邦憲法裁判所は，2015年の決定では，基本権侵害を十分に説明していないとして，疾患は異なるが構造的には類似の事例を却下している[42]。同決定では，いわゆる2005年決定の「ニコラウス請求権」が，「評価として同等の疾病」に及ぶことは憲法上要請されたものではなく，したがって本件はニコラウス請求権の射程外にある，それゆえ当然に憲法判断の対象となるわけではないとされた（Rn. 11 ff.）。このことは，2017年の決定でも再度確認されている[43]。また，2015年決定は，傍論で，「機関としてのG-BAの民主的正統性に対する——全くもって重大な——全般的かつ一般的な疑念を持ち出すことによって，異議は成功しない」とした（Rn. 22）。

第3節　「健康権」に基づく審査

　それでは，ニコラウス決定の審査手法はどのようなものであったのだろうか。

第1項　実体的統制か——極限事例への限定？

　この点すでに少し触れたところではあるが，2010年の第一次ハルツⅣ判決とは対照的に，実体的統制を行っている。それが可能なのは，社会扶助事案のように「人間に値する生存に必要な最低限度」を裁判所が見積もる必要がなく，患者＝被保険者が選択し，医師によって適用された治療の費用を疾病金庫に支出させれば済むからである。この点，連邦憲法裁判所は，2015年決定で，ニコラウス請求権が「迫る生命の危機により特徴づけられる個人の窮状（Notlage）の存在」を前提としたものであるとして，それに限定を加えて歯止めをかけている（Rn. 18）。

　ともあれ，その要件もクリアすれば，一切の留保なしに給付が認められるべきか，すなわちそこでは経済性要請が働かないとすべきかは，なお議論を続けるべきであろう。2017年の却下決定（前述）で求められていた費用は約83万2千ユーロ（1ユーロ160円として約1億3千万円）であった。前述の通り，公的疾病保

---

41) *Stefan Huster*, Ein Gericht rudert zurück, Verfassungsblog am 14.5.2017.

42) BVerfG, Beschl. vom 10.11.2015, 1 BvR 2056/12.

43) BVerfG, Beschl. vom 11.4.2017, 1 BvR 452/17.

険制度自体の維持存続が可能な範囲でしか給付は可能ではないはずである（前述の「可能性の留保」）。

フスターによれば，「公的疾病保険システムが機能するなら，その決定も受け入れられうるし，受け入れられなければならない。それが事実上または法的正統性の観点から欠陥があるのであれば，それについて何か変えなければならない。基本権的給付請求権に関する抜け道は──事実上または推定上──『システム不全』を補塡するのに適切ではない」[44]。

第2項　手続的・組織的統制か──連邦合同委員会の法的正統性

そこで注目されるのが，G-BAの法的正統性に関する議論である[45]。何が公的疾病保険によって賄われる治療なのかについての指針（Richtlinie）[46]を決定するG-BAの手続的・組織的統制に目を向けるべきと多くの論者が考えている。先に引用したフスターの言明も，G-BAを介した決定に隙間や誤りがあることを前提に，極限的事例にだけ憲法上例外的な給付請求権を認めるよりも，「システム不全」それ自体に着目すべきという指摘である。ハイニヒも，もうひとつの選択肢として組織的・手続法的統制を挙げており，そこでは例えば「決定機関の民主的正統性が保障されているか，手続は透明か，利害関係者は十分に聴聞されるか，手続の構造からして特別な状況が考慮されうるか，十分な欠缺回避措置が存在するか，不認可決定に対する十分な権利保護が保障されているか」が問われなければならないという[47]。この点，連邦憲法裁判所は，憲法異議が社会裁判所の下した諸裁判に向けられていることを理由として，G-BAを介した決定制度を審査に付すことを避けている。

もっとも，第一次ハルツⅣ判決をみても分かる通り，実体的統制と手続的統制は排斥しあうものではない。例外状況における実体的統制は留保しつつも，一般的なシステム不全の治癒に向けた審査を展開すべきであると思われる。

---

44) *Huster* (Fn. 41).
45) 2015年決定直前に，連邦憲法裁判所裁判官のF・キルヒホフは，G-BAの憲法上の正統性について疑念を表明したとされる。Vgl. Ärzte und Krankenkassen entscheiden selbst, FAZ vom 20.11. 2015.
46) G-BA指針の法的性格とその問題点につき，赤坂幸一『統治機構論の基層』（日本評論社，2023年）63頁以下参照。
47) *Heinig* (Fn. 32), 774.

第4節　中間総括

　本章は，「健康権」が主観的権利として成立しうるか，そうだとしたらどのようなものかを探る試みであった。日本とドイツにおける法状況を重ね合わせてみるに，日本では環境権の議論の中で発見された，人格権の一内容としての「個人の生命，身体，精神および生活に関する利益」は，ドイツでは基本法2条2項1文の生命および身体を害されない権利と同位相にある。もっともそれは，基本的に，防御権および保護義務（日本では私人間効力）次元での議論であった。

　「健康」というテーマの中心がさらにその先にあるとすれば，次に問題となるのは医療に対する給付請求権である。ドイツ連邦憲法裁判所が2015年12月6日に下したニコラウス決定では，極限的状況において，通常の手続では認められないような医療に対する公的疾病保険給付が憲法上認められた。それが本源的請求権なのか派生的請求権なのかは議論があるところ，連邦憲法裁判所はこれを自覚的に論じておらず，同決定は基本権ドグマーティク上，説得的ではないとされている。また，給付請求が認められるかは，個別事例において社会裁判所が判断しなければならないことになる。むしろ給付決定に大きな影響をもつG-BAの法的正統性や決定過程を統制すべきとの指摘も有力である。仮に「健康権」が健康に関する諸制度の合理化を求めるような作用を持つとすれば，日本でいえば，保険診療の給付範囲の設定に関する，例えば混合診療の憲法問題を考えるうえで大きな示唆を得ることができよう。

　また「健康権」の問題は，より根本的には，憲法の番人である裁判所が，積極的な社会政策の番人でもあるべきなのかという問いをも投げかけている[48]。裁判所が社会国家の形成権限につき用法・用量を守らなければならないとすれば，裁判所へ直接訴えかける主観的権利としての「健康権」についてもテーマを絞って成立範囲を限定し，受け入れ可能な審査手法もセットで提示する必要があり，今後より精緻な議論の展開が求められる[49]。もっとも，日本国憲法の解釈

---

48) *Heinig* (Fn. 32), 774.

49) 憲法上直接の給付請求権の承認は，権力分立の観点からは，相当副作用の強い劇薬である。枠組的権利は，これを緩和する手法のひとつでもある。憲法上の枠組的権利につき，**本書第8章第2節**参照。法律上の公的疾病保険給付請求権も，枠組的権利と解されている点につき，笠木・前掲

論として成立するかについては別途注意を払う必要があろう[50]。

注30)『公的医療保険の給付範囲』97頁以下参照。

50) 本書**第4章第2節**参照。

補章

日本における社会権条項の法的性質

　憲法25条とは何だろうか。憲法上の生存権とは結局何なのだろうか。この分野では，このような素朴な解釈論上の問いが今なお成立するように思われる。戦後すぐのプログラム規定説[1]から始まり，抽象的権利説[2]と具体的権利説[3]という学説上の対立があり，両説の対立は相対的なもので，法的性質論としては法的権利説[4]に収斂するとの総括があり，他方でことばどおりの具体的権利説[5]も登場した。近時では，ひとまずこの問題を脇において，生活保護や年金の引き下げに対抗すべく制度後退禁止原則が主張されたり[6]，個々の生活状況に配慮した慎重な審査を求める見解[7]がある。このほかにも，生存権の規範的基礎づけおよびそこからの社会保障法の政策的方向づけを指向する研究も存在する（本書**第4章**参照）。また近時では，「福祉権」という問題設定を行うことで，生存権にとどまらない憲法25条の意義を回収しようとする試みもなされている[8]。ともかく様々な方向や観点からの見解があるが，いまそこに何が残って

1）法学協会『註解日本国憲法（上巻）』（有斐閣，1953年）488頁以下。

2）橋本公亘『憲法原論〔初版〕』（有斐閣，1959年）238頁以下。

3）高田敏「生存権保障規定の法的性格」公法研究26号（1964年）95頁以下，大須賀明「憲法上の不作為」早稲田法学44巻1・2号（1969年）148頁以下。

4）内野正幸『憲法解釈の論理と体系』（日本評論社，1991年）366頁以下。

5）棟居快行「生存権の具体的権利性」長谷部恭男編『リーディングズ　現代の憲法』（日本評論社，1995年）156頁以下。

6）葛西まゆこ「生存権と制度後退禁止原則」企業と法創造7巻5号（2011年）26頁。

7）尾形健『福祉国家と憲法構造』（有斐閣，2011年）139頁以下。

8）尾形健編『福祉権保障の現代的展開』（日本評論社，2018年）。遠藤美奈「生存権論の現況と展開」同書所収15頁は，憲法比較の観点から生存権解釈のあり方を探るものとして新しい方向性を示す。本書筆者が，国家目標規定（内容的には社会国家原理）というドイツの規範カテゴリーを中心に研究を進め，近時は生存権を集中的に検討対象としているのに対し，当該分野の第一人者である尾形健が生存権から検討をはじめ，国家論的観点から，国家目標的内容に研究対象をシフトしてい

いるのか。本章では，学説・判例をある程度位置づけて整理したうえで，生存権の新しい考え方——枠組的権利——を参考に[9)]，憲法25条をどのように捉えるべきかを検討する。

　日本国憲法25条は，1項が権利形式で書かれているにもかかわらず，判例によれば，（実質的意味の）国家目標規定と捉えられている節がある。私見では，25条1項は権利として捉え直すべきである。逆に，27条1項は，「勤労権」として権利形式で書かれているにもかかわらず，（実質的意味の）国家目標規定と捉えられるべきように思われる。ドイツの議論を参考に，日本国憲法の社会権条項を，様々な規範カテゴリーから立体的に捉え直す作業をしてみたい。25条については1項（基本権＝生存権）と2項（国家目標規定＝［労働を除く］社会国家原理）の関係を，27条については1項（国家目標規定＝労働国家目標），2項（立法委託＝勤労条件の法定），3項（保護義務＝児童労働の禁止）の関係，さらに各条項間の関係について考察する。

第1節　生存権判例に対する理解の新傾向

第1項　近時の判例理解

　判例は当初，食糧管理法違反事件判決[10)]および朝日訴訟判決[11)]でプログラム規定説を採ったとされ批判されたが，堀木訴訟判決[12)]では明白性原則による統制が認められており，具体的権利であることは一貫して否定されつつも，少なくとも憲法25条の法規範性はすでに承認されている。この点，判例は抽象的権利説を採っているとの見解もあるが，近時では最高裁が25条を客観法（とりわけ

　ることは興味深い。

9）私が着目するドイツの憲法判例は，2010年に出された第一次ハルツⅣ判決（BVerfGE 125, 175）である。同判決を主に扱ったものとして，玉蟲由樹『人間の尊厳保障の法理』（尚学社，2013年）204頁以下，本書**第8章**。その後の判例の展開については，石塚壮太郎「生存権」小山剛ほか編『ドイツ基本権裁判の展開』（信山社，2025年刊行予定）。

10）最大判昭和23年9月29日刑集2巻10号1235頁。

11）最大判昭和42年5月24日民集21巻5号1043頁。

12）最大判昭和57年7月7日民集36巻7号1235頁。

国家目標規定 [13]）として把握しているとの見解 [14] も有力である。堀木訴訟判決は，「憲法25条の規定は，国権の作用に対し，一定の目的を設定しその実現のための積極的な発動を期待するという性質のもの」としており，後者の見解に説得力を与えている。私見でも，その是非は別として，最高裁は国家目標規定説を採用している。本書筆者が行った分析では，国家目標規定が規定される経緯は，以下のようなものである。「通常，国家目標規定の導入に際しては，第一に，社会問題が存在し，これに対する認識が必要となる（社会問題の存在とその認識）。第二に，その問題の解決を国家が解決すべきかどうかが判断される（国家任務か否か）。第三に，それを憲法レベルで規律するか否か，すなわち一般法律レベルの規律では不十分か否かが判断される（憲法任務か否か）。第四に，憲法上の規律方法が判断される（例えば，基本権か国家目標規定か）」[15]。食糧管理法違反事件判決は，まさにこのことを説示している。少々長いが引用する（〔 〕は石塚）。

〔①〕そもそも，人類の歴史において，立憲主義の発達当時に行われた政治思想は，できる限り個人の意思を尊重し，国家をして能う限り個人意思の自由に対し余計な干渉を行わしめまいとすることであった。すなわち，最も少く政治する政府は，最良の政府であるとする思想である。そこで，諸国で制定された憲法の中には，多かれ少かれ個人の自由権的基本人権の保障が定められた。かくて，国民の経済活動は，放任主義の下に活発に自由競争を盛ならしめ，著しい経済的発展を遂げたのである。ところが，その結果は貧富の懸隔を甚しくし，少数の富者と多数の貧者を生ぜしめ，現代の社会的不公正を引き起すに至った。〔②〕そこで，かかる社会の現状は，国家をして他面において積極的に諸種の政策を実行せしめる必要を痛感せしめ，ここに現代国家は，制度として新な積極的関与を試みざるを得ざることになった。これがいわゆる社会的施設及び社会的立法である。〔③〕さて，憲法第二五条第二項において，「国は，すべての生活部面について，社会福祉，社会保障及び公衆衛生の向上及び増進に努めなければならない」と規定しているのは，前述の社会生活の推移に伴う積極主義の政治であ

---

13) 国家目標規定とは，「市民に主観的権利を与えることなく，国家権力（立法，執行，司法）を特定の目標の遂行に向けて法的拘束力をもって義務づける憲法規範」である（*Karl-Peter Sommermann*, Staatsziele und Staatszielbestimmungen, 1997, S. 326）。岡田裕光「ドイツの国家目標規定について」関西大学法学論集50巻4号（2000年）34頁，小山剛『基本権の内容形成』（尚学社，2004年）262頁以下，浅川千尋『国家目標規定と社会権』（日本評論社，2008年）73頁以下参照。

14) 小山剛「生存権の『制度後退禁止』?」慶應法学19号（2011年）115頁，高橋和之「生存権の法的性格論を読み直す」明治大学法科大学院論集12号（2013年）22頁以下。

15) 本書**第7章第4節**。

240

る社会的施設の拡充増強に努力すべきことを国家の任務の一つとし宣言したものである。そして，同条第一項は，同様に積極主義の政治として，すべての国民が健康で文化的な最低限度の生活を営み得るよう国政を運営すべきことを国家の責務として宣言したものである。〔④〕それは，主として社会的立法の制定及びその実施によるべきであるが，かかる生活水準の確保向上もまた国家の任務の一つとせられたのである。すなわち，国家は，国民一般に対して概括的にかかる責務を負担しこれを国政上の任務としたのであるけれども，個々の国民に対して具体的，現実的にかかる義務を有するのではない。言い換えれば，この規定により直接に個々の国民は，国家に対して具体的，現実的にかかる権利を有するものではない。

そして憲法25条が具体的権利ではない旨は，朝日訴訟判決に引き継がれ，堀木訴訟判決では，国家の目標を追求する客観法的規定であることがあらためて積極的に明言されたのである[16]。

この点が学説上象徴的に表れるのは，生存権の享有主体性問題である。教科書等では（定住）外国人の生存権主体性の有無が論じられているが，この部分における学説の議論の進め方と，判例の裁量論の展開には，常に齟齬がある。その理由は，判例が生存権を主観的権利として認めていないことに由来する。基本権が，権利主体・義務名宛人・権利内容で構成されるところ，判例は生存権を客観法的に捉えており，その場合，権利主体はそもそも観念されえない。基本的には，立法裁量の問題となる。したがってその点で，判例は首尾一貫している。もっとも，憲法25条1項が国民の「健康で文化的な最低限度の生活」と明示している以上，最低限度の生活保障の対象に少なくとも「国民」を含めることついては裁量がない。そこから外国人に対する日本国民の優遇が認められる理屈も生じる[17]。ここでは，人権享有主体性として論じられるところの権利性質説とも文言説とも異なる論理が展開されているのではないか。

第2項　判例の評価

憲法25条は，判例の文言に即してみれば，国家目標規定であるというのが最も自然であるし，判例が説明する25条の規範内容にも適合している。もっとも，社会権に忌避感の強いドイツですら，2010年連邦憲法裁判所の憲法解釈により，

---

16) 同様の理解として，高橋・前掲注14) 12頁以下参照。

17) 塩見訴訟判決（最判平成元年3月2日集民156号271頁）。

「生存権」が憲法上の権利として承認されており（本書**第8章**参照），日本国憲法25条1項の生存権を文言に反してまで国家目標規定と解する合理性があるかは極めて疑わしい（もちろん形式だけの「権利」の承認に意味はなく，どのように権利としての実体が確保されたかが重要である）。もっとも，国家目標規定であるとの解釈は，25条2項の文言とは適合的である[18]。

第2節　国家目標から主観的権利へ？

第1項　従来の諸学説

1　法的性質論

　学説で特に問題とされてきたのは，生存権の法的性質に関する議論である。プログラム規定説に始まり，抽象的権利説，具体的権利説，ことばどおりの具体的権利説が，一般的に知られている。すなわち，憲法25条は法規範ではなく，国の政治的義務を宣言したものにすぎないとするプログラム規定説，同条を具体化する法律（例えば生活保護法）がない状況で，同条を直接の根拠として裁判で立法を求めること（立法不作為による違憲主張）はできないが，法律による具体化があれば，その法律に基づく訴訟で同条違反を主張できるとする抽象的権利説，同条の権利内容は，行政を拘束するほど明確ではない（そのため同条に基づき行政に給付請求はできない）が立法権を拘束するほどには明確であり，立法不作為の違憲確認訴訟を提起できるとする具体的権利説があり，比較的最近では，同条を根拠として裁判所に直接給付を請求できるとする，ことばどおりの具体的権利説がある。

　これらの学説を整理すると次の**図**のようになる。法規範かそうではないかは，そもそも論ではあるが，法的性質論に分類してもよいように思われる。本来次に問題となるのは，法規範であったとして，主観的権利か，客観法かの分類である。客観法である場合には，日本の憲法学では制度的保障が有名だが，国家目標規定という規範的分類の可能性もある[19]。この場合具体的には，生存権よ

18）佐藤幸治『日本国憲法論〔第2版〕』（成文堂，2020年）398頁は，憲法25条2項について，「目標設定的」と評している（強調原著者）。

19）大石眞『憲法講義Ⅰ〔第3版〕』（有斐閣，2014年）8頁参照。長谷部恭男『憲法の理性〔増補新装

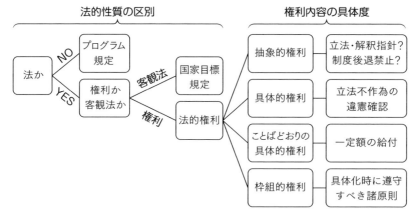

図　憲法25条の法的性質

りもかなり広い規律領域をもつことになるが，憲法25条は社会国家原理を規定したものとなる（先述した通り判例はこの立場に近い[20]）。主観的権利である場合には，次にその内容が問題となるが，法的性質論レベルでは，抽象的権利か具体的権利（「ことばどおり」も含む）かを論じる必要はなく，権利内容の問題として取り扱えばよいだろう。

　諸学説は，憲法25条に法的拘束力があり，権利であるとする点では共通しているが，裁判という場において，同条に基づいてどのような主張が可能かという観点から区別される。しかし，これらの学説は，同条の権利内容の具体度に応じてどの国家機関を主たる名宛人とするかを区別するものとも解される。この点で法的性格論としては，同条はすべての国家機関を拘束する法的権利としておけば足りるとする法的権利説も有力である。この観点からすれば，諸説を分けるポイントは，法的性質の違いではなく，権利内容に対応した名宛人の違いにあり，抽象的権利説は行政府に対する，具体的権利説は立法府に対する，ことばどおりの具体的権利説は裁判所に対する拘束力を強調したものにすぎな

版）』（東京大学出版会，2016年）66頁注9は，「憲法第3章の人権宣言に掲げられている『権利』の中には，『健康で文化的な最低限度の生活を営む権利』，『能力に応じて，ひとしく教育を受ける権利』あるいは『勤労の権利』のように，権利というよりはむしろ，国政がその実現を目指すべき，社会全体としての福利厚生の目標を示していると考えられるものが多い」との認識を示す。
[20]　学説ではほぼ明示的に，小山・前掲注14）115頁，判例理解として，髙橋・前掲注14）22頁以下。

いともいいうる。

仮に，法的権利の性質論として論じられることがあるとすれば，それが防御権なのか，保護請求権なのか，（本源的または派生的）給付請求権なのかであろう。それについては，抽象的権利からことばどおりの具体的権利まで，給付請求権である点では変わりがない（後述する枠組的権利も給付請求権である）。もっとも，このことはひとつの憲法上の権利が複数の作用を持ちうる点で相対的である。

2　権利内容

日本の生存権学説は，基本的に「必要な財やサービスの給付を直接に要求する権利」として理解されている。そのうえで，憲法25条1項の文言が抽象的だとか，具体的だとか論じている。その違いは，誰によってどこまで「執行」されうるかについて，異なる結論をもたらす。もっとも，生活保護法によって生存権が具体化されたのちに，抽象的権利説と具体的権利説の間で，どのような差異があるのかは定かではない。

第2項　学説の評価

生存権に関する諸学説は，社会扶助法がない状態で何が主張できるかを主眼としていた。それはもとより憲法上の独立した権利として生存権を成立させるために，重要な作業であったが，生存権の特性，すなわち生存権が法律による具体化に依存するものであることを真に直視しておらず，憲法上の生存権から，額に至るまで具体化された社会扶助請求権までの距離を見誤っていたように思われる。また，25条が権利であることを主張してきた諸説は，25条が権利であることの意味を発揮させてきたとは言い難い。

第3節　枠組的権利としての生存権

第1項　枠組的権利とは何か

本書**第8章**では，ドイツにおける給付請求権としての「生存権」の存在形式および構造について検討を加えた。2010年にドイツで発見された「生存権」は，基本権と呼ぶに値するだけの司法審査を展開した。ドイツの「生存権」は，一

般法律上の社会給付請求権の構造たる，給付条件と給付内容という構成から説明できる。もっとも，憲法から生じる規範的要請は，これとは別に考える必要があり，この点で，ゾンマーマンの「枠組的権利」の考え方が参考になる。「枠組的権利」には，憲法上の枠組みとしての第一段階，それを補充する形で形成される一般法律上の給付請求権という第二段階がある。生存最低限度保障への基本権は，第一段階により，憲法的規範性を発揮することができ，第二段階により，本源的給付請求権の構造（給付条件と給付内容）を維持することができる。それは，憲法上の要請を上位に掲げつつ，根拠から範囲・内容を経て額に至る，社会給付請求権の諸段階を前提としている。

第2項 「枠組み」の内容

では，生存権の憲法上の枠組みとして何があるのか。第一次ハルツⅣ判決によれば，第一に，主観的権利原則，すなわち一般法律上での権利形式の憲法上の保障である。第二に，需要充足の原則（Bedarfdeckungsprinzip）[21]，第三に，需要充足のための（透明かつ適正な）手続の保障，第四に，予防措置の設置である。これらの諸原則の一部は，ドイツの社会扶助法上の原則が生存権保障のために格上げされたものである。

未確定要素の具体化の際であっても，遵守されなければならない生存権保障の当然の帰結として，立法・行政裁量に枠をはめる枠組的権利説は，日本においても主張可能であるように思われる[22]。同説によれば，生存権は憲法上抽象

---

21) さらに個別化原則（Individualisierungsprinzip）も同判決から読み取りうるかもしれない。嶋田佳広「ドイツの保護基準における最低生活需要の充足」賃金と社会保障1539号（2011年）19頁参照。老齢加算廃止訴訟判決（最判平成24年4月2日民集66巻6号2367頁・須藤意見）でも，「個々の生活保護の実施は，『要保護者の年齢別，性別，健康状態等その個人又は世帯の実際の必要の相違を考慮して，有効且つ適切に行』わなければならない（同法9条）のに対し，保護基準は一律に給付水準を定めるものであるから，多面的かつ複雑な要因を抱えている個々の高齢困窮者の具体的生活状況における需要いかんによっては，本件改定を機械的に適用した個々の保護減額決定が同条の定める必要即応の原則に反するという場合もないわけではない」とされている。そこから法律上の「特別基準設定権」を論じるものとして，常岡孝好「生活保護基準改定の合理性と必要即応の原則に基づく特別基準設定申請権(1)・(2・完)」自治研究90巻2号（2014年）35頁，3号（2014年）19頁。

22) 駒村圭吾『憲法訴訟の現代的転回』（日本評論社，2013年）183頁は，抽象的権利説が生存権と生活保護法を一体化して実現するものであることを前提に，「生活保護法の諸規定の中に憲法的な光を放っているコア規定があり，そのような意味で同法は複層的な構造をとることになる」とする。そ

的な給付条件と給付内容（つまり「枠組み」）しか定まっていないが，生存権の具体化の際には，生存権保障を意味あるものとするために，以下の諸原則の遵守が憲法上求められる。①法律上主観的給付請求権として具体化されるべきこと（主観的権利原則），②「健康で文化的な最低限度の生活」に必要な需要が全体として満たされなければならないこと（需要充足原則），③需要充足のためには透明かつ適正な手続で需要が確定されなければならないこと，④経済・社会条件の変化（物価上昇など）に迅速に対応するための予防措置（例えば定期的見直し）を設けなければならないこと，⑤類型化されづらい非典型需要も考慮に入れられなければならないこと（個別化原則），⑥給付基準の改定の際に生活実態を変化させる猶予を与えなければならないこと（激変緩和措置の要請）[23]である。

の規定の候補として，同法1条（困窮の程度に応じた必要な保護），2条（無差別平等原則），8条2項（必要な事情の考慮），9条（実際の必要），56条（不利益変更の禁止），57・58条（公課・差し押えの禁止）を挙げる。

このような考え方は枠組的権利論と近いが，検討を要する点や異なる（と思われる）点もみられる。まず駒村説のいう生活保護法上の「コア規定（候補）」はそれ自体が憲法ランクを有し，法律レベルでは変更不能なものなのか，それとも，それより上位にヨリ抽象的な原理があってそこから導かれた諸規定であって，制度改変時には何らかの形で上位原理の趣旨が実現されればよいものなのか定かではない。次に，駒村説から導かれる帰結は，①「コア規定」は憲法ランクの規定なので，法律では削除できない，あるいは制度改変時にも何らかの形で必ず入れなければならない，②これらの規定に基づく行政裁量の統制は，憲法的統制でもある（当該規定違反は憲法違反となる）という点であろう。帰結①について，「コア規定」の法律への必要的定位が，保護基準の形成の統制にとって，どの程度有効か必ずしも明らかではない。「コア規定」には，基準形成後に必要となる裁量権行使の場面や，裁量権行使後に重要となる規定も含まれている。たとえば，法律上の個別化原則と憲法上の個別化原則が同一のものなのかが問われる（後掲注25）参照）。とりわけ，法律レベルで保護基準の形成を行うドイツのような方式の場合に，保護基準の形成に対する統制の効果が変わってくるかもしれない。駒村説は，「権利」であることの意義として，個人の具体的事情への配慮を重視しており，保護基準の形成場面のカバーが不十分なようにもみえる。帰結②については，駒村説が「権利」であることの意義を「個人」（の置かれた状況）と結びつけて考えることにも起因しているが，「憲法的統制」であることの意義が上告理由になること以外にあるのか。枠組的権利説に固有の論理ではないが，私見では，「（憲法上の）権利」という選択は，その実効的な司法的保障を意味するので，何らかの形での実効的な司法的統制が導かれることになる（方法論については，本書**第8章第3節**および**第9章第3節**参照）。枠組的権利説は，権利の具体化が必要となることを真正面から受け止めて，規範構築とそれに基づく統制も，主として権利具体化場面にフォーカスしており，その点で，異同が生じるように思われる。

23) 老齢加算廃止訴訟判決（須藤意見）・前掲注21）では，「国の財政事情からの限界があり，かつ，政策的見地からの大幅な裁量が認められるとしても，本件改定に際し，厚生労働大臣には可能な範囲での激変緩和措置を採る責務があるというべきである。そして，これに対応して，……被保護

日本の生活保護法上の原則としては，3原理4原則があるとされている[24]。すなわち，生活保護法に示された生活保護制度の解釈および運用の基本となる原理として，①無差別平等の原理（2条，全ての国民は，法に定める要件を満たす限り，生活困窮に陥った理由にかかわらず無差別平等に保護を受けることができる），②最低生活の原理（3条，健康で文化的な最低限度の生活を保障する），③保護の補足性の原理（4条，利用し得る資産，能力その他あらゆるもの［他法や他施策も含む］を活用した後に保護が行われる）があり，生活保護を実施するときに守られるべき原則として，④申請保護の原則（7条，本人や扶養義務者，親族等による申請に基づいて保護が開始される），⑤基準および程度の原則（8条，厚生労働大臣の定める保護基準により測定した要保護者の需要を基とし，その不足分を補う程度の保護が行われる），⑥必要即応の原則（9条，個人又は世帯の実際の必要の相違を考慮して保護が行われる），⑦世帯単位の原則（10条，世帯を単位として保護の要否および程度が定められる）がある。

これらの諸原理・諸原則間の関係性は，あまり整理されているようには思われないが，②・⑤を需要充足原則，⑤・⑥を個別化原則[25]とみることもできる。教科書によっては，主観的権利原則[26]を挙げるものもある。

第3項　従来の判例・学説との関係

朝日訴訟判決が，憲法25条1項は，「直接個々の国民に対して具体的権利を賦与したものではない」としたのも，憲法上の抽象的な基準である「健康で文化的な最低限度の生活」という文言から，憲法上一定の「額」を導き出すのには無理がある――したがって，憲法25条は〇〇円を支給せよという意味での（ことばどおりの意味の）具体的権利ではない――という程度の意味で読めば受け入れることができ，その点では抽象的権利説の趣旨も異ならない。枠組的権利説は，法的性質としては法的権利説に属する。権利内容の出発点において「一定額」にまで至らない点では，抽象的権利説と同位相にある。もっとも，権利内容の

者は，……激変緩和措置を採るべきことを，単なる恩恵としてではなく，いわば生存権の保障の内容として求めることができるというべきである」（下線石塚）とされている。

24) 菊池馨実『社会保障法〔第3版〕』（有斐閣，2022年）310頁以下。

25) 憲法次元では，ある程度類型化された形でしか非典型需要が考慮されえないとすれば，両者にはズレが生じる。駒村・前掲注22）181頁注11参照。

26) 西村健一郎『社会保障法』（有斐閣，2003年）495頁。

具体化の際に遵守されなければならない諸原則を憲法25条の内容とする点では，統制力を発揮する。

　他方で，枠組的権利説は，日本の抽象的権利説の給付法一体化（憲法化）論と似ているように思われるが，次の点で決定的に異なる。枠組的権利の補充にあたっては，立法者に形成の余地が与えられているため，憲法上の枠組みを満たしうる給付請求権は多数存在することになる。したがって，同基本権の枠組みに適合する一般法律上の給付請求権の行使が，同時に憲法上の生存最低限度保障への基本権の行使でもある一方で，同基本権は，他の「枠組み適合的」な一般法律上の給付請求権への変更に対して，抵抗力を持たない[27]。このことは，基本権自体の具体化に，立法者の形成の余地が認められていることの帰結である。憲法上示されているのは，権利の枠組みにすぎない。

第4節　憲法25条（生存権）の解釈

　憲法25条1項と2項は，文言上は，かたや最低限度の生活を求める国民の権利を保障し，かたや幾つかの側面から社会的安全を向上すべき国の努力義務を定めている。両規定が密接に関連していることは間違いないが，異なる物事や方向性を規定しているようにも読める。両者はどのような関係にあるだろうか。

　また憲法25条は，生活所得を保障する公的扶助，社会リスクに備える各種社会保険，その他必要に応じた社会手当や社会福祉サービスによって具体化されるが，同条1項および2項との関係で，これらの制度はどのように整備されるだろうか。

第1項　1項・2項非区分論

1　判例――実質的にはひとつの目標

　最高裁は，両者を区別していない。堀木訴訟判決によれば，憲法25条1項は，「いわゆる福祉国家の理念に基づき，すべての国民が健康で文化的な最低限度の生活を営みうるよう国政を運営すべきことを国の責務として宣言したもの」であり，同条2項は「同じく福祉国家の理念に基づき，社会的立法及び社会的

27）このことは，同一枠組内における裁量縮減を否定するものではない。裁量縮減については，小山剛『「憲法上の権利」の作法〔第3版〕』（尚学社，2016年）178頁以下参照。

施設の創造拡充に努力すべきことを国の責務として宣言したもの」である。そして両者の関係につき，同条1項は，「同条2項によって国の責務であるとされている社会的立法及び社会的施設の創造拡充により個々の国民の具体的・現実的な生活権が設定充実されてゆくものである」と解されている。

両者は，同一線上にある国家の責務であり，憲法25条2項に従って国家が努力していけば，憲法25条1項の責務も自然と達成されるという「幸せな関係」にある。最低限の目標を立てて富士山の頂上を目指して進んでいけば，上に登っていくのだから，その過程でいつの間にか3合目（最低限富士山に登ったと言えるライン）は通過しているはずであるというような論理である。この仮定において重要なのは，富士山の頂上を目指すことであり，3合目まで必ず登りきるということではない。このようにみると，憲法25条2項を遵守すれば，同条1項は自然と満たされるのだから，1項で最低限の目標設定を行った独自の意味はほとんどないということになる。

あるいは，富士山の頂上を目指すのは，3合目（最低限ライン）を通過するためだけの手段であり，3合目を通過すればもう頂上を目指さなくてもよいという理解も成立しうる。このように考えると，憲法25条2項で求められる努力は，同条1項に必要な限りで求められることになり，同条は，全体として最低限ラインにしか関係しない条項ということになる。

2 学説——ひとつないし2つの権利

実は学説も，両者を区別しないという観点では，判例と変わらない。大方の学説は，生存権の対象を「健康で文化的な最低限度の生活」（同条1項）にあえて限定はせずに，同条2項も踏まえて生存権を広く捉えている[28]。その意味で学説では，生活保護受給権に限らず，必ずしも「最低限度の生活」に関わらない各種社会手当や社会保険の受給権も，生存権の問題として構成されている。

要するに憲法25条は，最低限度の生活とヨリ快適な生活の両方を保障しており，同1項により生存権を保障し，同2項により権利に対応した国家の責務を

28）佐藤・前掲注18）398頁によれば，「かつては，1項と2項を一体的に捉え，『健康で文化的な最低限度の生活を営む権利』つまり『生存権』の法的規範性，さらには裁判規範性の有無に関心を集中させる傾向があった」とされる。

補章　日本における社会権条項の法的性質　249

定める[29]。その際，学説は裁判例に依拠し，実質的に「健康で文化的な最低限度の生活」が問われる場面では，立法裁量を狭く捉えようとしている[30]。

判例と学説との違いは，判例が憲法25条を国家の目標を定めたものと理解しているのに対し，学説が同条を何らかの意味で権利であると捉えている点にある。

第2項　1項・2項区分論

1　制度の性質による振り分け──2つの目標

これに対して，堀木訴訟控訴審判決[31]は，そもそも最低限度未満の生活に落ち込まないように，憲法25条2項では防貧制度（例えば社会保険や各種社会手当等）の積極的整備が求められ，それにもかかわらず，そこから零れ落ちてしまった者に対して，同条1項で救貧制度（例えば生活保護）の整備が求められるとした（いわゆる「1項・2項区分論」）。制度の性質に合わせて，適用条項を振り分けるという理解である[32]。

もっとも，防貧制度と救貧制度を，機械的に1項と2項のそれぞれに割り振

---

29) 樋口陽一ほか『憲法II』（青林書院，1997年）158頁以下［中村睦男］。権利規定自体によりそれに対応する義務は設定されるはずであることを考えると，憲法25条2項は，確認的意味しかもたないことになろう。

30) 樋口ほか・前掲注29) 158頁［中村］，第一次ハルツIV判決（BVerfGE 125, 175 [224 f.]）では，「立法者には，生存最低限度を確保するための給付範囲を決定する際にも，形成の余地が与えられる。この余地は，実際の状況の評価や，必要な需要の価値判断を含み，さらにその広狭も異なる。立法者が人間の身体的生存を確保するのに必要なものを具体化する限りで，形成の余地は狭まり，社会的生活への参加方法の種類と範囲に関する限りにおいて，形成の余地は狭まる」とされる。日本国憲法に置き替えると，憲法25条1項の「文化的な最低限度の生活」については，「健康な最低限度の生活」よりも形成裁量が一般的に広くなるといえよう。

31) 大阪高判昭和50年11月10日行集26巻10・11号1268頁。

32) このような考え方に対しては，芦部信喜（高橋和之補訂）『憲法〔第8版〕』（岩波書店，2023年）291頁以下による，救貧制度について「厳格な司法審査が行われる旨を示唆した点で評価に値するもの」との評価もある。また，野中俊彦ほか『憲法I〔第5版〕』（有斐閣，2012年）508頁による，「生存権に関する国の施策のうち，性質に応じて立法裁量が広く認められるものと狭くしか認められないものとがあるという考え方は，一般論としては首肯できる」との評価もあるが，「このような機械的に割り切った解釈は，現実には防貧政策も救貧政策の一環として行われることを説明できないことになり妥当ではない」という批判的評価に落ち着くのが一般的である。もっとも，機械的割り切りではなく，機能的に割り切ったものとみて，例えば実質的に救貧機能を有する防貧政策を1項に割り振るものと考えれば，批判するには及ばないように思われる。

ることには批判がある。防貧制度の中にも，「健康で文化的な最低限度の生活」
を保障する機能を果たすものが含まれうるからである。

2　法的性格による区別──ひとつの権利とひとつの目標

　以上いずれの見解も，判例・裁判例にあっては，憲法25条を国家の法的責務
と捉え，学説においては，同条を何らかの意味で権利と捉えるという点で違い
はあるものの，同条1項および2項を同じ性格の法的要請を定めたものとして
理解する点では一致してきた。それに対して，憲法25条1項を法的権利，同条
2項を国家目標規定と把握し，法的性格のレベルで両規定を区別する見解[33]も
考えられる。私見はこれに属する。

　これによれば，同条1項は，「健康で文化的な最低限度の生活」を求める権利
を保障したもの，同条2項はより広く，生活していく上での社会的な諸条件全
体の整備を国に義務づけた規定と捉えられ，同条1項は，「健康で文化的な最低
限度の生活」が問題となる場合に，社会的安全確保という一般的な目標を規定
する同条2項の特別法と解され，主観的権利を基礎づける点でも独自の意義を
有する。

第3項　憲法25条2項について

1　憲法25条2項の法的性格

　憲法25条2項は，「国は，……の向上及び増進に努めなければならない」とし
ていることから，国家目標規定であると考えられる。国家目標規定とは，国政
上の理念・目標を掲げる規定であり，法的拘束力を持つ点で，プログラム規定
とは大きく異なる。要するに，憲法25条2項は，社会的安全の確保を目的とす

---

33) 佐藤・前掲注18) 399頁以下は，25条2項を「広義の生存権」と呼びつつも，法的性質としては同
　条「1項にいう『権利』と2項に掲げる『目標（政策）』」とを区別している。渋谷秀樹『憲法〔第3
　版〕』（有斐閣，2017年）279頁も同様の考え方であるが，渋谷は憲法25条「2項は生存権を確実に保
　障する客観的法規範（制度）の整備・構築を法的に義務付ける規定」としている点で，同条項の規
　律領域を同条1項との関係に限定しているようにも読める。むしろ渋谷が依拠する，奥平康弘『憲
　法Ⅲ』（有斐閣，1993年）249頁による，「25条1項が権利（主観法）の設定を前面に押し出し，2項
　が比較的に広範に周縁領域をもカヴァーしながら，生存権をより確実に保障する制度（客観法）を
　構築しようとする規定」との説明に私見は近いものといえる。さらに同様の発想として，内野・前
　掲注4) 100頁以下。もっとも，内野は2項をプログラム規定と解する。

る国の作為義務を定めた「(狭義の)社会国家目標」であり，(狭義の)社会国家に関する憲法上の総則的規定[34]である。

最高裁は，堀木訴訟判決で，憲法25条2項の規定を「福祉国家の理念に基づき，社会的立法及び社会的施設の創造拡充に努力すべきことを国の責務として宣言したもの」と解し[35]，さらに「憲法25条の規定は，国権の作用に対し，一定の目的を設定しその実現のための積極的な発動を期待するという性質のもの」と性格づけ，国家目標規定的性格を示している。もっとも同判決が，憲法25条1項は，「同条2項によって国の責務であるとされている社会的立法及び社会的施設の創造拡充により個々の国民の具体的・現実的な生活権が設定充実されてゆくものであると解すべき」とした点については，同条1項独自の意義を失わせる点で疑問がある。

2 社会国家目標の法的機能

国家目標規定は，一般に，①目標実現機能，②基本権制約機能，③基本権強化・拡充機能を有する[36]。

社会国家目標は，国にその目標の実現を求める。堀木訴訟最高裁判決によれば，憲法25条2項の規定は，国が「福祉国家の理念に基づき，社会的立法及び社会的施設の創造拡充」に努めるべきことを定める。もっとも，社会国家目標は目標を設定するにすぎず，そこに至るロードマップは示さないため，とりわけ立法府には広い裁量が認められる。もとより立法府の広い裁量も無制約ではな

---

34) 岡田・前掲注13) 34頁以下，石川健治「憲法改正論というディスクール」ジュリスト1325号(2006年) 95頁以下は，憲法25条2項を(広義の)社会国家目標だと解している。本書は，「広義の社会国家目標−(マイナス)労働を求める権利＝狭義の社会国家目標(社会保障全般)」であることを前提に，日本国憲法が「狭義の社会国家目標」と「労働を求める権利」を書き分けていると解している。日本国憲法において社会国家原理は，主として憲法25条2項＋27条1項から，足算的に導出されよう(足算的理解については，本書第4章第3節)。小売市場事件判決(最大判昭和47年11月22日刑集26巻9号586頁)では，「憲法は，全体として，福祉国家的理想のもとに，社会経済の均衡のとれた調和的発展を企図しており，その見地から，すべての国民にいわゆる生存権を保障し，その一環として，国民の勤労権を保障する等，経済的劣位に立つ者に対する適切な保護政策を要請している」(圏点石塚)とされるが，それとも整合的に理解される。

35) ちなみに，ここで「福祉国家の理念に基づき」(圏点石塚)とされるのは，同条項自体が福祉国家の理念そのものではないことを示していると解しえよう。

36) 本書第7章第1節参照。

い。一般的に，合理的立法のための統一法典化や独自の省庁の創設の要請が考慮されるほか，社会的安全の確保のための事前配慮と事後配慮——現在は，社会保険と公的扶助が担っている——が部分原則として，社会国家目標形成の際に考慮されよう。

社会国家目標は，社会国家立法を後方支援するために，ヨリ広くヨリ深い自由の制約の余地を与える。小売市場事件判決は，「憲法は，全体として，福祉国家的理想のもとに，社会経済の均衡のとれた調和的発展を企図しており，……国の責務として積極的な社会経済政策の実施を予定している」ため，「個人の経済活動の自由に関する限り，個人の精神的自由等に関する場合と異なって，右社会経済政策の実施の一手段として，これに一定の合理的規制措置を講ずることは，もともと，憲法が予定し，かつ，許容するところ」であるとし，経済的自由に対する比較的強度かつ広範な制約の可能性を認めている。

社会国家目標は，他の基本権と結びついて，その機能を強化したり，保護範囲を拡張することがある。もっとも，堀木訴訟最高裁判決は，「憲法25条の規定の要請にこたえて制定された法令において，受給者の範囲，支給要件，支給金額等につきなんら合理的理由のない不当な差別的取扱をしたり，あるいは個人の尊厳を毀損するような内容の定めを設けているときは，別に所論指摘の憲法14条及び13条違反の問題を生じうる」としつつ，同14条や13条の審査が強められることまでは認めていない[37]。

ドイツでは，社会国家目標領域の立法についての平等原則審査は，緻密になされることが多い。その際，首尾一貫性審査が用いられる[38]。日本でも，学生無年金訴訟東京地裁判決[39]が，「昭和34年法に現れた立法思想の一貫性」に言及したり，同訴訟新潟地裁判決[40]が昭和60年国民年金法の国民皆保険原則に準拠し，同法で強制加入とされた20歳以上の専業主婦等と比較し，20歳以上の学生が任意加入のままであったことから憲法14条侵害を認めたことが注目さ

---

37) ちなみにドイツでは，堀木訴訟と類似の事案は，平等原則（基本法3条1項）に基づいて審査される。例えば，労災保険金と健康保険金の併給禁止につき，BVerfGE 79, 87.

38) 石塚壮太郎「ドイツにおける社会国家の変容と憲法の応答」比較憲法学研究33号（2021年）53頁以下参照。

39) 東京地判平成16年3月24日判時1852号3頁。

40) 新潟地判平成16年10月28日（判例集未登載）。

れる[41]。

3　社会国家目標の範囲とその実現

憲法25条2項は、「すべての生活部面について、社会福祉、社会保障及び公衆衛生の向上及び増進」を命じる。その具体的な「生活部面」としては、①生活所得保障、②健康、③高齢者、④児童・青少年の保護および育成、⑤障害者、⑥家族（児童・育児）、⑦住居、⑧教育、⑨戦争犠牲者、⑩消費者・賃貸人の保護などが挙げられよう[42]。

それらの部面において、「社会福祉、社会保障及び公衆衛生の向上及び増進」が図られなければならないわけだが、これらは主に社会保障法において具体化・実現されている。現行の社会保障法は、公的扶助（＝生活保護）、社会保険（健康・年金・介護保険）、社会手当および社会福祉サービスにより構成される。社会保険により、社会で発生するリスクへの防御が整備され、社会手当（例えば、子供手当）や社会福祉サービス（例えば、児童・高齢者・障害者福祉）により、特に需要のある分野の整備がなされ、そこからも零れ落ちた最低限度の生活需要に公的扶助が対処する。

「健康で文化的な最低限度の生活」に関わる限りで憲法25条1項が、憲法25条2項の特別法となる。

第4項　小括

結論として、憲法25条については、1項と2項を法的性質のレベルで区分して捉え、すなわち1項は主観的権利、2項は国家目標規定と解する。1項については、枠組的権利であると考えて、生存権の具体化に際して遵守すべき諸原則を挙げる。私見は、25条1項および2項を区分する点で、判例とも学説とも異なる。また、1項を主観的権利と捉える点で判例と異なり、2項を国家目標規定と捉える点で学説とも異なる。さらに、1項の生存権を枠組的権利として捉える点で、従来の学説とは異なる理解を示す。

とはいえ、本章で示した25条理解は、全く寄る辺なきものではない。一方で

---

41) この点については、倉田聡『社会保険の構造分析』（北海道大学出版会、2009年）131頁以下の分析が鋭い。

42) 本書**第6章第3節**参照。

254

は，判例は，25条全体について国家目標規定と解しており，国家目標規定的理解は判例の知るところである。それを文言適合的に，25条2項解釈に用いたにすぎない。他方で，判例が1項をも含め，文言をあえて無視してまで25条を国家目標規定だと解することは，給付請求権としての生存権に一貫して否定的だったドイツにおいてすら，不文の生存権が承認されたという憲法状況をみるに，もはや説得力がない。司法府に過度な負担をかけず，立法・行政府への介入を少なくすませる枠組的権利説が，権利構成の仕方として適切と考える。そして，この枠組的権利の考え方も，判例に一定の端緒がみられる。老齢加算廃止訴訟最高裁判決の須藤意見が「激変緩和措置を採るべきことを，単なる恩恵としてではなく，いわば生存権の保障の内容として求めることができるというべき」と述べているのは，激変緩和措置の要請が，実効的な生存権保障のコロラリーとして，枠組みの一角を形成すべきことをすでに示しているように思われる[43]。

　従来の判例・学説に対する私見の優位な点は，①25条1項および2項それぞれの文言に適合的であること，②1項については枠組的権利と解することで，立法・行政上の指針を明確化し，裁判上の統制力[44]を発揮しうることである。

第5節　憲法27条（勤労権）の解釈

第1項　勤労権の基本事項

　労働問題の解決は，最低限度の生活保障（憲法25条1項）と並んで，社会国家が提供すべき社会的安全の中心を形成してきた。1919年ワイマール憲法157条1項が，「労働力はライヒの特別な保護を受ける」として，労働問題を憲法に組

---

43) 枠組みの他の頂点（例えば個別化原則）については，生活保護法上の原則としてすでに具体化されていたため，憲法上の生存権保障の内容として，あえて積極的には明言されなかったのではないかという指摘を，憲法理論研究会での研究報告（2018年8月22日）のプレ報告時（2018年8月11日）に山本真敬氏（下関市立大学経済学部・准教授［当時］）からいただいた。

44) 司法的統制については，西村枝美「ドイツにおける社会権の法的性質と審査基準」関西大学法学論集62巻4・5号（2013年）1323頁以下，本書**第8章第3節**，西村枝美「経済的社会的権利」憲法問題29号（2018年）103頁以下参照。フーバーは，裁判所による審査の「プロセス化への転調」を，立法者への圧力を軽減するものとし，その例として第一次ハルツⅣ判決を挙げる。ペーター・M・フーバー（石塚壮太郎訳）「国民発案と憲法裁判権との間の議会制」日本法学83巻2号（2017年）255頁。

み込んだのはその証左でもある。今日では，多くの憲法で労働問題が主題化されている。

日本国憲法も，単に自由市場に任せるのではなく，社会保障（25条）や労働者保護（27条・28条）などを組み込んだ社会市場経済体制を指向している。小売市場事件判決では，「憲法は，全体として，福祉国家的理想のもとに，社会経済の均衡のとれた調和的発展を企図しており，その見地から，すべての国民にいわゆる生存権を保障し，その一環として，国民の勤労権を保障する等，経済的劣位に立つ者に対する適切な保護政策を要請している」とされる。

労働に関する法領域は，①憲法27条1項を具体化した，労働市場における労働力需給関係を対象とする「労働市場法」（例えば，職業安定法），②同条2項・3項を受けて展開される，個別労働者と使用者の関係を取り扱う「個別的労働関係法」（例えば，労働基準法や労働契約法），③憲法28条[45]の規律を受ける，労働組合と使用者の関係を取り扱う「集団的労働関係法」（例えば，労働組合法）に分けられる[46]。

第2項　勤労の権利の法的性質および内容

憲法27条1項は，「すべて国民は，勤労の権利を有」すると規定しているが，その法的性質には幾つかの理解がありうる。基本的には，①法的権利説か，②（実質的）国家目標規定説の2説である。文言からすれば，権利であると考えるのが自然である（①法的権利説）。法的権利説でも，第一に防御作用を持つものか，請求作用を持つものかが問題となる。勤労の権利は，一般的に，国家に勤労を邪魔されない権利（防御作用）だとは考えられていない（仮にそのように考えた場合には，労働時間の制限などはその制約と捉えられる）。むしろ，各人が適切な条件下で勤労できるように国家に配慮を求める権利（請求作用）であるとされる。も

---

45) 本章では憲法28条は扱わないが，同条は，勤労の権利（憲法27条1項）がより良く保障されるように，使用者に対抗する手段（主観的権利）を労働者および労働組合に与えるものであると解される。中村睦男『社会権法理の形成』（有斐閣，1973年）は，従来の社会権論が国家の役割を強調する「上からの社会権」だったのに対し，労働基本権が労働者を中心とした利害関係者の集団的権利および自由を軸とする「下からの社会権」であるとし，その自由権的側面を強調する。小山剛「『憲法上の権利』各論（18）——勤労の権利，労働基本権（1）」法学セミナー60巻7号（2015年）85頁注4参照。

46) 荒木尚志『労働法〔第5版〕』（有斐閣，2022年）20頁以下参照。

っとも，憲法が大枠では自由主義経済体制を指向しており，国家が勤労場所およびその人員配置を管理することが予定されていないとすれば，各人は特定の勤労場所の確保を直接に求めることができるとは考えられない。そもそも勤労場所は，国家の自由になるものではないからである。他方で国家は，社会・経済政策を通じて，失業率を下げたり，各人の就労を促進したりすることができる。それが請求内容だとすれば，勤労の権利を法的権利と解しうるとしても，それは抽象的なものにとどまりつづける[47]。勤労の権利には，失業者が国に対して相当の生活費を求める権利が含まれるとする見解[48]があるが，そうだとすると，憲法25条1項が社会扶助を，27条1項が失業扶助をそれぞれ保障していることになるため，両者を一本化する法制度（例えばドイツの求職者基礎保障制度）は違憲となりうる[49]。

　勤労の権利は，確かに「権利」として定式化されているが，実質的には，国家が目指すべき目標を定めた客観法上の規定[50]だとも解しうる（②国家目標規定説[51]）。勤労の権利が，国家が各人の勤労に配慮すべき義務（国家が目指すべき目標）を定めていることが明白だとしても，その内容は各人の主観的利益と結びついているとは必ずしもいえない。勤労の権利に基づく請求内容が，どこまでいっても主観的権利とは結びつかないのであれば，勤労の権利を「行使」する場面は想定しえない。そうであるとすれば，勤労の権利は，確かに文言上は権利として解するのが自然だが，内容上は，単に国家の目標と解する方が素直であろう[52]。

---

47) 勤労の権利の抽象的権利説と生存権のそれとの違いは，生存権の場合には，最終的には（例えば）生活保護受給権と結びつくのに対し，勤労の権利の場合には，そのような典型的な法律上の請求権と結びつくことが想定できない点にある。その意味で，勤労の権利の内容はヨリ抽象的である。他方で，そもそも権利主体を想定することが困難な環境権よりは，権利としての成立可能性は高い。

48) 渡辺康行ほか『憲法I　基本権〔第2版〕』（日本評論社，2023年）419頁以下［工藤達朗］。

49) ドイツではこれは違憲だとは考えられていない。*Karl-Peter Sommermann*, in: Huber/Voßkuhle (Hrsg.), GGK, Bd. 2, 8. Aufl., 2024, Art. 20, Rn. 116.

50) 渋谷・前掲注33) 299頁。

51) そのような理解として，菅野和夫／山川隆一『労働法〔第13版〕』（弘文堂，2024年）48頁。同頁は，その基本権制約機能にも言及している。

52) もちろん主観的権利化の契機を含まない規範を権利と呼んでも差し支えない。一方で，社会や政治の場面で，「権利」であるという主張の方が，実践的には訴求力を持つかもしれない。他方で，客観法的な内容しかもたない規範をあえて「権利」と呼ぶ場合に生じる，他の憲法上の権利への影

その場合，労働国家目標としての27条１項には，労働の機会が得られるように労働市場の体制を整える義務（労働市場整備義務）と，労働機会が与えられない者に生活を保障する義務（失業援助義務）があると考えられる[53]。前者に対応するものとして雇用対策法，職業安定法など，後者に対応するものとして雇用保険法がある。目標阻害立法により，これらの義務に明白に違反した場合には違憲となろう[54]。

憲法25条２項が（狭義の）社会国家について規定した国家目標規定であるのに対し，憲法27条１条は，それと並んで，労働という主題に特化した国家目標規定となる。

第３項　勤労条件の法定および児童酷使の禁止

それでは，憲法27条１項と２項・３項とは，それぞれ法的性質という観点からどのような関係にあるのかみていきたい。

憲法27条２項は，「賃金，就業時間，休息その他の勤労条件に関する基準は，法律でこれを定める」としており，同条項は，最低限の労働条件に関する立法委託であると考えられる[55]。同条１項が勤労の権利を定め，①就労，②勤労，③失業（再就労）への国家による配慮を規定したものだとすると，同条２項は，27条１項の規律範囲のうち，②勤労についてヨリ具体的に規定し，勤労に関する最低条件の設定を法律に委託したものと考えられる。法律によらない労働基準の設定は，同条項の委託を満たさない（どこまで法律で規律すべきかは別途問題となる）。

響も考慮に入れる必要があろう。そもそも歴史的文脈においては，勤労の権利は，「仕事に対する要求」を中心としていたが，厳密な法的概念としての「権利」とは考えられてこなかったとされている。内野正幸『社会権の歴史的展開』（信山社，1992年）258頁以下参照。

53）荒木・前掲注46）32頁はむしろ，勤労の権利を，国家に課される積極的政策義務だと解している。

54）菅野／山川・前掲注51）33頁は，勤労権の自由権的効果を承認する。国家目標阻害立法が違憲となりうることについては，本書**第２章第４節**も参照。

55）本条項による委託が「最低限」に抑制して解される（例えば，芹沢斉ほか編『新基本法コンメンタール 憲法』［日本評論社，2011年］236頁［倉田原志］参照）背景には，労働条件が，本来的には私的自治の原則に従って労使間で自律的に決定されるものであり，最適な労働条件を決めるのは国家ではないという発想がある。本条項による私的自治の修正が最低限にとどめられる代わりに，憲法28条を通じて修正された労使間対話の中で，それぞれの労働環境にとって最適な労働条件が，自律的に定められることが予定される。

この委託を受けて，一般法として労働基準法があり，特別法としては労働安全衛生法・最低賃金法などがある。これにより契約の自由が制約されるが，同条項は，当該制約への憲法上の正当化を強化する機能を有する[56]。

憲法27条2項を立法委託と解すると，その名宛人は国家機関の中でも，とりわけ立法者（立法に関わる行政府を含む）ということになる。したがって，最低限の労働条件が何かに関する第一次的判断権は立法者にある。もっとも，勤労条件の基準が単に法律によって定められていればよいというわけではなく，委託の具体化が適正に行われていたかも問われる（下限の統制）[57]。

同条3項は，「児童は，これを酷使してはならない」として，「労働に関する児童の特別の保護（保護委託）」を規定する[58]。本条項は，一方で，国家に対しては，勤労条件の法定の際に，児童の特別の保護を定めることを求める点で，同条2項を具体化したものでもある[59]。この要請に応えて，労働基準法は，第6章（56条以下）で年少者の保護を規定している。もっとも，この保護委託は，主に立法者に向けられた——「法（律による）定（め）」を主意とする——同条2項とは異なり，各国家機関にそれぞれに配慮を求める。本条項は，例外的に私人に対しても法的効力を持つものとされている（憲法規範の私人間への直接適用）。そうだとすれば理論上は，仮に労働基準法上の基準を守っていたとしても，私法上の労働契約が憲法27条3項違反で無効となる余地がある。

第6節　中間総括

以上のように，憲法25条と27条は，立体的に捉え直すことができる。

まず，25条2項は，「国は，すべての生活部面について，社会福祉，社会保障及び公衆衛生の向上及び増進に努めなければならない。」としており，「国は……なければならない」というほぼ典型的な国家目標規定形式で書かれており，（労働問題を除く）狭義の社会国家目標を規定した国家目標規定だと考えられる。

---

56) 憲法27条2項および3項に，基本権（営業の自由や財産権）の制約機能を見出すものとして，荒木・前掲注46) 23頁。

57) 西谷敏『労働法』（日本評論社，2008年）26頁。渡辺ほか・前掲注48) 425頁 [工藤] も参照。

58) 渡辺ほか・前掲注48) 425頁 [工藤] 参照。

59) 本条3項の内容は，2項による勤労条件の法定の中に含まれると解されている。芹沢ほか・前掲注55) 236頁 [倉田]。

補章　日本における社会権条項の法的性質　259

25条1項は、そのうち特に「健康で文化的な最低限度の生活」について、「権利」として規定した条項であり、内容上および形式上の限定が加えられている。これは基本権である。

27条1項は、「勤労権」を保障しているが、これは実質的には、25条2項の（狭義の）社会国家目標と並んで、労働に関連する内容を規律する（内容上具体化された）国家目標規定である[60]。27条2項が「賃金、就業時間、休息その他の勤労条件に関する基準は、法律でこれを定める。」とするのは、1項で定められた労働国家目標の具体化であり、勤労に関する最低条件の設定を「法律」に委託した立法委託だと考えられる（形式の具体化）。そして、3項が「児童は、これを酷使してはならない。」としたのは、国家に対して「児童の特別の保護」を求めるためであり、これは保護義務を規定したものといえる（内容の具体化）。法定との関係では2項の具体化といえようが、それ以外との関係では1項の具体化といえる。

日本国憲法においては、（広義の）社会国家原理（＝「福祉国家の理念」）は、小売市場事件判決で示されているように、主として憲法25条2項（狭義の社会国家原理）＋27条1項（労働国家目標）から、足算的に導出されよう。

---

60) 社会国家原理があるのに、わざわざ労働国家目標が規定されるのは、労働法分野が狭義の社会法（社会保障法）とは区別されて異なる法分野として発展し、異なる法原理を発展させてきたからだと思われる。ドイツでも、社会国家原理（基本法20条1項）とは別に、労働を求める権利の憲法への導入が検討されてきた（本書**第5章第3節第3項**参照）。

終章

第1節　目的プログラムとしての憲法

　本書の目的は，憲法に目的プログラム的要素が含まれているとしたら，何がどうなるのかを明らかにすることにあった。日本ではいまだ，憲法の目的プログラムとしての側面に光が当てられているとはいえない[1]。他方で，多くの国の憲法には，目的プログラム的要素が含まれており，それが法的なものとして取り扱われている。憲法において国家が実現すべき目的として第一に挙げられるのは，公共の福祉であろう。もっとも，公共の福祉という概念は抽象的すぎて，そこから具体的な内容を引き出すのには限界がある。そこで本書筆者の関心は，公共の福祉を内容的に具体化した国家目標を定める規定に向けられる。本書では，それを国家目標規定というひとつの憲法規範カテゴリーとして構築したドイツ憲法学を参照し，憲法における目的プログラムの典型的な取り扱い方について検討した。

第2節　人権カタログに眠る国家目標規定

　実は日本国憲法にも，形式的および実質的意味での国家目標規定（たとえば，形式的意味では25条2項，実質的意味では27条1項）が伏在している。本書の解釈論上の目的はそれらを炙り出し，国家目標規定という規範類型に定位することに

---

1) 日本において国家目標的な考え方をわずかでも射程にいれた教科書等については，石塚壮太郎「国家目標と国家目標規定」山本龍彦／横大道聡編『憲法学の現在地』（日本評論社，2020年）17頁以下参照。

あった。比較憲法的視点からは一般的といえる国家目標規定も，権利基底的・権利中心的な日本の憲法学には根付いておらず，そのことが公共の福祉論や，翻って人権論にも影響を及ぼしていたように思われる。

　実現しなければならない公共の福祉の内容は何かという問いは，一般国家学における重要な問いであると同時に，それを憲法から読み取りうる場合には実定憲法上の問いでもある。それは，通時的・共時的な国家の課題に取り組み，応えようとした日本国憲法典にも表現されている。公共の福祉が人権制約原理としてのみ捉えられ[2]，日本国憲法第3章内の国家目標規定が見過ごされてきた結果，《国家は何らかの目標を実現しなければならない》という論理がどのような法的に意味を持ち，どこに限界があるのかという考察が抜け落ちてしまっていたのではないか。

　国家目標規定は，すぐれて「尾根歩き（Gratwanderung）」的性格の強い規範類型である。すなわち，本来は法的統制になじみ難い公共の福祉の内容を法的に取り扱うことを決断しながら，権利とまでいってしまうと，実効的な司法的救済との関係で齟齬が生じるので，目標への義務づけという形をとることで，目標の実現から撤退するという選択肢を奪いつつ，目標の実現の程度や仕方については第一次的には民主的立法者に委ねる。そして，目標の実現が立法を中心に進展していく中で，法領域の合理化の結節点として機能する。規律する事柄の性質に沿っているからこそ，日本国憲法第3章全体の構成を検討する際にも均衡のとれた論理を展開することができる。

第3節　広くて弱い権利論か，狭くて強い権利論か，あるいはその中間

　国家目標規定論の不在は，人権論にも影響を及ぼしている。広義の生存権（より良い生活をおくる権利）や環境権（良好な生活環境を享受する権利）といった定式は，国家が成長を続ける限りにおいて現実味をもつのかもしれないが，失われた30年の出口を見出せない現在の日本ではとりわけ空虚に響く。現実味のない内容

---

2) 石川健治「公共の福祉」高橋和之／長谷部恭男『芦部憲法学』（岩波書店，2024年）91頁は，「現代憲法学の体系は，『人権の限界』論としての『公共の福祉』論を，そろそろ卒業すべきであろう」とする。石塚・前掲注1）26頁以下も参照。

を持った規範に，権利というラベルを張ることによるマイナスの実践的効果も考慮すべきであろう[3]）。

　このように拡張し続ける権利内容を設定したり，ある権利の実現に必要な前提を無限定に権利内容に取り込んだりすることは，現実的でもないし，望ましくもない。原則として，表現の自由から表現のための場を国家に用意してもらう権利は出てこないし，住居不可侵から住居を求める権利も出てこない。たとえば表現の場の提供は，憲法上の権利の行使を可能ならしめるための前提条件として，国家が国民全体に対して実現すべき，表現の自由促進の目標（公共の福祉の一部）と捉えるべきであろう。そうでなければ，憲法上の権利に過剰な負荷がかかり，憲法上の権利の強度が失われることになる。明らかに権利として構成できないものを権利内容に取り込むのは論外としても，憲法上の権利としての構成を工夫すれば，司法的統制にある程度なじむものもある。そう考えると，一旦権利というラベルを張ってから論ずる——それにより「憲法上の権利」という言葉の強度を下げる——よりも，一旦国家目標として構成しておいて，権利としての構成がありうるかをじっくり考えた方がよい。

　公共の福祉に分類される法内容を個人と結びつけて権利として構成することも，一定の範囲内では可能である。一方では，それが給付請求権である場合には，給付内容の具体化が必要であるため司法的執行が難しく，他方で，憲法上の権利を構成する以上，実効的な司法的統制と結びつくことが必要となる。主に社会権がその考察の対象となろうが，生存権に関しては，給付の具体化にあたって遵守すべき憲法上の枠組みを設定して，具体化のプロセスを監視することで，一定の統制が可能となる。健康権（疾病保険給付請求権）については，実施された医師の措置の内容を保険的に受け入れるかどうかだけを判断すればいいので，極限事例について限定すれば，裁判所による——それがいいかは別として——実体的統制が可能であり，また疾病保険の給付範囲を形成する専門家委員会の組織的・手続的正統性を統制することも主張されている。

　いずれも，司法的統制に限界があることを受けとめつつも，権利の名に相応

---

3) 樋口陽一『国法学〔補訂〕』（有斐閣，2007年）24頁は，「実定憲法が『権利』と呼んでいるものを，あえて，裁判による救済を伴わないという理由で『権利でない』と言うことによってもたらされる効果をも，考慮にいれる必要がある。そのように言うことによって，政治の場面で立法を通して『権利』性を高めようとする努力の足を引っ張るものになりうるからである」とする。

しい実効的な統制を企図するものといえよう。

第4節　憲法における公共の福祉の展開

　本書は，人権カタログの国家目標への融解を主張するものではない。ただし，憲法を国家目標的観点から見直すと，憲法により規律される（人権も公共の福祉も含めた）実体的内容を把握しやすくなる。20世紀末の現代立憲国家の比較から，5つの基本的国家目標——すなわち実質的法治国家性，社会国家性，環境国家性，文化国家性および平和国家性——を抽出できるとされるが，これらの基本的国家目標それぞれに日本国憲法の規定を分類していけば，憲法がどのような内容を規律し，あるいは規律していないか，またはどの程度詳細に規律しているかが分かる。国家目標理論は，憲法の「世代」的認識にも資する。例えば，1787年のアメリカ連邦憲法が社会国家性を含んでいないのと同様に，1946年の日本国憲法は——少なくとも文言上は——環境国家性を含んでいない（ドイツ基本法は同法改正により1994年に環境国家性を追加した）。このことは，実定憲法の内部構造を理解するのにも役に立つし，他国の憲法との比較可能性をも開いてくれる。個別の解釈論にとっても有用となるはずである。

第5節　憲法による公共の福祉の実現

　国家目標規定は，公共の福祉の一部の実現を国家に義務づける憲法規定である。したがって，この場合，憲法により公共の福祉が実現されることになる。国家目標規定を論じるということは，憲法による公共の福祉の実現を論じることでもある。この主題には2つの側面，すなわち目標を実現するという側面と，目標を実現するために基本権制約を強化するという側面がある。

　目標の実現は基本的に立法者に委ねられているため，法律によるところが大きいが，国家目標規定は，立法者に委ねられてばかりというわけではない。目標の実現が進展してくると，目標の核心的内容や方法論，実現水準が体系化され収斂するようになってくる。もちろん，それを絶対に維持しなければならないという要請は生じないが，目標実現のためのコロラリーが認識されれば，目標実現のための一定の憲法上の縛りが生じうる。国家目標規定は，社会憲法や

環境憲法といった，全体憲法の部分秩序を構成する部分憲法の統合規範の役割を担うと考えられるが，立法による具体化が進展した後には，法律レベルの諸原則のうち，中核的なものについては憲法原則に格上げするような解釈も可能になる。国家目標規定は，国家に公共の福祉（の一部）の実現を義務づけ，さらに実現が進むにつれてその内容が明らかになってくるという動態的性質を有し，また動態的性質ゆえに（例えば制度的保障のように）「エントレンチ」すること自体を目的とするものでもないので，部分憲法のうち中二階部分は憲法化することがありえよう。このような国家目標の実現の局面は，法令が基本権を制約するかどうかにかかわらず成立する。

　国家目標規定は，その実現に際して，基本権と衝突することがありえる。その際，単なる法律上の利益と憲法上の利益とでは，基本権を制約できる強度，範囲，時間が変化しうる。原則として，国家目標規定は，憲法に書き込まれるほど重要な利益であり，比例的な比較衡量に際しては，当然重みづけは変わってこよう。もっとも，形式的に国家目標規定とされるものであっても，その実質的重要性が承認されなければ，必ずしも基本権制約が拡張されることにはならないだろう。

　最後に，憲法上の多くの規定は公共の福祉の実現のためにあるといいうる。国家の組織規定や権限規定も，公共の福祉を実現するための「方途」を定めている。しかし日本においては，国家が何に取り組まなければならないかという，公共の福祉の「中身」についての議論が希薄であった。その理由は幾つかあるが（根本的な理由については本書**序章第1節**参照），公共の福祉の「中身」の議論を受け止めうる客観憲法の議論自体がさほどなされてこなかったこともそのひとつといえるだろう。客観憲法論である制度的保障論は，特定の制度との関係での議論であるし，近時有力化した基本権保護義務論も基本権法益との関係でのみなされる議論であって，いずれも限定された範囲でしか展開されていない。公共の福祉の「中身」を論ずる受け皿としては狭すぎる（そのことを目的としていないので当然ではあるが）。それゆえ，公共の福祉の「中身」を論ずる受け皿として，国家目標の法理論について検討する必要があった。いまひとつの理由は，日本国憲法典が——本書筆者はそうは思わないが——公共の福祉の「中身」について多くを語っていないとみられてきたことにあるだろう。確かに，日本国憲法典は，——国家目標規定を基本権と区別して列挙するような——分かりやすい，

終章　265

見えやすい形で，公共の福祉を具体化しているわけではない。もっとも，一連の諸規定から国家目標が浮かび上がってくることもあれば，権利形式であっても国家目標規定と解釈される規定もある。見えづらいからこそ，それを可視化することができる国家目標の法理論について検討する必要があった。本書で示した国家目標の法理論により，日本国憲法をより高い解像度で認識することができれば，他国の憲法との比較もより精緻になしうるようになり，あるいは判例と学説との齟齬を解きほぐすことができるようになる。そこから日本国憲法の解釈論への寄与も期待することができよう。

あ と が き

　本書は，2020年に慶應義塾大学に提出した博士学位請求論文を一部加筆・修正して，1冊にまとめたものである。本書の刊行にあたり，日本大学令和6年度法学部研究費［出版費（出版助成費）］の助成を受けた。本書が刊行されるまでの間には，あまりにも多くの方のお世話になったため，すべての方の名をあげることはできないが，私の成長に携わってくれたすべての方に感謝を申し上げたい。

　まず私の成長を支え，見守ってくれた両親と祖父母にありがとうと言いたい。これまでの人生のあらゆる瞬間で支えられていることを感じることができた。それは今も変わらない。私の成長を純粋に喜んでくれる人がいることが嬉しい。

　私が学部生時代に憲法のゼミに入れずに彷徨っていたところ，授業後の移動時間の合間に長時間にわたり質問を受け続けてくれて，今は光栄にも同僚である高畑英一郎先生がいなければ，私は憲法学への熱意を消化できていなかった。同じ時期に，学部が異なるにもかかわらず，アメリカ憲法判例を読むゼミナールに受け入れてくれた阿川尚之先生がいなければ，アメリカ憲法の本当の面白さを知ることはなかった。阿川先生が2024年11月にご逝去されたことは残念で，寂しい。まだまだ話したいこと，一緒にしたいことがたくさんあった。

　最初の紀要論文を書く際に，ライナー・ヴァール先生（Prof. Rainer Wahl）から大きなヒントをもらった。留学に際しては，当時ザールラント大学におられたヤン・ヘンリク・クレメント先生（Prof. Jan Henrik Klement）と，フライブルク大学のマティアス・イェシュテット先生（Prof. Matthias Jestaedt）にお世話になった。そこで帰国後の研究につながるドイツ産の果実をいただいた。本書との関係では，留学中にマティアス・ルッフェルト先生（Prof. Matthias Ruffert）の紹介で，国家目標に関する最も重要な先行研究を出されたカール゠ペーター・ゾンマーマン先生（Prof. Karl-Peter Sommermann）にお会いすることができた。私が修士時代に最も多くの時間をかけて格闘した書籍であり，ずっと頭の中で行っていた学問的対話を，執筆者本人を相手にできたことの喜びを今でも覚えている。失礼にもご著書を図書館で借りて研究していた私に，クリスマスにメ

ッセージカードを付けてご著書を送ってくださった。一生の宝物である。

　中村英樹先生は，私のキャリアの最初の節目に立ち会ってくれた。最初の就職先が北九州で本当によかった。あたたかく迎えてくれた元同僚や事務の方のおかげで，北九州が第二の故郷になった。北九州には，故郷の横浜と同じ雰囲気を感じる。第二の節目に立ち会ってくれたのは，玉蟲由樹先生である。同じドイツ憲法研究者であるというだけでなく，同じ領域を別の観点から開拓していた先駆者として，常にウォッチしていた。

　院生時代から最もお世話になっているのは，山本龍彦先生である。どん底に落ちた時に真っ先に電話した。山本先生の背中を見て憧れを抱くのと同時に，どんな相談も聞いてくれる親戚のお兄さんくらいに思っている。また宮地基先生から，「宮地塾」の一期生としてドイツ語での判例の読み方の手ほどきを受けていなければ，精緻にドイツ語を読むことがいかに大切かに気づけなかっただろう。就職する直前あたりから，鈴木秀美先生とご一緒させていただく機会が増え，日本の実務家やドイツ人研究者との交流の作法を学んだ。同門の栗島智明君をはじめ，院生時代を共にした先輩・同期・後輩，さらに就職後の研究環境を劇的に改善してくれた「北九研」のメンバーにも大いに助けられた。本書を出版してくれた尚学社の苧野圭太さんには，大学院時代からいつも応援してもらっている。本書の出版に際しても，万端のお世話をしていただいた。

　最後に，どこの馬の骨とも知れない私を拾っていただき，私に学問のすべてを惜しみなく注いでくれた指導教員の小山剛先生に，心の底からの御礼を申し上げる。学部4年生の夏に，初めて「つるの屋」でたくさんの質問をしたときの緊張と喜びは忘れることはできない。物わかりの良くない私は，先生の答えを聞いた数か月後，数年後に理解できたと感じることもよくあった。私が分かっていないことを分かっていても，対話を続けてくれた。曲がりなりにも学問の世界で生きる私がいま持っているものは，先生からいただいたものである。研究を始めた時に一緒に立ててくれた問いへの私なりの答えを本書としたい。

2024年12月　板橋にて

石塚壮太郎

著者紹介

石塚 壮太郎（いしづか そうたろう）

日本大学法学部法律学科准教授

1987年　神奈川県生まれ
2010年　慶應義塾大学法学部法律学科卒業
2012年　慶應義塾大学大学院法学研究科修士課程修了
2014年　ザールラント大学法経学部留学
2015年　フライブルク大学法学部留学
2017年　慶應義塾大学大学院法学研究科後期博士課程単位取得退学
2021年　博士（法学）（慶應義塾大学）

2017年　北九州市立大学法学部法律学科講師
2019年　同准教授
を経て，2021年より現職。

主要著作

プラットフォームと権力（編著，慶應義塾大学出版会，2024年）
ドイツ憲法の道程（共監訳，慶應義塾大学出版会，2022年）
ミクロ憲法学の可能性（共著，日本評論社，2023年）
世界の憲法・日本の憲法（共著，有斐閣，2022年）
ガイドブック ドイツの憲法判例（共著，信山社，2021年）
図録 日本国憲法〔第2版〕（共著，弘文堂，2021年）

国家目標の法理論──憲法による公共の福祉の実現（日本大学法学部叢書 第51巻）

2025年2月28日　初版第1刷発行

著者ⓒ　石 塚 壮 太 郎

発行者　苧 野 圭 太
発行所　尚 学 社

〒113-0033　東京都文京区本郷1-25-7　電話(03)3818-8784　振替00150-2-392833
ISBN 978-4-86031-192-6　C3032

組版・ACT·AIN／印刷・TOP印刷／製本・井上製本所

―――――――― 現代憲法研究 ――――――――

現代憲法研究 I

サイバースペースと表現の自由　小倉一志　　A5判・360頁　7000円

国家・法領域を越えて情報が行き交うサイバースペースにおける憲法理論のあり方を，アダルトコンテンツ・名誉毀損的表現・差別的表現を突破口に，「コード」論を軸として検討。
目次抜萃　序章／第1章 リアルスペース上の表現諸理論の形成／第2章 サイバースペース原理論／第3章 サイバースペースに対する表現内容規制／第4章 表現内容規制論の再検討／終章

現代憲法研究 II

遺伝情報の法理論――憲法的視座の構築と応用　山本龍彦　　A5判・374頁　7500円

保険会社や一般企業は，労働者等の選別に個人情報を利用し始め，その流れは加速。本書は，「遺伝情報」の「情報」とは何かを問うことで，遺伝子管理型社会に一石を投じる。
目次抜萃　序章／遺伝子例外主義をめぐる論議と「遺伝情報」の分類／DNA情報領域の保護／DNA獲得情報とDNA型情報の保護／遺伝情報と医療／遺伝情報と雇用／遺伝情報と保険／遺伝情報と犯罪捜査／ヒトゲノム・遺伝子解析研究と遺伝情報／終章

現代憲法研究 III

保障国家論と憲法学　三宅雄彦　　A5判・334頁　7500円

スメントの復権，再評価を展開するべくクリュガー統合理論，ヴェルナー精神哲学，フェヒナーの価値哲学，そして保障国家論または国家学一般の将来の可能性を了解，解明する鍵を，著者は自己省察の視座に依拠して編む。
目次抜萃　状況と課題／第1章 保障国家の法教義学／第2章 保障国家と経済憲法／第3章 憲法具体化と行政法／第4章 純粋法学と行政改革／結論と展望

―――――――― 尚学社 刊 ――――――――　　　　　税別価格

―――――――――――― 現代憲法研究 ――――――――――――

現代憲法研究Ⅳ
人間の尊厳保障の法理――人間の尊厳条項の規範的意義と動態 　玉蟲由樹　　A5判・430頁　8500円

人間の尊厳を「人間」と「個人」から説き起こし，具体的な対比事項として，「絶対性」と「相対性」，「尊重」と「保護」，そして具体的問題点として「拷問の禁止」「最低限度の生活の保障」「死後の人格保護」「個人情報」「遺伝子情報」を各章のテーマとして取り上げる。

現代憲法研究Ⅴ
財産権の憲法的保障　平良小百合　　　　　　A5判・286頁　6150円

法制度を前提とする財産権の保障は，憲法が立法者に法律による内容形成を委託しているにもかかわらず，同時にその内容形成に憲法による拘束が及ばなければならないという「拘束のパラドックス」という問題に対峙する。法律から独立した「憲法上の財産権概念」すなわち「原形」の存否，違憲審査の枠組みについてドイツの学説・判例を丹念に追い，日本国憲法下における「原形」の探求から脱却した財産権の保障論を構築する。

現代憲法研究Ⅵ
立法裁量と過程の統制　山本真敬　　　　　　A5判・366頁　6500円

参議院選挙1票の較差訴訟2004年最高裁判決において登場した，立法者の制度形成に対する裁量統制手法である「判断過程統制」論を検討。その流れを汲む手法を含め，「違憲の主観化」という問題をはらむ時宜適合審査型と行政裁量の判断過程統制に類似した考慮要素審査型に分類し，類似性が指摘されるドイツ連邦憲法裁判所における「主張可能性の統制」や行政裁量の統制論との比較検討を行い，それぞれの理論的含意と限界を明らかにする。

―――――――――――― 尚学社 刊 ――――――――――――　税別価格